어른을 위한
친절한
지식 교과서

사회 · 과학 **I** 국어 · 수학

| 일러두기 |

이 책에 실린 교과 내용은 2015년 개정 초등학교 국정 교과서와 2015년, 2009년 개정 중학교 검정 교과서(비상교육, 천재교육)를 기준으로 합니다.

사회과 교과 연계에서 '중1, 2'는 중학교 사회교과서 1권, 2권을 의미합니다.

이 책에 실린 시사 상식 및 통계 자료는 2019년 11월까지의 최신 정보를 기준으로 합니다.

세계 인구 및 국가 정보의 경우, 영문 위키피디아에 취합된 각국 최신 정보를 기준으로 합니다.

누군가 물어볼까 봐 불안한 지식에 대한 명쾌한 해답

어른을 위한 친절한 지식 교과서

사회 · 과학 **I** 국어 · 수학

박현주 기획
김정화 · 김혜경 글
나수은 그림
서원초등학교 교사연구회 감수

SOULHOUSE

공부를 넘어서 연구를 즐기는 데
충분한 도움을 주는 책

처음 이 책의 추천사를 의뢰받았을 때 제목을 보고 놀람을 금치 못했다. 책 제목이 《어른 교과서》? 어른들이 무슨 교과서? 교과서는 국가 교육과정을 기초로 해서 만들어지는데 이 책은 무엇에 기초한 것인지 매우 궁금했다.

우려와는 달리 이 책은 우리나라 교육과정에서 다루는 내용을 기초로 할 뿐 아니라, 이를 통해 응용되는 심화 내용을 다루고 있었다. 따라서 책을 읽은 어머니나 아버지, 할머니나 할아버지가 자신들이 학교에서 배운 내용으로 자녀나 손주와 대화할 수 있다는 것이 큰 장점이다.

우리가 아이들과 대화하지 못하는 이유 중의 하나는 그들과 대화할 수 있는 공통 주제가 없기 때문이다. 우리는 자녀에게 "공부해야지!"라는 말을 귀에 못이 박이도록 많이 한다. 그런데 그들은 부모의 말을 한 귀로 듣고 한 귀로 흘린다. 왜냐하면 자신들이 학교에서 배운 내용을 부모가 알지 못함을 이미 알기 때문이다. 그래서 더 이상 공부에 대해서는 참견하지 말라고 한다. 그러나 부모가 항상 책을 읽으며 공부하는 모습을 보이면 자녀도 부모를 따라 한다. 더 나아가 부모가 조금의 관심과 노

4

력을 보태면 서로 간에 질문이 오갈 수도 있다.

나는 이 책이 그동안 학교 교육에서 배운 내용을 다시 리마인드하는 기회가 될 뿐 아니라 자녀와 대화를 시작하고, 이러한 대화의 연장으로 다른 대화를 만들어 가는 촉진제가 되었으면 한다. 한 번 죽 훑어보는 정도로 그치지 말고 내용을 숙지한 다음 인터넷에서 더 많은 내용을 찾아 정리해 보면서, 이 책의 내용이 어느 정도를 다루고 있는지, 좀 더 최신의 내용은 없는지, 혹시 이 책에서 잘못 다루고 있는 내용은 없는지 곰곰이 살펴봐도 좋겠다. 이러한 활동은 실제 연구자들이 그동안 자신이 관심 있어 하는 주제에 대하여 어떤 연구들이 있었는지 조사하고 정리하는 연구 활동의 일부이다.

책에 담겨있는 내용을 이해하고 적용하여 문제의 정답을 맞히는 수준의 공부는 진정한 의미의 공부라 하기에 부족하다. 공부하기는 연구이다. 이는 학문을 연구하는 데도 필요한 역량이지만 삶을 살아나가는 데도 필요한 역량이다. 따라서 자녀가 진정한 공부하기를 원한다면 부모가 이 책을 기초로 하여 실제 공부를 하면서 모범을 보이길 바란다. 그리하면 자녀들이 따라 하기 시작한다. 따라 하다 보면 능숙해지고, 능숙해지면 쉬워진다. 공부가 쉬워지면 습관이 되어 저절로 하게 된다.

이 책을 기획하여 쓰고 편집한 분들의 의도를 다 읽을 수는 없지만 이 책으로 어른들의 연구 활동을 시작해보자. 자녀들과 대화를 트고, 공부를 넘어서 연구를 즐기는 데 충분한 도움을 줄 것이다.

서울대학교 사범대학 지구과학교육과 명예교수 최승언

아이들과 행복한 소통의
길라잡이로 삼아보세요

마냥 아기 같았던 아이들이 초등 고학년이 되면 많은 부모가 아이와 소통하는 방법을 찾기 어려워하십니다. 도대체 아이가 요즘 뭘 배우고 있는지, 어떤 부분에 강하고, 어떤 부분에 약한지 파악하기 힘들어지지요. 가끔 교과서와 문제집을 들춰보더라도 "뭐가 이렇게 어려워?" 하며 덮어버리기 쉽습니다.

물론 교과 지식이 지혜로운 부모 여부를 가늠하는 기준은 아닙니다. 그러나 부모와 아이가 서로를 이해하고 소통하는 수단은 될 수 있습니다.

아이의 잠재력을 키워주는 좋은 방법은 아이가 좋아하는 것을 스스로 선택하게 하고, 몰입하는 경험을 주는 것입니다. 그러기 위해서는 세심한 관찰이 필요합니다. 아이가 어떤 것을 좋아하고, 잘하는지 면밀하게 관찰하고 아이가 선택한 활동을 인정하고, 존중하고, 지지하고, 칭찬하는 기술이 필요합니다.

《엄마 반성문》은 "어리석은 부모는 자녀를 자랑거리로 키우려고 하지만, 지혜로운 부모는 자녀의 자랑거리가 되고자 노력합니다."라는 문장으로 시작합니다. 지혜로운 부모가 되는 방법에는 여러 가지가 있습니다만, 우선 아이에게 가까이 다가가야 합니다. 아이와 친해지는 방법은 그리 먼 곳에 있지 않습니다. 게임이나 노래, 뉴스나 책, 아이의 일상의 대부분을 차지하고 있는 학교생활에서 그 실마리를 찾는 것도 방법입니다.

여전히 '그 시작점을 어디에서 찾아야 하나?' 고민이 될 때 《어른 교과서》를 내비게이션으로 삼아 보세요. 이 책에는 나 어릴 적, 그리고 아이들이 지금 학교에서 배우는 알짜배기 지식이 이해하기 쉽게 정리되어 있습니다. 공감대를 형성하기 어려운 부모와 아이 사이에 대화의 물꼬를 터주기에 좋은 내용으로 이루어져 있지요.

아이들이 관심 있는 지식을 알고 있다는 것은 아이들과 소통할 수 있는 공통의 언어를 하나 더 가지는 것과 같습니다. 짬을 내어 한번 읽어 보세요. 그리고 아이와 대화를 나누는 소재로 이용해 보세요. 부모님과 아이가 행복한 소통을 하는데 좋은 길라잡이가 될 수 있는 《어른 교과서》로 대화가 더욱 풍성해지기를 바랍니다.

《엄마 반성문》 저자이자 영문초등학교 교장 이유남

지식의 플랫폼이자
배움의 성장판을 여는 책

이 시대의 가장 큰 이슈 중 하나는 '소통'이다. 그리고 '소통의 빈곤'은 부모와 자식 사이에서도 큰 문제를 일으킨다. 부모들은 아이가 대화하지 않으려 한다고 하고, 아이들은 부모가 내 이야기를 제대로 들으려 하지 않는다고 한다. 부모도 원하고, 아이도 원하는 대화가 잘 이루어지지 않는 이유는 뭘까? 아이들은 왜 부모와의 대화를 피하는 것일까?

아이들에게 "더 알고 싶거나 궁금한 것을 부모님께 여쭤보았는데 답을 제대로 듣지 못하면 어떠니?" 하고 질문을 해보았다.

"무시를 당한 것 같아 속상해요."

"학생 때 공부를 잘하셨다면서 이런 것도 모르시나 생각해요."

"더 이상 부모님과 이야기하고 싶지 않아요."

"뭘 물어보라 하시면서도 막상 물어보면 '네가 찾아봐라.' 하거나 '학교에서 그것도 안 배웠어?' 하시는 모습이 무책임하게 느껴져요."

세상의 모든 탐구는 궁금증과 호기심에서 비롯된다. 하지만 요즘 어른들은 '일이 바빠서, 배운 지 오래되어서, 내가 잘 모르는 것'이라는 등의 이유로 궁금증과 호기심의 싹을 뭉개는 일이 많다. 요즘 아이들이 궁금증을 푸는데 스마트폰이나 컴퓨터 활용을 선호한다는 것은 지레짐작일 뿐이다. 교육 현장에서 느끼는 바는 다르다. 아이들은 누군가에게 질문을 던지고 이야기로 듣는 것을 더 즐거워한다.

아이들은 부모와의 대화에서 자신의 인정 욕구를 해소하고 공감하는 정서적 안정을 얻는다. 아이가 대화를 원하는 순간을 놓치지 말고 잘 붙잡아 두어야 한다. 그래야 아이가 궁금해하거나 더 알고 싶은 것을 물어 왔을 때 적절한 답을 해 주고 더 큰 호기심으로 발전시킬 수 있다.

《어른 교과서》는 학부모가 알아두면 쓸 데가 많은 내용으로 구성되어 있다. 학교에서 아이들이 가장 궁금해하고, 이해하기 어려워하는 부분을 질문으로 제시하고, 그에 따른 해답을 알기 쉽게 풀어놓았다. 따라서 "궁금한 것이 있으면 언제든 물어봐!"라고 자신 있게 이야기할 수 있는 '지식의 플랫폼' 역할을 한다.

배움은 어떤 대상과 주제를 더 알고 싶다는 순수한 열망이 있을 때 깊어진다. 부모가 아이의 호기심에 동참하여 이야기를 나누면, 세상을 열어 가는 방법을 자연스럽게 터득하도록 도와주어 아이가 배우고자 하는 의지를 견고히 해 줄 수 있다. '배움의 성장판'을 열리게 할 수 있는 것이다. 아이는 자라는 만큼 세상을 여는 방법을 확장해 나간다. 그것을 지켜보는 큰 기쁨을 이 책과 함께 경험하시기를 권한다.

서원초등학교 수석교사 민임선

그때 알았던 걸
지금도 알고 있다면…

얼마 전 TV 예능 프로에서 학창 시절 공부 좀 했다는 연예인이 1부터 100까지의 덧셈을 몇 초 안에 해내는 것을 본 적 있습니다. 바로 가우스의 덧셈을 이용한 것이었지요. 알고 보면 피타고라스의 정리도, 대한민국 헌법 제1장 1조 1항도, 일식과 월식의 원리도, 여전히 헷갈리는 띄어쓰기나 맞춤법 규정도 모두 학교에서 배운 지식입니다. 학창 시절 배울 때는 쓸모없어 보였을지 모르지만 그때 우리가 배웠던 지식은 일상을 사는 데 필요한 기초 지식이자, 사고의 틀을 잡아주고, 세상을 폭넓게 보도록 도와주는 도구입니다.

이렇게 우리가 알고 있던 알짜배기 지식을 기억의 수면 위로 다시 떠올려주기 위해 《어른 교과서》를 썼습니다. '지금 알고 있는 걸 그때도 알았다면…'이 아니라 '그때 알았던 걸 지금도 알고 있다면…'이란 생각을 하면서요. 꽤 여러 차례 기획 회의를 거치면서 두어 가지 핵심 목표를 잡았습니다.

하나. 우리가 배웠던 것 중에 지금 되새기면 좋은 것을 다루자.

지금 우리 아이들이 배우는 교과서 내용을 꼼꼼히 살펴보니 과거 우리가 배웠던 것과 크게 다르지 않았습니다. 그중에서 우리가 다시 한번 알아두면 좋겠다 싶은 내용을 선별하고, 최대한 쉽고 재미있게 담아내기 위해 노력했습니다. 다행히 우리는 입시를 준비하는 것이 아니니 그저 '아~, 이런 것도 배웠었지', '그땐 뭔 소리인지 몰랐는데, 지금 보니 별거 아니네.'라고 고개를 끄덕일 만한 내용으로 채웠습니다.

둘. 아이들의 질문에 답하는 데 도움이 되는 것을 다루자.

아이의 학년이 높아지다 보면 "나도 잘 몰라." 하고 넘어가는 질문이 많아집니다. 그러다 보면 어느 순간 아이는 질문을 멈추고, '엄마 아빠는 대답해주기 싫어하는 사람'이 되어 버립니다. 《어른 교과서》는 이럴 때를 위한 책입니다. 아이가 무엇을 물어보든 대답할 수 있는 준비를 해주거든요. 그래도 모르는 건 같이 찾아보고 같이 고민하면 됩니다.

《어른 교과서 I》은 어른으로 사는 우리가 알아 두어야 할 사회, 과학, 국어, 수학 교과지식을 잘 정리해서 보여줍니다. 어른이 된 우리는 학교에 다시 다니기는 어렵지만, 책을 통해 배울 수는 있습니다. 그리고 어른이 된 우리는 그때보다 더 많은 인생 경험을 가지고 있기에 이런 지식을 더 깊이 있고, 다양한 시각으로 이해할 수 있습니다.

이 책이 세상을 살아나가는 데 필요한 기본 지식을 확실하게 내 것으로 만들어 진정한 어른이 되는 데 도움을 주기를 진심으로 바랍니다.

2019년 11월, 김정화·김혜경

차례

—

사회

과학

◇◇◇

국어

수학

교과 연계

사회

대한민국 헌법 제1장 1조 1항은 무엇일까? 전 세계가 몇 개국인지, 민사재판과 형사재판이 뭐가 어떻게 다른지, 사업자는 부가가치세를 얼마나 내야 하는지, 우리는 알고 있다고 생각했지만 잘 모르는 사회 지식이 은근히 많다. 이 모두가 누군가 물어볼까 봐 무서워 말문을 닫게 만드는 질문들이다.

그런데 분명한 사실은 우리는 이 모든 지식을 분명 학교에서 배웠다는 것이다. 《어른 교과서 - 사회》는 그동안 알듯 말듯 헷갈렸던 사회, 정치, 경제, 문화, 지리와 관련된 기본 이론과 배경지식을 쉽게, 핵심만 뽑아 정리하여 알려준다. 평소 궁금했던 질문에 대한 글을 읽으면서 잊어버렸던 사회 지식을 되새겨 보자. 이제 뉴스를 보고 대화를 나누는 시간이 즐거워질 것이다.

우리나라에서 가장 오래된 지도는?

옛 지도 중에 우리가 가장 많이 들어 본 이름은 '대동여지도'일 것이다. 그렇다면 '대동여지도'가 우리나라에서 가장 오래된 지도일까? 아니다. 삼국 시대에 이미 고구려·백제·신라 세 나라 모두 지도를 제작하여 행정구역을 정비하는 데 이용했거나 외국에 보냈다는 기록이 있다. 이런 기록들을 보았을 때 그전부터 지도가 사용된 것으로 보인다.

아쉽게도 지금까지 전해오는 지도의 대부분은 조선 시대의 것으로, 그중에서 가장 오래된 것은 '혼일강리역대국도지도'이다. 이 지도는 1402년에 제작되었으며, 우리나라뿐만 아니라 아시아, 유럽, 아프리카 등이 그려져 있는 세계 지도이다. 중국이 가운데 있고, 우리나라가 일본보다 훨씬 더 크게 그려져 있는 게 특징이다. 가로 164cm, 세로 148cm 크기의 '혼일강리역대국도지도'는 지금까지 전하는 동양에서 가장 오래된 세계 지도이자, 당시로써는 동서양을 막론하고 가장 훌륭한 세계 지도였다. 그러나 안타깝게도 현재 원본은 남아있지 않다. 모사본이 일본 류코쿠대학 도서관에 소장되어 있으며, 이를 다시 필사한 채색필사본이 서울대학교 규장각 한국학연구원에 소장되어 있다.

➕ 대동여지도는 언제 만들어졌을까?

'대동여지도'는 김정호가 1861년에 간행한 지도로, 22첩의 병풍식 전국 지도첩이다. 1첩 한 면의 위아래가 약 30cm이기 때문에 22첩을 모두 연결하면 세로 약 6.6m, 가로 4.0m에 이르는 초대형 조선 전도가 된다. 당시 김정호가 우리나라 방방곡곡을 답사하는 데에만 27년 이상이 걸렸을 정도로 정밀하며, 방위, 축척, 기호 등 지도의 3요소를 모두 갖춘 지도로 당시 우리나라의 발달한 지도 제작기술을 잘 보여주고 있다.

'대동여지도'가 조선 시대 우리나라 국토를 나타낸 지도라면, '혼일강리역대국도지도'와 '만국전도'는 조선 시대 세계 지도이다. '혼일강리역대국도지도'가 동아시아 중심 세계 지도라면, '만국전도'는 태평양을 중심으로 5대양 6대륙이 이어져 있고, 바다와 육지가 각각 푸른색과 붉은색으로 구분하여 칠해져 있다는 점이 다르다.

🔲 우리나라에서 가장 오래된 지도는 '혼일강리역대국도지도'이다.

지도

소축척지도 vs 대축척지도, 뭐가 더 자세할까?

축척이란 지도에서 실제 거리를 줄인 비율을 말한다. 축척을 알면 지도에서 두 지점 사이의 거리를 재어 실제 거리를 알 수 있다. 예를 들어 축척이 1:50,000이라면 지도에서의 거리 1cm는 실제 거리 50,000cm (500m)를 뜻한다.

그렇다면 소축척지도와 대축척지도는 무엇을 기준으로 할까? 사실 대축척지도와 소축척지도는 상대적인 개념이라 일정한 기준은 없다. 다만 소축척지도라고 하면 조금만 줄였으니 자세한 지도이고, 대축척지도라고 하면 많이 줄였으니 넓은 지역을 간략하게 표시한 지도로 오해하기 쉽다.

그러나 소축척지도가 넓은 지역을 간략하게 표현한 지도이다. 세계지도를 한 장의 종이에 나타낼 수 있어 국가나 도시의 위치를 파악할 때 사용한다. 반면 대축척지도는 좁은 지역을 자세히 표현한 지도로 건물의 위치, 도로망 등을 찾아볼 때 사용한다.

헷갈린다면 분수로 비교해보자. 1:2,000,000과 1:50,000을 분수로 표기하면 $\frac{1}{2,000,000}$, $\frac{1}{50,000}$ 이다. 둘 중 어떤 수가 더 작은가? 분모가 클수록 작은 수이므로 앞에 있는 1:2,000,000이 소축척이고, 뒤의 1:50,000가 대축척이다.

🔳 대축척지도가 더 자세하다.

우리나라의 위도와 경도는 몇 도일까?

굳이 우리나라의 위도와 경도가 몇 도인지 알 필요가 있냐고? 정확한 수치를 외울 필요는 없더라도 위도와 경도의 의미를 알면 여러 가지 지리학 상식들을 쉽게 이해할 수 있으니 알아둘 만하다.

위도와 경도는 지구상의 위치를 정확하게 표현하기 위해 가상의 가로선과 세로선을 그어 수리적으로 표시할 때 쓰는 각도이다. 위도는 지구 가로의 중심인 적도를 기준으로 북위와 남위로 나누는데, 북위 90°는 북극점, 남위 90°는 남극점에 해당한다. 경도는 영국 런던의 그리니치 천문대를 지나는 본초자오선을 기준으로 동경 0°~180°, 서경 0°~180°까지의 각도를 표현한다.

이에 따르면 북위 33°~43°, 동경 124°~132°에 있는 우리나라는 대략 지구 위쪽의 3분의 1지점, 영국 런던의 오른쪽 3분의 2지점에 있다는 것을 알 수 있다.

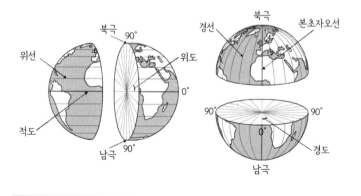

북쪽을 찾는 가장 효과적인 방법은?

머나먼 옛날, 배를 타고 망망대해를 항해하던 뱃사람들은 깜깜한 밤에 무엇을 보고 방향을 가늠했을까? 주변의 지형지물을 식별하지 못할 정도로 어두울 때는 주로 하늘에 있는 별을 방향 표시물로 삼았다. 북반구의 경우 북극성을 길라잡이 별로 삼았는데, 북극성은 천구의 북극 가까이에 위치하여 어디에서 보든 위치의 기준으로 삼을 수 있었기 때문이다. 이후 보다 과학적인 방법으로 대두된 것이 나침반이다. 지구의 자기력에 의해 자침이 남과 북을 가리키는 현상을 이용하여 만든 나침반은 11세기경, 최초로 사용되기 시작했다.

요즘 스마트폰은 정확한 GPS 신호를 잡아서 현재 위치를 표시해주고, 스마트폰의 자기력을 이용하여 방향을 알아내는 나침반 어플리케이션도 있기 때문에 방향을 못 찾아 길을 잃을 우려는 거의 없다. 그런데 만약 외딴 숲속에서 길을 잃고 헤매다 스마트폰의 배터리마저 떨어졌다면? 이런 때를 대비하여 북쪽을 찾는 방법을 알아두도록 하자.

낮이라면 나뭇가지 하나를 평탄한 땅에 곧게 세우고 땅에 생긴 나뭇가지의 그림자 끝을 표시한 뒤 5분 후, 두 번째 그림자 끝을 표시하도록 하자. 해는 동쪽에서 떠서 서쪽으로 지므로 그 반대 방향에 생긴 첫 번째 그림자는 서쪽, 두 번째 그림자는 동쪽이다. 따라서 이를 가늠하여 북쪽을 찾을 수 있다. 만약 아날로그시계를 차고 있다면 손목시계의 시침이 해를 향하게 한 후, 시계 위에 있는 12시 방향과 시침의 가운데 지점이 남쪽, 반대가 북쪽이 된다.

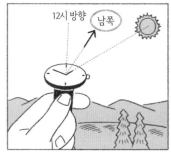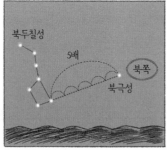

밤이라면 북극성을 찾으면 된다. 먼저 국자 모양의 북두칠성을 찾은 후 국자 뜨는 부분의 끝에 있는 두 개의 별을 연결한 가상의 선을 그리고, 그 선을 약 5배 정도 연장하면 그곳에서 가장 빛나는 별을 찾을 수 있는데, 그 별이 북극성이며 북극성이 있는 방향이 북쪽이다.

➕ GPS는 어떻게 위치를 알아낼까?

GPS(Global Positioning System)는 위성에서 보내는 신호를 수신해 사용자의 현재 위치를 계산하는 위성항법 시스템이다. GPS 위성 안에는 십만 년 동안 1초의 오차를 갖는 매우 정밀한 원자시계가 들어 있는데, 위성이 이 시계의 정확한 시각과 위성의 정확한 위치를 전파로 보내오면 지상의 수신기는 수신기 시각과 위성에서 보내온 시각의 차이에 빛의 속도를 곱하여 거리를 구한다.

🔠 낮이라면 나뭇가지나 시계로, 밤이라면 북극성으로 찾는다.

우리나라 바다인지 일본 바다인지
어떻게 구분할까?

육지에서는 지도나 국경검문소를 통해 이곳이 어느 나라 땅인지 정확히 알 수 있지만 지형지물이 없는 바다에서는 영역을 어떻게 구분할까?

한 나라의 영역은 한 나라의 힘이 미치는 범위로, 땅, 하늘, 바다로 이루어져 있다. 그러니 우선 영토, 영공, 영해의 개념을 알아보자.

우리나라의 '영토(땅)'는 한반도와 그에 딸린 섬들로 북쪽 끝은 유원진, 동쪽 끝은 독도의 동도, 서쪽 끝은 백령도, 남쪽 끝은 마라도이다. '영공(하늘)'은 영토와 영해의 위쪽 하늘이다. '영해(바다)'는 썰물일 때의 해안선, 혹은 바깥쪽 섬을 연결한 선을 기준으로 하여 12해리까지의 바다로 정한다. 1해리는 1,852m이므로 22,224km가 된다.

그런데 대한 해협은 폭이 평균 23해리이므로 우리나라와 일본이 각각 12해리의 영해를 선포하면 겹치는 해역이 생긴다. 이렇게 해역이 겹치는 경우, 양국의 협의에 따라 각국의 영해를 3해리까지로 정하였다. 또한 영해 기준선으로부터 200해리에 이르는 수역을 '배타적 경제수역'이라고 하는데, 우리나라는 일본, 중국과 겹쳐지는 수역을 협정에 의해 공동으로 관리하고 있다. 참고로 영공 안을 다른 나라 비행기가 지나가려면 해당 국가의 허가를 받아야 하지만, 영해에서는 해당 국가의 안전을 해치지 않는 것을 전제로 다른 나라 선박도 지나갈 수 있다.

🔲 영토로부터 12해리까지의 바다가 우리나라의 영해이다.

비무장지대에도 사람이 살고 있을까?

비무장지대는 영어로 'DMZ(Demilitarized Zone)'라고 부른다. 1953년 7월 27일 '한국군사정전에 관한 협정'이 체결될 당시, 남한과 북한은 휴전선으로부터 각각 2km씩에는 병력을 배치하지 않기로 했는데 이 지역이 바로 비무장지대이다.

비무장지대가 없이 양측이 완전히 맞닿아 있다면, 군사적 충돌이 발생할 가능성이 높아질 수밖에 없다. 남·북한이 휴전 중인 현 상황에서는 사소한 군사적 충돌도 자칫 전쟁으로 번질 수 있기에 비무장지대의 역할은 매우 중요하다.

비무장지대에는 민간인의 출입이 허락되지 않는다. 다만 예외적으로 휴전선 남쪽 비무장지대에 위치한 대성동에는 6·25 전쟁 당시 피난을 가지 못했던 약 52세대가 거주 허가를 받고 살고 있으며, 북쪽 비무장지대에는 기정동이 있다.

비무장지대에는 오랫동안 일반인의 출입이 통제되어왔기 때문에 환경오염이나 파괴가 거의 없고 생태계가 잘 보전되어 있다. 각종 1급수 어류뿐만 아니라, 멸종 위기에 처해 있는 동식물도 다수 서식하고 있는 것으로 알려져 있다. 그렇기 때문에 통일이 되더라도 이 지역을 개발하지 않고 잘 보존해야 한다는 의견이 많다.

답 남쪽 자유의 마을 대성동에는 허가받은 주민들이 살고 있다.

비무장지대

팔도강산의 '팔도'는 어디를 말하는 걸까?

흔히 우리나라를 지칭할 때 '팔도강산'이라고 부르는 이유는 조선 시대에 우리나라 전 지역을 '경상도, 전라도, 강원도, 충청도, 경기도, 함경도, 평안도, 황해도' 이렇게 8개의 도로 나누었기 때문이다.

현재 우리나라의 행정구역은 대한민국 정부 수립 후에 정비되었는데, 크게는 '특별시·광역시·도', 세부적으로는 '시·군··구', 그리고 더 세부적으로는 '읍·면··동··리'로 나눈다.

제주도는 조선 시대에는 전라도에 속해 있다가 분리되었으며, 충청도, 경상도, 전라도는 각각 북도와 남도로 나뉘었다.

도	8개	경기도, 충청북도, 충청남도, 전라북도, 전라남도, 강원도, 경상북도, 경상남도
특별시	1개	서울특별시
광역시	6개	인천, 부산, 대전, 광주, 대구, 울산
자치시	1개	세종특별자치시
자치도	1개	제주특별자치도

➕ 현재 북한의 행정구역은?

9도 1직할시 2특별시로 수도인 평양직할시와 남포·라선특별시, 황해남·북도, 함경남·북도, 평안남·북도, 강원도, 자강도, 량강도가 있다.

🔲 경상도, 전라도, 강원도, 충청도, 경기도, 함경도, 평안도, 황해도

인구 100만 명이 넘으면 광역시가 될 수 있을까?

울산은 1997년, 인구가 100만 명이 넘으면서 울산시에서 울산광역시가 되었다. 그렇다면 인구가 100만 명이 넘으면 무조건 광역시가 될 수 있을까?

현재 기준으로는 아니다. 100만 명이라는 인구 조건은 과거 인구가 많지 않았던 시절의 기준으로, 이를 현재의 광역시 승격 기준으로 삼게 되면 광역시가 돼야 할 도시들이 너무 많아진다. 전주, 수원, 청주, 창원 등도 인구가 100만이 넘거나 100만에 가까워 광역시가 되기를 바라고 있지만, 인구수만을 기준으로 하여 광역시로 승격시킨다면 다른 문제들이 생기게 된다.

예를 들어 이들 도시가 광역시가 되면 수도권 지역이 과밀화될 수 있고, 이 도시가 있는 도 내에 특별시 혹은 광역시가 이미 있는 경우에는 지방균형발전이 어려워진다.

따라서 행정안전부는 행정구역 실무편람에서 광역시의 기준을 '법적 기준은 없으나 통상 인구 100만 이상의 도시로 면적, 지리적 여건, 잔여 지역에 미치는 영향, 재정자립도 등을 종합 검토해 행정구역을 광역시로 조정한다.'라고 밝히고 있다.

답 현재는 인구수만으로 광역시가 될 수 없다.

행정구역

도로명 주소는 왜 만든 걸까?

우리나라는 2014년부터 도로명 주소 체계를 시행하고 있다. 그런데 아직도 새 주소를 외우지 못하여 옛 주소를 쓰는 사람들이 많다. 이렇게 적응하기 어려운 새 주소 체계는 왜 만든 걸까?

지금껏 우리가 쓰던 '지번 주소'는 1910년대 일제 강점기 시절, 세금을 거두기 위해 토지를 나누면서 붙인 번지수를 그대로 사용한 것이다. 처음에는 하나의 토지 위에 건물이 하나씩 있었기 때문에 문제가 없었지만 그 뒤 건물이 많이 들어서면서 번지수를 계속 추가해야 했고, 결국 복잡해진 번지수로는 위치를 찾기 힘들어져서 새로운 주소 체계를 도입한 것이다.

그렇다면 도로명 주소의 번호체계는 어떤 방식으로 만들어질까? 우선 도로의 폭에 따라서 도로 이름을 정하는데 도로의 폭이 40m가 넘거나 8차선 이상의 도로는 '대로', 폭이 12m가 넘거나 2~7차로는 '로', 그 밖의 도로는 '길'이라고 한다. 그리고 도로의 진행 방향을 기준으로 하여 왼쪽 건물은 홀수번호를, 오른쪽 건물은 짝수번호를 붙인다.

건물번호판의 모양을 보면 건물의 용도도 알 수 있는데, 주거용 건물은 위가 뾰족한 오각형, 상업용 건물은 직사각형, 관공서는 원형, 문화재나 관광지는 식빵 모양의 갈색 팻말을 쓴다.

답 새로 생긴 건물들로 번지수가 복잡해져서

바다 쪽으로 튀어나온 육지는 '곶'일까, '만'일까?

'순천만, 진주만, 천수만' 등에서 '만'은 '해안에서 바다가 육지 쪽으로 파고든 곳'을 말한다. 그렇다면 '육지가 바다 쪽으로 나온 곳'은 뭐라고 부를까? 바로 '곶'이다. '호미곶, 간절곶' 등이 그 예이다. 곶의 규모가 크면 '변산반도', '한반도'처럼 '반도(半島)'라고 부르기도 한다.

곶과 만은 모두 바다에 의해 깎여 나가 생성되는데 이때 깎여나간 곳은 만, 상대적으로 남아 있는 곳은 곶이 된다. 따라서 만과 곶은 대부분 가까이 붙어 있다. 호미곶 근처에 영일만이 있는 것처럼 말이다.

우리나라의 대표적인 곶과 반도에는 고성반도, 고흥반도, 김포반도, 무안반도, 변산반도, 여수반도, 옹진반도, 철산반도, 태안반도, 해남반도, 간절곶, 호미곶 등이 있고, 대표적인 만에는 강진만, 경기만, 고흥만, 광양만, 대동만, 보성만, 순천만, 아산만 등이 있다.

➕ 해안 지형

해안 지형은 침식지형과 퇴적지형으로 나눈다. 곶과 만 외에 돌기둥, 해식동굴, 해안절벽 등도 바다 쪽으로 나온 육지가 파도에 의해 깎여서 형성되는 침식지형이다. 퇴적지형에는 모래사장, 갯벌 등이 있는데 예를 들어 경포호는 파도가 운반한 모래가 만의 입구를 막아 형성된 석호이다.

답 곶 혹은 반도

우리나라의 대표적인 리아스 해안은?

'리아스 해안', '카르스트 지형' 등의 용어는 초등학교 지리 시험에 자주 출제되는 용어이다. 아직 그 뜻을 기억하고 있다면 당연히 알겠지만 우리나라의 다도해해상국립공원과 한려해상국립공원이 대표적인 리아스 해안이다. 리아스 해안은 여러 개의 섬으로 되어 있어 해안선이 복잡한 해안을 말한다. 이렇게 많은 섬이 한꺼번에 모여 있는 이유는 원래는 산이나 봉우리였던 지형이 빙하기 이후 차오르는 물에 잠겨 여러 개의 섬이 되었기 때문이다.

그렇다면 '카르스트 지형'은 어떤 지형일까? 카르스트 지형은 석회암이 물에 녹아서 만들어진 독특한 지형을 말한다. 탄산칼슘 덩어리인 석회암은 약산성의 빗물이나 지하수에 잘 녹는데, 그로 인해 석회동굴, 돌리네 등의 독특한 지형이 발달한다. 단양의 고수동굴, 삼척의 환선굴, 울진의 성류굴, 영월의 고씨굴 등이 석회동굴이며, 영월에는 땅속의 석회암이 빗물이나 지하수에 녹아 움푹 파인 지형인 돌리네가 남아 있다.

➕ 우리나라에는 몇 개의 섬이 있을까?

해양수산부 국립해양조사원에 따르면 우리나라에는 3,348개의 섬이 있다. 그중 유인도는 470개, 무인도는 2,878개이다.

🅐 다도해해상국립공원, 한려해상국립공원

제주도에는 왜 오름이 많을까?

오름은 '주변 지형보다 뚜렷이 솟아올라 봉긋한 지형'을 가리키는 제주어이다. 전에는 '기생 화산'이라 불렸지만, 단일 마그마 분화에 의한 독립적인 화산체라는 의미로 지금은 '단성 화산'이라고 부른다.

제주도에는 약 360여 개의 오름이 있어서 세계에서 가장 오름이 많은 지역으로 꼽힌다. 제주도는 화산이 폭발하여 섬이 만들어진 후에도 계속 폭발성 분출이 일어났기 때문이다.

그렇다면 제주도와 같은 화산섬인 울릉도에도 오름이 많을까? 아니다. 제주도는 유동성이 큰 현무암질 용암을 분출하여 오름이 많지만 울릉도는 유동성이 적은 조면안산암질 용암을 분출했기 때문에 오름이 거의 없다. 다만 울릉도는 이중화산이라 큰 분화구 안에 작은 분화구가 있는데, 그것은 오름이 아니라 '알봉'이라고 부른다.

➕ 제주도에 있는 화산지형

제주도에는 오름 외에도 화산지형이 많다. 예를 들어 용암동굴은 용암이 흐를 때 표면은 먼저 식어 굳고 안에서는 계속 용암이 흐르면서 형성되었다. 만장굴, 김녕굴, 협재굴이 그 예이다. 또한 주상절리는 용암이 식으면서 생긴 절벽이고, 정방폭포와 천지연폭포는 용암이 식으면서 생긴 지형에 생긴 폭포이다.

📘 폭발성 분출이 많은 현무암질 화산지형이기 때문이다.

백두산 화산은 진짜 폭발할까?

백두산 화산은 진짜 폭발할 가능성이 있을까? 만약 폭발한다면 그 위력은 얼마나 될까? 생각만 해도 무서운 일이지만 백두산 화산은 진짜 폭발할 가능성이 있다. 백두산은 마그마가 산 밑에 자리 잡고 있는 활화산으로, 활화산은 언젠가는 터질 가능성이 있기 때문이다.

만약 백두산이 폭발한다면 그 위력은 엄청날 것이다. 백두산은 946년 폭발했을 당시 백두산과 470km나 떨어져 있는 개성에서 커다란 천둥소리가 들렸고, 일본 홋카이도에서도 하얀 재가 눈처럼 떨어졌다는 기록이 남아있을 정도로 최대 분화 규모의 화산활동을 했던 화산이다. 이쯤 되면 백두산 폭발에 대해 두려움을 느낄 만하다.

그러나 백두산이 언제 터질지는 누구도 알 수 없다. 북한과 중국, 한국 외 다른 나라 학자들이 화산 주기를 보고 폭발 시기를 예측하려고 노력하고 있지만 아직까진 정확한 예측이 어렵기 때문이다.

➕ 한라산도 폭발할까?

한라산도 활화산이다. 다만 현무암질이라 가스가 빠져나갈 수 있고, 점성이 낮아 폭발 영향력이 낮다. 그러나 백두산의 마그마는 끈적끈적한 유문암질이라 가스를 안고 있다가 폭발하면 그 영향력이 훨씬 크다.

답 백두산 화산은 언젠가 폭발할 가능성이 있다.

우리나라는 석유가 한 방울도 안 나온다고?

IMF 시절, '우리나라는 석유 한 방울도 안 나는 나라'이니 전기를 아껴 쓰라는 말을 귀에 못이 박이게 들었을 것이다. 그런데 우리나라는 2017년 기준, 동해-1 가스전에서 하루 평균 천연가스 1천 1백만 입방피트, 원유 185배럴을 생산하고 있는, 세계적으로 봤을 때 95번째 산유국이다.

그러나 이 정도 생산량으로 우리나라 소비량을 충족시키기에는 턱없이 부족하다. 2019년 '세계 에너지 리뷰' 보고서에 따르면 지난해 우리나라 하루 평균 석유 소비량은 279만 3천 배럴로, 이는 전 세계 소비량의 2.8%이자 세계 8위에 달한다. 생산량이 적어 석유 소비의 대부분은 수입에 의존하고 있기 때문에 석유 수입량도 세계 5위로 많다.

그런데 재미있는 사실은 세계 최대 산유국도 한국산 석유를 수입하고 있다는 것이다. 석유가 안 나는데 어떻게 석유를 수출하냐고? 왜냐하면 우리나라 정유사들이 산유국에서 원유를 수입한 뒤, 역으로 산유국에 석유 완제품을 수출하고 있기 때문이다. 또한 값이 싼 원유 찌꺼기인 중유를 고가의 휘발유로 바꾸는 기술로 수입한 석유 60% 이상을 수출할 정도로 많은 양의 석유를 만들어내고 있다.

현재도 석유 개발을 위한 탐사와 시추를 계속 진행하고 있으니, 앞으로 우리나라에서 더 많은 석유가 나올 가능성도 버릴 순 없다.

답 우리나라에서도 적긴 하지만 석유와 천연가스가 나온다.

바이오 에너지는 자원 문제 해결에
도움이 될까?

요즘 뉴스에 오르내리는 바이오 에너지란 에너지로 이용할 수 있는 생물을 활용해 만드는 에너지를 말한다. 옥수수, 사탕수수, 감자 등 곡물이나 당분을 발효시켜 만드는 '바이오 에탄올', 콩기름, 팜유, 폐식용유 등에서 식물성 기름을 뽑아 만드는 '바이오 디젤', 그리고 음식물 쓰레기, 가축 배설물 등을 발효시킬 때 생성되는 '바이오 가스'가 대표적이다.

바이오 에너지는 이산화탄소를 적게 배출하고, 원자력 발전처럼 위험하지 않아서 기대되는 에너지원이다. 하지만 안타깝게도 현재로서는 바이오 에너지가 자원 문제와 환경 문제를 해결해주지 못한다. 원료를 에너지로 변환하는 공정이 복잡하고 경제적 효율성이 낮기 때문이다. 또한 바이오 에너지 소비가 늘면 원료가 되는 곡물 가격이 상승할 것이기 때문에, 그로 인해 환경 문제와 경제 갈등이 야기될 가능성도 크다.

➕ 신에너지, 재생에너지는 무엇일까?

화석연료를 변환하여 이용하는 에너지를 '신에너지', 햇빛, 물, 지열, 생물유기체 등 재생 가능한 에너지를 변환하여 이용하는 에너지를 '재생에너지'라고 한다. 태양, 바이오, 풍력, 수력, 연료전지, 액화·가스화 석탄, 해양, 폐기물, 지열, 수소 등이 이에 속한다.

🅰 현재로서는 아니다.

우리나라에는 그린벨트가 얼마나 있을까?

1950년대 영국에서 시작된 그린벨트는 도시의 무분별한 개발을 막고 환경을 보호하기 위해 개발을 금지한 녹지로, 우리나라에서는 '개발제한구역'이라고 부른다.

우리나라의 경우 1960년대 이후 서울의 과밀집중화를 해소하기 위해서 개발제한구역에 대한 논의를 시작하였다. 이후 1971년, 각종 군사 시설을 배치할 공간 확보 등을 이유로 서울 시청 중심 반경 15km 지점의 해발고도 100m 이상인 토지를 기준으로 하여 폭 2~10km의 서울·경기 땅 454.2km²를 개발제한구역으로 지정하였으며, 그 뒤로도 1974년까지 8차례에 걸쳐 전국적으로 5,397.1km²의 땅을 개발제한구역으로 지정하였다.

2018년 '개발제한구역 지정 및 해체 현황' 자료에 따르면 전체 지정 면적 5,397.1km² 중 40여 년이 흐른 지금 28.7% 정도가 국민임대, 지역 현안사업, 집단취락, 보금자리 건설 등을 이유로 해제되었다.

현재 서울에는 150.7km², 경기도에는 1,170.9km²의 개발제한구역이 남아 있는데, 정부가 3.3km² 이상의 수도권 택지를 4~5곳 조성한다고 밝힌 만큼 앞으로도 개발제한구역은 점차 줄어들 예정이다.

답 2018년 기준 개발제한구역은 우리나라 전체 면적의 3.83%이다.

개발제한구역

연평균 몇 도 이상이어야 열대기후일까?

우리가 학교에 다닐 때 배웠고, 현재도 널리 사용하고 있는 '열대기후, 온대기후' 등의 기후 분류는 1884년 독일의 기상학자 쾨펜의 기후 구분법에 따른 것이다. 쾨펜은 기후 환경을 가장 잘 반영하고 있는 식물의 분포를 기준으로, 식물 분포의 경계와 일치하는 기온과 강수량에 따라 세계를 5개의 기후대와 24개의 기후구로 구분했다.

1차 기후 구분은 기온에 따라 나타나는 식물의 분포를 기준으로 하는데, 열대기후(A), 건조기후(B), 온대기후(C), 냉대기후(D), 한대기후(E)로 나뉜다. 열대기후는 가장 추운 달의 평균 기온이 18℃ 이상, 온대기후는 가장 추운 달의 평균 기온이 -3~18℃ 사이, 냉대기후는 가장 따뜻한 달의 기온이 10℃ 이상 가장 추운 달의 평균 기온이 -3℃ 미만이며, 가장 따뜻한 달이 10℃ 미만인 곳을 한대기후로, 연 강수량 5,000mm 미만을 건조기후로 구분하였다.

쾨펜은 이렇게 구분한 5개의 기후대를 다시 기온과 위도를 기준으로 세분화하였는데, 열대우림(Af), 사바나(Aw), 온대동계건조(Cw), 온대하계건조(Cs), 온대습윤(Cf), 냉대동계건조(Dw), 냉대습윤(Df), 툰드라(ET), 빙설(EF), 스텝(BS), 사막(BS) 등으로 나누어 24개로 세분화하였다.

이러한 쾨펜의 기후 구분법에 따르면 우리나라는 온대기후(C) 중에서도 온대동계건조(Cw)에 해당한다. 사계절이 비교적 뚜렷하며, 1년 중 여름에 비가 집중되고, 반대로 겨울은 건조한 특성이 있다.

그런데 쾨펜의 기후 구분법에는 아열대기후나 고산기후 등이 없다. 쾨펜은 기온과 강수량만을 기준으로 삼았는데 그것만으로는 다양한 기후요소들에 의해 생기는 변화를 반영할 수 없었기 때문이다. 그래서 우리나라는 현재 1960년대 발표된 글렌 트레와다의 기후 구분법을 함께 사용하고 있다. 트레와다 기후 구분법은 중위도의 기후를 더 잘 반영하고 있기 때문이다.

답 가장 추운 달의 평균 기온이 18도 이상이어야 열대기후이다.

우리나라는 이제 아열대기후가 된 걸까?

우리가 학교에 다닐 때는 우리나라가 사계절의 구분이 명확한 '온대기후'라고 배웠지만, 사실상 온대기후가 맞는지 의심될 때가 많다. 지구온난화로 인해 평균기온이 오르면서 아침 기온이 30°C를 넘고 최고 기온이 40°C 가까이 오르는 날이 점점 잦아지고 있기 때문이다. 스콜과 같은 아열대성 호우가 자주 내린다는 것과 인근 바다의 어종이 아열대성 어종으로 바뀌고 있는 것도 그러한 징후를 대변한다. 다만 아직 우리나라를 아열대기후라고 정의하지 않는 것은 우리나라 중부지방이 아직 아열대기후가 아니기 때문이다.

기후대의 구분은 학자에 따라 다르지만 미국의 지리학자 글렌 트레와다의 구분법을 적용하면 아열대의 기준은 월평균기온이 섭씨 10°C 이상인 달이 한 해의 8개월 이상이고, 가장 추운 달 평균기온이 18°C 이하여야 한다. 이 기준으로 보면 제주, 경남 통영, 전남 목포 등 남부지방은 11월 평균기온이 10°C를 넘어 아열대이지만, 중부 지방은 4월부터 10월까지 7개월만 평균기온이 10°C를 넘어 8개월 기준에서 한 달이 모자라다.

하지만 최근 30년간 평균 기온이 1°C 오른 현 추세라면 2060년이면 우리나라 전체가 아열대기후권에 들 것이라는 분석이 나오고 있다.

답 남부지방만 아열대기후이다.

지구의 온도가 지금보다 2℃ 더 오르면?

미국 국립과학원에 따르면 지구 평균 온도가 산업화 이전보다 2℃ 이상 오르면 온난기에 진입하게 된다. 그런데 이미 지구 평균 온도는 산업화부터 지금까지 약 1℃가 올랐다. 온난기가 되기까지 단 1℃가 남은 것이다.

온난기가 되면 빙하가 녹아 저지대는 물에 잠기고, 사막이 더 넓어지게 된다. 폭염과 폭우, 산불 등 자연재해가 더욱 심해져 전 세계 산림이 파괴되면서 이산화탄소가 다량 방출되고, 이때 생기는 온실효과로 지구 기온은 더 가파르게 상승하게 된다. 결과적으로 지구에 사는 생물 종의 20~30%가 멸종 위기에 놓일 수 있다.

그런데 여기에서 1℃가 더 오른다면? 즉 산업화 이전보다 3℃가 오르면 물 공급량이 20~30% 줄고, 농작물 생산량이 급격히 감소하여 굶주리는 사람이 5억 명이 넘고, 최대 50%의 생물이 멸종 위기에 놓이게 된다. 4℃ 오르면 물 공급량이 30~50% 줄게 되고, 해안 지역에서 최대 3억 명이 홍수 피해를 겪게 될 것이며, 5℃ 오르면 해수면 상승으로 작은 섬들과 뉴욕, 도쿄 등의 도시가 물에 잠기게 되고, 6℃ 오르면 지구에 사는 생물의 90% 이상이 멸종하게 된다. 인류의 생존이 존폐 위기에 놓이는 것이다.

답 최대 50%의 생물이 멸종 위기에 놓인다.

5대양 6대주, 5대양 6대륙? 뭐가 맞을까?

전에는 '5대양 6대주'라는 말을 사용했으나 요즘 아이들이 사용하는 교과서에서는 '5대양 6대륙'이라고 알려준다. '대주'와 '대륙' 모두 넓은 땅이라는 뜻이니 '5대양 6대주'가 틀린 말은 아니다. 외려 '대륙'은 과학적인 의미로 보면 일본, 영국, 뉴질랜드와 같은 섬나라가 들어가지 않기 때문에 인문사회적 개념인 '대주'로 표현하는 것이 맞는다는 의견도 있다.

일반적으로 5대양은 태평양, 인도양, 대서양의 3대양과 북극해, 남극해를 포함하며, 6대륙은 아시아, 아프리카, 유럽, 북아메리카, 남아메리카, 오세아니아를 말한다. 거기에 남극대륙을 포함해 '5대양 7대륙'이라고 부르기도 하고, 북극해와 남극해를 빼고 '3대양'으로 부르기도 한다.

그런데 지도에서 보면 북극에도 땅이 있는데 왜 남극은 대륙이라고 하고 북극은 대륙에 포함하지 않는 걸까? 그것은 남극은 얼음으로 뒤덮인 거대한 땅이지만 북극은 낮은 기온으로 인해 얼어붙은 커다란 얼음덩어리이기 때문이다. 따라서 북극의 얼음이 녹는 것은 해수면 상승에 영향을 미치지 않지만 남극의 얼음이 녹으면 해수면을 상승시키게 된다.

답 둘 다 맞다.

지금 세계에는 모두 몇 개의 나라가 있을까?

책마다 정의하고 있는 나라의 수가 조금씩 다른 이유는 과거에도 그랬듯이 지금도 특정 국가를 국가로 인정하느냐, 못 하느냐의 갈등이 계속되고 있기 때문이다.

엄밀히 따져서 현재 국제 사회의 인정을 받는 국가의 수는 194개국이다. 여기에는 우리에게 친근한 대만이나 코소보, 서사하라, 남오세티야, 아브카지아, 북키프로스 등 주권 논쟁의 여지가 있는 국가들은 포함되지 않는다. 비록 이들이 최소 한 나라에서부터 많게는 100개 이상 나라로부터 독립국으로 인정받는 부분 인정 국가임에도 불구하고 말이다.

이 외에도 나라의 수를 세는 방법은 여러 가지인데 2019년 기준 올림픽 참가 승인을 받은 국가는 206개국, 월드컵 출전 국제축구연맹 국가는 211개국, 국제표준화기구(ISO) 기준으로는 249개국이다.

국제표준화기구의 국가 코드 목록에 등록된 나라 개수가 이처럼 많은 이유는 속령을 모국과 분리하여 코드를 부여했기 때문이다. 그 결과 독립적인 속령, 해외 식민지, 무인도, 심지어 남극대륙 등도 개별적인 국가 코드를 갖고 있다.

📧 현재 국제 사회의 인정을 받는 국가는 모두 194개국이다.

대만은 나라일까, 아닐까?

최근 우리에게 여행지로 주목받고 있는 대만은 사실상 자치적으로 국정을 운영하고 있지만, 국제사회에서는 국가가 아니라 중국의 지방정부로 여겨지고 있다. 이는 국제사회에서 중국의 힘이 세졌기 때문이다.

'중화민국'은 1912년 쑨원이 신해혁명으로 청나라를 멸망시킨 후 세운 아시아 최초의 공화국이었다. 이후 공산당과 국민당의 치열한 싸움 끝에 1948년 국민당을 이끄는 장제스가 중화민국 총통의 자리에 오른다. 하지만 1949년 마오쩌둥이 이끄는 공산당에게 패배하자 국민당은 난징에 있던 중화민국 정부를 현재의 대만으로 옮긴다. 당시 중국대륙에 '중화인민공화국'을 설립한 마오쩌둥은 "중화민국은 멸망하였고, 중화인민공화국이 모든 권리를 승계한다."며 장제스가 이끌던 중화민국을 정부로 인정하지 않았다.

이후 1971년, 중화인민공화국(중국)이 중화민국(대만)을 밀어내고 유엔(UN) 상임이사국이 되면서, 대부분의 국가가 대만과 국교를 단절하게 된다. 중화인민공화국(중국)이 영토, 인구, 경제력 등 모든 분야에서 대만을 월등히 앞서면서, 중화민국(대만)을 독립국이 아닌 중국의 일부 지방정부로 규정한 것이다. 이에 따라 현재 중화민국(대만)을 공식 국가로 인정하고 있는 나라는 십여 개국에 불과하다.

🅳 국제사회에서는 국가가 아니라 중국의 지방정부로 여겨지고 있다.

터키는 아시아일까, 유럽일까?

유럽과 아시아는 지도로 보았을 때 하나로 연결된 대륙이지만, 지리학자들은 유럽과 아시아의 문화와 종교, 역사, 정치, 언어 등이 확연히 다르기에 편의상 우랄산맥과 카스피해, 그리고 흑해를 기준으로 대륙을 둘로 나눈다.

그런데 러시아와 터키는 양 대륙에 걸쳐 있어 유럽과 아시아 중 어느 한 군데에 속한다고 말하기 어렵다. 러시아의 경우, 이미 18세기 말에 자국을 유럽 국가로 표방하였기에 현재 대부분의 국가는 러시아를 유럽으로 받아들이고 있다. 그러나 비슷한 지리적 조건을 가지고 있는 터키는 아직 유럽으로 인정받지 못하고 있다.

터키는 자국보다 경제적으로 발달한 유럽연합(EU)에 가입하려는 노력을 계속하고 있으며, 유럽축구연맹에도 가입되어 있다. 하지만 터키의 주요 종교가 이슬람교라는 점, 터키 공화국의 전신 오스만 제국의 속주였던 발칸 반도 회원국들과의 불편한 관계, 그리고 1974년 키프로스 섬에서 그리스계 키프로스 주민과 터키계 키프로스 주민 사이에 발생한 분쟁이 계속되고 있는 관계로 앞으로도 EU 가입 전망은 어두운 상황이다.

🔳 양 대륙에 걸쳐 있어 명확하게 말하기 어렵다.

세계 지도 모양이 제각각 다른 이유는?

세계 지도 이미지를 구글에서 검색해 보면, 모양이 제각각이다. 지도의 형태도 직사각형 모양, 타원 모양 등으로 다양하고, 대륙의 모양과 크기도 지도마다 다르다. 하나뿐인 지구인데 왜 세계 지도의 모양은 여러 가지가 있는 걸까?

지구는 둥근 공 형태이다. 그런데 지구라는 커다란 공을 평면에 나타낼 때는 왜곡이 생길 수밖에 없다. 거리를 맞추면 면적이 과장되고, 방향과 각도를 맞추면 대륙과 해양의 모양이 바뀌기 때문이다. 이 때문에 '면적, 거리, 모양, 방향' 중 어떤 것을 정확하게 맞출지 선택해야 하고, 또한 이 네 가지 요소들을 적절히 반영해야 한다.

우리가 가장 많이 보는 직사각형 모양의 평면 지도는 메르카토르 도법으로 만든 지도이다. 이 지도는 경선과 위선의 각도를 90도에 맞춘 것으로 나침반으로 길을 찾는 항해사들에게 인기를 끌었다. 그러나 이 도법에 따르면 적도 주변의 국가는 모양과 면적이 거의 정확하게 표현되는 반면, 북반구에 있는 국가들은 실제보다 면적이 훨씬 크게 표현될 수밖에 없다. 이런 왜곡 덕분에 자국의 영토가 넓어 보이는 러시아나 유럽 등 북반구에 있는 나라들로부터 환영을 받긴 했지만 말이다.

이후 표준 세계 지도 제작에 더 정확한 도법을 적용하기로 한 내셔널지오그래픽협회는 1988년, 미국의 지리학자인 아서 로빈슨이 정각·정적 도법을 절충하여 고안한 로빈슨 도법을 공식 채택하였다. 로빈슨 도법으로 그린 세계 지도는 메르카토르 도법으로 그린 세계 지도보다 북반구의 왜곡이 현격히 적기 때문이다. 로빈슨 도법 이후에도 모양과 크기가 정확한 구드 도법이 개발되는 등 왜곡을 줄이려는 시도를 계속 하고 있지만, 사실상 100% 정확한 세계 평면 지도 제작은 불가능하다.

현재 내셔널지오그래픽협회는 빈켈 트리펠 도법을 공식 채택하고 있으며, 우리나라 국토지리정보원의 경우 이전에는 메르카토르 도법 지도를 사용했으나 지금은 로빈슨 도법 지도를 사용하고 있다.

메르카토르 도법 세계 지도

로빈슨 도법 세계 지도

남극대륙 크기 차이가 엄청나네!

답 공 모양의 지구를 평면으로 옮기는 방법이 다르기 때문이다.

세계 여러 나라

세계에서 두 번째로 큰 나라는?

세계에서 면적이 가장 넓은 국가는 단연 러시아로, 전 세계 육지 면적의 8분의 1에 해당할 정도로 면적이 넓다. 러시아를 동서로 가로지르는 시베리아 횡단 철도의 길이가 지구 둘레의 4분의 1에 맞먹을 정도이다.

면적이 두 번째로 넓은 나라는 캐나다로, 러시아의 절반 정도의 크기이며, 그 뒤를 잇는 중국, 미국, 브라질도 비슷한 면적을 가지고 있다.

세계에서 면적이 가장 좁은 국가는 이탈리아의 수도인 로마 시내에 있는 바티칸 시국이다. 우리나라 여의도 면적의 6분의 1 정도인 $0.44km^2$의 면적에 900명 정도가 거주한다. 바티칸 시국의 최대 너비는 약 1km로, 걸어서 20분이면 횡단할 수 있을 정도이다. 한편 우리나라 면적은 $100,210km^2$로 세계 107위이다.

세계 면적 순위 (2019년)			세계 인구 순위 (2019년)		
순위	나라 이름	면적(km²)	순위	나라 이름	인구(명)
1	러시아	17,098,246	1	중국	14억 26만 명
2	캐나다	9,984,670	2	인도	13억 5,555만 명
3	중국	9,596,961	3	미국	3억 3,043만 명
4	미국	9,525,067	4	인도네시아	2억 6,692만 명
5	브라질	8,515,767	5	브라질	2억 1,780만 명
107	우리나라	100,210	27	우리나라	5,181만 명

답 세계에서 두 번째로 큰 나라는 캐나다이다.

사해는 정말 죽은 바다일까?

사해는 이스라엘과 요르단에 걸쳐 있는 소금호수이다. 사해에는 요르단 강의 강물이 흘러들고 있으나 물이 빠져나가는 곳이 없고, 유입량과 같은 양의 증발이 일어나므로 염분 농도가 매우 높다. 사해 표면에서 잰 염분 농도가 일반적인 바닷물의 5배에 달할 정도이다. 따라서 사해에서는 생물이 살지 못하여 '죽은 바다'라는 뜻의 '사해(死海)'라는 이름이 붙었다.

이름에 색이 들어가는 바다에는 '홍해, 백해, 흑해' 등이 있다. 아프리카대륙과 아라비아반도 사이에 있는 '홍해(紅海)'는 바닷속에 사는 붉은 해조 때문에 바닷물이 붉은색으로 보여서 '붉은 바다'라고 이름 붙여졌고, 러시아 북부에 있는 '백해(白海)'는 겨울이면 바다가 얼음으로 두껍게 뒤덮여 온통 하얗게 보인다고 해서 '하얀 바다'라고 부르게 되었다. 유럽 남동부와 아시아 사이에 있는 '흑해(黑海)'는 '검은 바다'라는 뜻이다. 그러나 사실 흑해의 물빛이 검은색을 띠는 것은 아니다. 흑해 주위는 안개가 자주 끼고 파도가 거칠어서 무척 위험한 곳이므로 '위험하고 불안한 곳'이라는 의미로 '검은 바다'라고 부른다.

🔒 사해에서는 생물이 살기 어렵다.

세계 여러 나라

남극은 어느 나라 땅일까?

남극은 남극대륙과 그 주변을 둘러싼 지역을 말한다. 지구 육지의 9.1%를 차지할 만큼 넓지만 연평균 기온이 섭씨 영하 23℃에 달할 만큼 춥다. 1819년 발견 당시엔 춥고 혹독한 환경으로 인해 큰 관심을 끌지 못하다가 조사를 통해 막대한 양의 석유, 천연가스, 우라늄, 석탄 등이 매장되어 있음이 밝혀지면서 여러 국가의 관심을 끌게 되었다.

자원 선점을 위한 영유권 분쟁이 점점 심해지자 남극의 영유권을 주장하던 나라들은 지속적인 남극 활동을 보장받기 위한 국제기구의 필요성을 느끼게 되었다. 이에 따라 1959년, 아르헨티나, 오스트레일리아, 벨기에, 칠레, 프랑스, 일본, 뉴질랜드, 노르웨이, 남아프리카공화국, 소련, 영국, 미국 등 12개국이 워싱턴에 모여 극적으로 '남극조약'을 체결하게 되었다.

남극조약은 남극지역을 평화적 목적에만 이용해야 한다고 명시하였다. 남극의 대륙과 바다를 군사적으로 이용하는 것을 금지하고, 누구나 과학 조사와 연구의 자유를 누릴 수 있으며, 영토권과 청구권 논란을 유예하였다.

우리나라는 1986년에 남극조약에 33번째로 가입한 국가로 1988년 2월 남극의 킹조지섬에 세종기지를 완공함으로써 세계에서 18번째로 남극에 과학기지를 건설한 국가가 되었다.

답 어느 나라 땅도 아니다.

우리나라 여권으로 여행할 수 있는 나라의 수는?

'여권'은 외국을 여행하는 국민에게 정부가 발급하는 증명 서류로, 국외에서 자신의 신분을 증명해주는 증명서이다. 여행자의 국적과 신분을 증명할뿐더러 해외여행 중 외국 기관의 보호를 부탁하는 문서이기도 하다.

그렇다면 대한민국 여권으로 비자 없이 방문할 수 있는 나라는 현재 몇 개국이나 될까? 이런 궁금증을 풀어주는 것이 바로 '패스포트 인덱스', 일명 국가별 여권 지수이다. 무비자로 출입 가능한 국가가 많을수록 여권 랭킹이 높아진다. 국제 교류단체인 영국 헨리 앤 파트너스가 발표한 '패스포트 인덱스' 최신판에 따르면 대한민국 국민이 여권만 가지고 있다면 무비자, 혹은 도착 비자 등으로 방문할 수 있는 국가나 지역이 188개나 된다. 이는 189개인 일본, 싱가포르에 이어 독일, 핀란드와 함께 2위를 기록할 만큼 많다.

무비자 출입 가능 국가 수는 해당 국가에서의 사업 및 투자의 자유, 사법부의 독립성, 재정 건전성 및 재산권과 같은 다른 혜택과도 밀접한 상관관계가 있다. 분실된 대한민국 여권의 회수 비율이 16%밖에 되지 않는 것도 의미심장한 수치이다.

답 대한민국 여권으로 188개의 국가나 지역을 무비자로 방문할 수 있다.

2100년 이후에는 이슬람교 인구가
가장 많아진다고?

우리나라는 인구 감소 추세에 있는데 세계 인구는 어떨까? 세계 인구는 1800년대에 10억 명 정도였다. 그러나 의학과 위생, 식품 생산 기술 등의 발달 덕분에 현재 세계 인구는 77억 명에 달한다. 유엔(UN)의 발표에 따르면 지금도 14개월마다 약 1억씩 세계 인구가 증가하고 있다. 이 속도라면 2050년에는 97억 명, 2100년에는 약 110억 명까지 증가할 것으로 보인다.

현재 인구 증가 추이로 봤을 때 앞으로 늘어날 것으로 예상되는 인구의 대다수는 아프리카인이다. 또한 아프리카인의 47% 이상이 이슬람교를 믿기 때문에 2100년 이후에는 전 세계에서 이슬람교가 세계 최대 종교가 될 것으로 보인다. 2100년에는 아프리카인이 무려 40억 명에 달할 전망이기 때문이다.

답 이슬람교를 믿는 아프리카 인구가 증가하기 때문이다.

국제환경협약은 몇 개나 될까?

지구는 전 세계 194개 나라가 공유하고 있는 단 하나의 땅이다. 따라서 국제사회에서는 환경협약을 맺어 환경을 보호하는 한편 지구 온난화와 자원 고갈 문제를 해결하려고 노력하고 있다.

현재 명문화된 국제환경협약은 무려 170여 개에 달하는데 주요 협약으로는 '람사르협약, 몬트리올협약, 바젤협약, 사막화 방지협약, 기후변화협약, 멸종위기에 처한 동식물보호협약, 생물다양성협약' 등이 있다.

'람사르협약'은 이란의 람사르에서 채택된 협약으로 정식 명칭은 '철새 및 물새 서식지로서 특히 국제적으로 중요한 습지에 관한 협약'이다. 협약에 가입한 국가는 자국의 중요한 습지 1곳 이상을 등록하고 3년마다 습지에 관한 보고서를 제출해야 하며, 생태적 기능을 보존하는 방식으로 습지를 개발해야 한다. 우리나라의 경우 대암산 용늪, 창녕군 우포늪, 순천만 갯벌, 여의도 밤섬 등이 등록되어 있다.

'몬트리올협약'은 캐나다 몬트리올에서 채택된 협약으로 지구 생태계 및 동식물의 피해를 방지하기 위해 오존층 파괴물질의 배출을 억제하고자 하는 목적으로 만들어졌다. 몬트리올 의정서에는 염화불화탄소(CFC), 할론가스 등 96종의 오존층 파괴 물질을 규제 대상으로 정하고, 이 물질에 대한 생산량과 소비량을 규제하고 있다.

답 170여 개

입법, 사법, 행정, 언론에 이은 제5권력은?

'NGO(Non-Governmental Organization)'란 유엔(UN)에 의해 공식적으로 사용된 개념으로 '비정부기구'를 뜻한다. 국가의 범주를 벗어나 사회적 연대와 공공목적을 실현하기 위해 1946년에 설립된 각국의 비정부단체에서부터 출발하였다.

NGO는 활동 영역에 따라 인권, 사회, 정치, 환경, 경제 등의 분야로 나뉘는데 현대 사회에서는 '입법, 사법, 행정, 언론'에 이어 '제5권력'으로 불릴 정도로 영향력 있는 기구이다. 대표적인 NGO 기구로는 '세계자연보호기금, 그린피스, 국제앰네스티, 유니세프, 국경없는의사회, 국제사면위원회, 굿네이버스' 등이 있다.

우리나라의 경우 1903년 설립된 YMCA와 1913년 안창호가 설립한 흥사단이 국내 최초의 NGO이며, 1987년 민주화 세대를 비롯한 비판적 지식인들이 시민운동에 참여하면서 다양한 NGO가 결성되기 시작했다.

비정부기구의 수는 매우 많아서 유네스코, 유니세프 등 국제 연합에 등록된 비정부기구만도 1,000개가 넘고, 국제적으로 활동하는 비정부기구는 4만 개가 넘는다. 우리가 시민단체라고 부르는 순수 민간단체도 비정부기구로 부르는데 각 나라 안에서 활동하고 있는 비정부기구까지 합하면 100만 개가 훨씬 넘을 것으로 추정하고 있다.

🅐 비정부기구(NGO)

대한민국 헌법 제1장 제1조 1항은?

헌법은 국가의 근본법으로 총강인 1장에는 대한민국의 주권, 영토, 정당 등 기본적인 내용이 담겨있다. 그런데 제1장 중에서도 제1조, 그리고 1항이라면, 우리나라 국민으로서 외워둘 만하다.

대한민국 헌법 제1장 제1조 1항은 '대한민국은 민주공화국이다.' 민주공화국이란 주권이 국민에게 있고, 국민이 선출한 대표자가 국정을 운영하는 국가를 말한다. 따라서 군주국가나 귀족적 공화국이 아닐 뿐만 아니라 독재 정치를 하지 못하도록 규정하고 있다.

그렇다면 민주공화국이 채택하고 있는 민주정치의 기본 원리는 무엇일까? 민주정치의 4가지 원리 중 첫 번째 기본 원리는 헌법 1조 1항과 비슷한 맥락인 '국민 주권의 원리'이다. 국가의 의사를 결정하는 최고 권력인 주권이 국민에게 있다는 것이다. 두 번째 원리는 '입헌주의의 원리'이다. 기본권을 보장하기 위해서 헌법에 따라 권력이 행사되어야 한다는 것을 뜻한다. 세 번째 원리는 '국민 자치의 원리'로 주권을 가진 국민이 스스로 나라를 다스려야 한다는 것을 말한다. 네 번째는 '권력 분립의 원리'로 국가 권력을 서로 독립된 기관이 나누어 맡는 것이다. 우리나라는 입법부, 행정부, 사법부를 두어 견제와 균형을 통해 국가 권력의 남용을 방지하고, 국민의 자유와 권리를 보장하기 위해 노력하고 있다.

답 대한민국 헌법 1장 1조 1항은 '대한민국은 민주공화국이다.'

아직도 왕이 직접 통치하는 나라가 있을까?

우리가 잘 알고 있는 영국이나 일본은 왕이 있지만 상징적인 존재일 뿐, 실제로는 총리가 나라를 통치한다. 그런데 왕이 권력을 가지고 직접 다스리는 나라가 아직도 있을까?

왕이 다스리는 정치제도를 '군주제'라고 한다. 현재 전 세계 국가 중 44개국이 군주제이니 적은 수가 아니다. 그중 왕이 절대적인 권력을 가지고 있으면서 정치적 영향력을 미치면 '절대군주제'라고 하고, 왕은 있지만 통치는 총리가 하는 것을 '입헌군주제'라고 한다. 입헌군주제는 헌법이 있으며 헌법 아래 군주가 있다는 의미이다.

오늘날 군주제를 유지하고 있는 대부분의 국가는 헌법으로 군주의 권력을 제한하는 입헌군주제를 채택하고 있지만, 이 경우에도 나라마다 군주가 행사할 수 있는 권한의 정도가 다르다.

국가원수이지만 정치 권한은 적어요.
- 영국 여왕

총리를 임명할 수 있지요.
- 모나코 왕

절대적 권한이 있어요.
- 사우디아라비아 국왕

영국이나 일본, 부탄처럼 군주가 상징적 존재로만 남아 있는 국가들도 있고, 리히텐슈타인이나 쿠웨이트처럼 군주가 의회해산권과 같은 정치적 권한을 가지고 있는 국가들도 있다.

왕이 절대 권력을 가지고 정치적인 영향력을 발휘하는 나라는 사우디아라비아, 아랍에미리트연합, 오만, 카타르, 브루나이, 태국 등이다. 나라마다 왕의 역할이나 정치제도에는 차이가 있는데 예를 들어 사우디아라비아의 경우 국왕자문회의가 의회의 역할을 대신하고 있고, 쿠웨이트나 바레인 왕국은 입헌군주제의 겉모습을 하고 있지만 실제로는 군주가 절대적인 권한을 가지고 있다.

➕ 공화제

군주제와는 달리 공화제는 국민의 뜻에 따라 뽑힌 대표가 정치하는 제도이다. 크게 대통령제와 의원내각제로 나누는데, 대통령제는 대통령이 정부의 대표를 맡아 나라를 통치한다. 우리나라를 비롯하여 미국, 인도네시아, 필리핀 등 많은 나라가 채택하고 있는 정치제도이다.

의원내각제는 국회의 다수당이 정권을 잡고 최고 권력은 다수당의 대표인 총리에게 있는 정치제도이다. 영국, 일본, 캐나다, 인도 등이 의원내각제로 운영된다. 내각제 국가들은 국가원수가 '세습식 군주(입헌군주제)'인 곳과 '선출식 대통령(공화제)'인 곳으로 나눌 수 있는데, 영국과 일본은 '입헌군주제 + 의원내각제'이다.

🄳 전 세계 국가 중 44개국이 군주제이다.

군주제

우리나라가 의원내각제로 바뀐다면?

우리나라는 현재 대통령제에 내각제의 요소를 일부 더한 형태로 운영되고 있다. 대통령제는 행정부의 수장이자 국가원수인 대통령에게 모든 권력이 집중되는 정부 형태로, 미국에서 시작되었다.

그러나 의원내각제를 채택하자는 의견도 예전부터 있었다. 1948년 6월 21일, 30명의 헌법기초위원회가 만장일치로 준비한 우리나라 정부 형태의 초안은 국회 본회의에 상정되기 전까지는 의원내각제였다. 그런데 그날 아침 이승만이 의원내각제를 반대하고 대통령제를 택하는 바람에 대통령제가 채택되었고, 이후 대한민국 정부 형태는 대통령제를 근간으로 하고 있다.

만약 우리나라의 정부 형태가 의원내각제로 바뀌면 어떤 변화가 생길까? 의원내각제는 국회의 다수당 대표가 총리가 되는 제도이다. 대통령이나 왕이 국가원수 역할을 하지만, 정치적인 실권은 총리가 행사한다. 의원내각제는 행정부가 의회에 속하는 형태여서 입법부와 행정부가 상호협조하여 신속하고 능률적으로 국민의 의견에 반응할 수 있다. 하지만 의원내각제는 정부가 의회의 신임에 의존하기 때문에 안정적인 국정 운영이 가능한 대통령제에 비해 국정 운영이 불안정해질 위험도 크다.

답 국정 운영의 실권을 다수당 대표인 총리가 행사하게 된다.

다음 대선은 언제일까?

우리나라를 통치하는 대통령을 뽑는 선거인 대선은 1987년에 있었던 제3대 대통령 선거 이후, 매해 12월 중순에 치러졌었다. 그런데 18대 박근혜 대통령이 2017년 3월 10일에 탄핵당함에 따라 제19대 대통령 선거는 2017년 5월 9일에 실시되었다. 그렇다면 다음 대통령 선거는 언제 치러질까?

현행 헌법에 따르면 한국 대통령의 임기는 5년 단임이다. 대통령 선거일은 임기만료일 전 70일 이후 첫 번째 수요일이므로 다음 20대 대통령 선거는 2022년 3월 9일에 치러질 예정이다. 대선의 경우 선거기간은 후보자등록 마감일의 다음 날부터 선거일까지의 기간으로 23일이며, 선거로 뽑힌 대통령의 임기는 전임 대통령의 임기만료일의 다음 날 0시부터 시작된다.

그렇다면 국회의원을 선출하는 총선과 지방의회 의원 및 지방자치단체장을 선출하는 지방선거는 선거일을 어떻게 정할까? 총선과 지방선거는 임기가 마치는 4년마다 실시하고 있는데, 총선은 임기 만료일 전 50일 이후 첫 번째 수요일에, 지방선거는 임기 만료일 전 30일 이후 첫 번째 수요일에 한다. 따라서 21대 국회의원 선거는 2020년 4월 15일, 제8회 전국동시지방선거는 2022년 6월 1일에 실시될 예정이다.

답 대통령 선거일은 임기 만료일 전 70일 이후 첫 번째 수요일로 다음 대선은 2022년 3월 9일(수)이다.

민사재판과 형사재판은 어떻게 다를까?

절도나 폭행은 '형사재판'으로 죄의 경중을 따지고, '민사재판'으로 피해 보상의 범위를 정한다. 그렇다면 층간소음이나 개인 간 금전 문제 등은 어떤 재판으로 시시비비를 가릴까? 답은 민사재판이다. '민사재판'은 개인 사이에서 다툼이 벌어졌을 때 하는 재판이기 때문이다.

민사재판에는 검사가 없고, 원고와 피고 모두 변호인을 둘 수 있다. 피고가 판결에 승복하면 소송이 끝나지만, 한쪽이라도 판결에 불복할 경우에는 상소 제도를 통해 상급 법원에 재심을 요청할 수 있다.

형사재판은 한자로 '刑(형벌 형)'을 쓰는데, 강도나 살인처럼 사회 질서를 어지럽힌 죄를 지은 범죄자에게 벌을 주는 재판이다. 형사 사건에서는 범죄 피해자가 직접 소송을 제기할 수 없기에, 검사가 피해자를 대신해 법원에 심판을 요청하는데 이를 '기소', 또는 '공소의 제기'라고 한다. 따라서 형사재판에서는 범죄자에게 형벌을 주고자 하는 검사가 '원고'가 되어 수사부터 '공판', 즉 형사재판까지 참여한다. 죄를 지은 범죄자는 '피고'이며, 변호사를 선임할 수 있다.

이외에도 이혼이나 재산 분할 등 가족이나 친족 간의 다툼을 해결하는 '가사재판', 특허권과 관련된 '특허재판', 행정기관의 위법한 처분 등으로 인한 행정기관과 국민 간의 재판인 '행정재판' 등이 있다. 예를 들어 경찰청을 대상으로 운전면허 취소 처분의 부당함을 주장하는 소송 등이 대표적인 행정재판이다.

➕ 알아두면 좋은 법률용어

법원의 재판 결과는 그 주체와 절차에 따라 크게 '판결, 결정, 명령'으로 나눈다. '판결'은 재판 중에서 가장 중요하고 핵심적인 법원의 의사표시이며, '결정'이나 '명령'은 주로 경미한 사건에 관련된다.

◇ **항소**   지방법원의 제1심 판결에 대하여 제2심 법원에 제기하는 불복신청을 말한다.

◇ **상고**   판결에 대해 대법원에 상소하는 것을 말한다. 상고는 원칙적으로 제2심 판결에 대하여 허용된다.

◇ **항고**   판결 이외의 결정이나 명령에 대한 불복신청을 말한다.

◇ **상소**   항소, 상고, 항고 모두를 포괄하는 것으로 미확정인 재판에 대해 상급법원에 불복을 신청하는 것을 말한다.

🔁 개인 간의 갈등은 민사재판, 사회질서를 어지럽히면 형사재판을 한다.

3심 제도란?

재판에서 공정하지 못한 판결이 내려졌다면 어떻게 해야 할까? 우리나라에서는 재판 결과의 공정성을 기하기 위해 3심 제도를 채택하고 있다.

3심 제도는 한 사건에 대해 각기 다른 법원에서 최대 세 번의 재판을 받을 수 있는 제도이다. 3심제에서 1심을 맡는 곳은 지방 법원, 2심(항소심)을 맡는 곳은 고등 법원, 3심(상고심)을 맡는 곳은 대법원이다. 즉, 1심 판결이 불공정하다고 생각되면 항소하여 2심을 받을 수 있고, 그 결과에 승복하지 못하면 다시 상고하여 3심을 받을 수 있는 제도를 말한다.

재판의 1심은 법관 1인이 심판하는 단독 사건이 원칙이지만 사안의 경중에 따라 법관 3인이 심판하는 합의 사건으로 진행되기도 한다. 예를 들어 합의부에서 심판할 것을 결정한 사건이거나 소송액이 2억 원을 초과하는 민사사건, 단기 1년 이상의 징역 또는 금고에 해당하는 사건 등은 합의 사건으로 진행한다.

➕ **우리나라의 3심 제도**

단독 사건 1심(지방 법원 단독부) → 2심(지방 법원 합의부) → 3심(대법원)
합의 사건 1심(지방 법원 합의부) → 2심(고등 법원) → 3심(대법원)

🅰 한 사건에 대해 세 번의 재판을 받을 수 있는 제도이다.

나도 헌법 소원 청구가 가능할까?

헌법재판소는 어떤 일을 하는 곳일까? 모든 법원에서는 법령에 따라 재판을 하지만, 때론 그 법령 자체가 옳은지 그른지를 논의해야 할 때가 있다. 헌법재판소는 이렇게 '법령의 합헌성(合憲性)'을 심판하기 위해 설치된 헌법재판 기관이다.

헌법재판소는 위헌법률을 심사하거나 탄핵 심판, 정당의 해산 심판, 헌법소원 심판, 국가기관 사이의 권한쟁의에 관한 심판 등 일반 법원에서 다루기 어려운 일들을 관장한다. 쉽게 말하면 헌법의 내용을 바로잡아야 하거나, 헌법에 대한 해석이 달라서 다툼이 생겼을 때, 헌법과 관련된 분쟁을 다룬다. 대한민국 국민이라면 누구나 헌법소원 심판을 청구할 수 있다. 다만 심판 청구가 일정한 요건을 갖추지 못하면 각하 결정을, 실질 심사를 통해 청구를 받아들일 수 없으면 기각 결정을, 심판청구를 받아들이는 경우에는 인용 결정을 내린다.

헌법재판소는 아홉 명의 재판관으로 구성되며, 대통령, 국회, 대법원장이 각각 세 명씩 선임한 후 대통령이 임명한다. 단 헌법재판소 소장은 국회의 동의를 얻어야 한다.

답 대한민국 국민은 누구나 헌법소원 심판을 청구할 수 있다.

재판

만 14세 미만 청소년은 처벌이 불가능할까?

현행 형법에 의하면 만 14세 미만은 '형사미성년자(촉법소년)'이기 때문에 범죄를 저질렀더라도 형사처벌을 할 수 없게 되어 있다. 그런데 그 범죄가 살인이나 심한 폭력인 경우에도 처벌할 수 없을까?

소년법에서는 만 19세 미만을 소년으로 규정하고 있다. 만약 만 10세 이상 14세 미만이라면 설령 살인을 했더라도 형사처벌은 받지 않고 보호관찰을 받게 된다. 그러나 만 14세 이상 19세 이하 청소년이라면 형법 제331조에 의하여 1년 이상, 10년 이하의 징역형에 처할 수 있다. 이때 형사처분인 징역형을 받으면 소년교도소로 가게 되지만, 소년부 판사로부터 보호처분을 받으면 보호자나 병원, 요양소, 보호관찰관이나 아동복지시설 등의 보호관찰을 받거나 소년원에 보내지게 된다.

그러나 어떤 처분을 받든 간에 부모 등 소년의 보호자는 피해자에게 민사상 손해를 물어 줄 책임이 있다.

현행 소년법은 1958년에 제정된 것으로, 이후 범죄를 저지르는 연령대가 낮아지면서 청소년에 의한 범죄가 급증하였기 때문에 형사미성년자의 연령을 만 14세에서 만 13세 미만으로 낮추는 것에 대한 논의가 진행 중이다.

➕ 우리 아이가 학교폭력을 당했다면?

우리 아이가 학교폭력을 당했다면 어떻게 해야 할까? 우선 담임선생님과 통화를 하여 사태를 파악한 후, 학교폭력상담전화 117에 전화해서 상담을 받는 것이 좋다. 여기에서는 상담뿐 아니라 신고도 할 수 있는데, 신고를 하면 절차에 따라 '학교폭력대책자치위원회(학폭위)'가 열리게 된다. 그 후의 과정은 다음과 같다.

전담기구에서 관련 학생 조사 → 증인 조사(주변 학생 및 목격자) → 관련 학생 학부모 면담(조사 결과 절차 안내, 요구사항 파악, 전담기구종결 여부 판단) → 자치위원회 개최 통보(자치위원, 학부모) → 위원회 개최 → 가해 학생 선도 처분, 피해 학생 보호 조치 → 조치 결과 통보 → 학교생활기록부 관리 → 조치 집행 → 재심 및 행정심판

학부모, 교사, 전문위원 등의 위원회 구성원이 정해지면 해당 사건에 대해 학생들 간의 분쟁을 조정하거나 가해 학생에게 합당한 처분을 결정하게 된다. 그러나 위원회의 과반수가 학부모로 구성되고, 별도의 검증 절차가 없어서 전문성에 대한 문제가 계속 제기되고 있다.

조치는 1호 서면 사과부터 9호 퇴학까지 있는데, 초등학생은 퇴학은 불가하고 그 아래 단계인 강제전학 조치가 최고 조치이다. 조치를 받은 후 피해 학생은 재심 신청이 가능하며, 가해 학생은 퇴학 조치만 재심 신청이 가능하다.

🔳 보호관찰 처분 및 민사상 손해 청구만 가능하다.

억울한 일이 생기면 어디에서
도움을 받아야 할까?

아파트 전세 계약 시 집주인이 전세 대출 협조를 해주겠다고 해서 계약했는데, 계약금을 받은 뒤 집주인이 나 몰라라 한다면? 잘못된 은행 계좌번호로 돈을 송금했는데 받은 사람이 반환을 거부한다면?

이런 문제에 대해 법적인 조언을 받고 싶다면 우선 법률구조공단의 문을 두드리는 게 좋다. 전화 상담(국번 없이 132)이나 인터넷 상담, 방문 상담 등을 통해 필요한 법률 상담을 받을 수 있으며 누구나 무료로 이용 가능하다. 상담을 통해 소송이 필요한 경우로 인정되고, 소득액 등이 일정 조건에 해당하면 낮은 수준의 비용으로 공단을 통해 소송 진행이 가능하다. 또한, 재판에서 승소한 경우 강제집행 절차까지 진행할 수 있다.

흔히 호텔이나 리조트 이용 시 불편을 겪었거나 물건을 사고 갈등이 생겼을 때 한국소비자원을 찾는데, 한국소비자원은 판매자에게 손해배상 요구를 할 수는 있지만 강제성이 없다. 따라서 손해배상을 받기 위해 소송을 진행하려면 법률구조공단을 찾는 것이 낫다.

그 외 언론에 의해 입은 피해는 언론중재위원회의 도움을 받을 수 있고, 사용자의 부당 해고나 부당 노동행위로 권리를 침해당한 근로자는 노동위원회에 구제를 신청할 수 있다.

📋 법률구조공단에서 상담을 받는 게 좋다.

신자유주의란 무엇일까?

우리가 알고 있는 자유주의는 말 그대로 시장 자체에 시장을 맡기는 것을 말한다. 그렇다면 신자유주의란 무엇일까?

자본주의에 의해 돌아가던 세계 경제는 세계대전 후 대공황을 맞이하게 된다. 그로 인해 시장을 시장 자체에만 맡기면 안 되다는 것을 알게 된 각국 정부는 다양한 규제와 복지정책으로 시장경제에 적극적으로 개입하게 된다. 그러나 이러한 정부의 개입은 기업의 성장에 걸림돌이 되었고, 복지에 필요한 막대한 세금을 부과하면서 경제를 위축시켰다. 결국 많은 국가가 시장경제 활성화에 역점을 두면서 정부의 개입을 줄이고, 복지를 줄이는 정책을 채택하게 되었는데 이것이 신자유주의 정책이다.

그러나 신자유주의 정책 또한 1990년대에 이르러 한계를 드러내기 시작한다. 시장경제가 금융자본 세력들에 의해 좌지우지되고, 복지가 줄어들면서 더 큰 사회 문제가 야기되었기 때문이다. 설상가상 부동산 버블이 꺼지기 시작하면서 2007년 미국에서 주택담보대출인 서브프라임 모기지를 갚지 못하는 사태가 대규모로 벌어졌고, 이로 인해 연쇄적인 세계 금융위기가 찾아왔다. 그 결과 많은 선진국이 신자유주의 정책을 폐기하고, 큰 규모의 공적자금을 투입하며 경제에 깊숙이 개입하기 시작하였다. 현재는 보호무역주의, 금융자본주의 등 다양한 형태의 경제 정책이 나타나고 있다.

답 경제 활성화를 위해 정부가 적당히 개입하는 형태를 말한다.

수요와 공급이 만나면 가격이 결정된다고?

학교에 다닐 때 배웠던 '수요 공급의 법칙'은 자유 경쟁 시장에서는 수요와 공급이 일치되는 지점에서 시장 가격과 거래량이 결정된다는 것이다. 여기에서 '수요'는 사고자 하는 구매 의지와 살 수 있는 구매능력을 갖춘 욕구, '공급'이란 판매하고자 하는 판매 의지를 말한다.

'수요 법칙'이란 핫딜로 나온 상품에 구매자가 몰리는 현상으로 설명할 수 있다. 사려는 사람의 소득이나 사고자 하는 마음에 변동이 없다는 가정하에 상품 가격이 내려가면 사려는 사람이 많아지고, 상품 가격이 올라가면 사려는 사람이 적어진다. '공급 법칙'이란 작년에 배추가 비싸게 팔렸다면 올해 배추 농사를 짓는 농가가 늘어나는 현상으로 설명할 수 있다. 판매자 입장에서 상품 가격이 올라가면 공급량도 올라가고, 상품 가격이 내려가면 공급량도 내려간다.

물론 이 외에도 복잡한 변수들이 매우 많지만 기본적으로 시장 가격은 결국 이 수요 곡선과 공급 곡선이 만나는 점에서 결정된다.

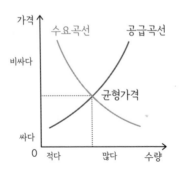

여기에서 함께 알아두면 좋은 것이 '보이지 않는 손'이다. 예를 들어 과일을 파는 사람과 사는 사람이 만났는데 파는 사람은 2천 원에 팔고자 하고, 사는 사람은 1천 원에 사고자 한다면, 1천 5백 원에 사고팔기로 합의를 볼 수 있다. 파는 사람은 1천 5백 원에라도 파는 게 낫고, 사는 사람도 1천 5백 원에라도 사는 게 낫기 때문이다. 이 과정에서 누가 중재를 한 것도 아니고 강제성이 있었던 것도 아닌데 서로에게 유익한 교환이 이루어진다. 다시 말해 '보이지 않는 손'이 등장하여 '흥정'을 한 것이다.

'보이지 않는 손'은 영국의 경제학자이자 도덕철학자인 애덤 스미스의 저서 《국부의 성격 및 원인에 대한 연구》, 일반적으로 《국부론》이라고 부르는 책에 등장한 이야기이다. 개인이 오직 자신만의 이익을 위해 경쟁하는 과정에서 누가 의도하거나 계획하지 않아도 사회 구성원 모두에게 유익한 결과를 가져오게 된다는 것이다. 다시 말해 '보이지 않는 손'은 시장경제의 뒤에서 공익과 사익을 조정해 주는 신과 같다.

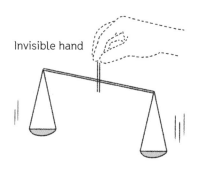

Invisible hand

답 그렇다.

수요와 공급

1차 산업혁명이란?

정보통신기술(ICT)의 발달로 4차 산업혁명이란 용어가 각종 뉴스와 책에 등장한 지 오래다. 그래서 "4차 산업혁명이 뭐야?"라는 질문에는 망설임 없이 정답을 얘기하지만 정작 '1차 산업혁명이 뭐냐'는 질문에는 머뭇거리거나 뜻밖에도 신석기시대의 '농업혁명'을 말하는 경우가 많다.

농업혁명은 말 그대로 농업혁명이지 산업혁명이 아니다. 산업혁명이란 기술의 혁명적 발전에 따라 기존의 산업에 근본적인 변화가 발생하는 것을 말한다. 그렇다면 1차, 2차, 3차 산업혁명은 무엇이었을까?

1차 산업혁명은 1700년대, 증기기관의 발명으로 인해 노동력이 사람과 가축으로부터 기계로 대체된 것을 말한다. 2차 산업혁명은 1900년대 초, 전기를 이용한 컨베이어 벨트 덕분에 가능해진 대량생산체제의 출현을 일컫는다. 3차 산업혁명은 1960년대, 컴퓨터를 기반으로 정보화시대가 도래한 것을 말한다.

지금 우리가 맞이하고 있는 4차 산업혁명은 2016년 '스위스 세계경제포럼(다보스포럼)'의 의제로, 클라우스 슈바프 의장에 의해 정립된 개념이다. 3차 산업혁명이 고도화되면서 인공지능, 로봇, 사물인터넷, 빅데이터 등의 정보통신기술을 중심으로 일어나고 있는 또 한 번의 근본적인 변화를 4차 산업혁명이라 일컫는다.

답 1차 산업혁명은 증기기관의 발명으로 노동력이 기계로 대체된 것을 말한다.

6차 산업도 있다고?

지금까지 널리 쓰이고 있는 1차 산업, 2차 산업, 3차 산업 등의 분류 방법은 영국의 경제학자 클라크가 1940년에 정의한 것이다.

그의 분류에 따르면 1차 산업은 자연환경을 이용해 생활에 필요한 물품을 얻는 가장 기본적인 산업으로, 농업·임업·어업이 대표적이다. 2차 산업은 1차 산업에서 얻은 원료를 가공해서 생활에 필요한 여러 가지 물건을 만드는 산업으로, 광업·제조업·건설업 등이다. 3차 산업은 생산한 물품을 팔거나 우리 생활이 편리하도록 도와주는 산업으로, 도매 및 소매업, 숙박 및 음식점업, 통신업, 금융업, 교육 서비스업, 보건 및 사회 복지 사업, 문화 및 운동 관련 서비스업 등 범위가 넓다.

그런데 산업화가 급속도로 진행되면서 3차 산업이 급속도로 성장하자 요즘은 3차 산업을 상업, 금융업, 보험업, 운송업 등으로 한정시키고 4차, 5차 산업을 추가로 분류하고 있다. 4차 산업은 정보, 의료, 교육 서비스 등 지식과 정보 분야의 산업을 말하며, 5차 산업은 레저, 취미, 패션 산업을 묶어서 이르는 말이다.

현재는 6차 산업에 대한 관심이 대두되고 있는데, 6차 산업이란 1, 2, 3차 산업을 복합해 1차 산업 생산자에게 높은 부가가치를 발생시키는 산업을 일컫는다.

답 1, 2, 3차 산업을 복합한 것을 6차 산업이라고 한다.

산업

우리나라의 국제 GDP 순위는?

경제지표에서 가장 많이 쓰이는 'GDP(Gross Domestic Product, 국내총생산)'는 한 나라의 영역 내에서 가계, 기업, 정부 등 모든 경제주체가 일정 기간 생산한 재화 및 서비스의 부가가치를 시장 가격으로 평가하여 합산한 것을 말한다. 예를 들어 중국의 삼성전자 공장에서 생산된 제품은 한국의 GDP가 아니라 중국의 GDP에 합산된다.

2018년 세계은행(World Bank)의 발표에 따르면 한국의 명목 GDP는 1조 6천 194억 달러로 GDP 비교 대상 185개국 중 12위를 차지하고 있다. 명실상부한 경제 대국인 셈이다. 2018년 기준 세계 경제 규모 1위는 미국으로 명목 GDP가 20조 4천 941억 달러에 달하며 그다음이 중국, 일본, 독일, 영국, 프랑스, 인도, 이탈리아, 브라질, 캐나다, 러시아, 한국 순이다.

➕ 우리나라 1인당 국민총소득은?

'GNI(Gross National Income, 국민총소득)'는 나라별 국민의 소득 수준을 파악할 수 있는 지표이다. 보통 GNI를 경제 지표로 쓸 때는 전체 GNI를 보기보다는 명목 GNI를 그 나라의 인구수로 나눈 1인당 GNI를 본다. 통계청 기준 2018년 한국의 1인당 국민총소득(GNI)은 3만 3,433달러로 세계 24위이다.

📋 우리나라의 GDP는 세계 12위이다.

우리나라는 개발도상국일까, 선진국일까?

우리나라는 지금까지 개발도상국으로 대우받았다. 선진국은 경제, 정치, 사회, 문화 등이 발전한 나라지만, 개발도상국은 산업의 근대화와 경제개발이 뒤지고 있는 나라를 말한다. 국내총생산(GDP) 규모가 세계 12위에 달함에도 불구하고, 우리나라가 지금껏 '선진국'이라는 타이틀 대신 기꺼이 '개발도상국'의 지위를 택한 것은 농산물 분야에 대해 특혜를 받을 수 있었기 때문이다.

우리나라는 이미 1996년 경제협력개발기구(OECD)에 가입하면서 개발도상국 지위를 내려놓을 것을 요구받았으며, 1997년에는 IMF 기준 개발도상국을 벗어났다. 다만 농업 분야는 여전히 개발도상국 수준이라는 논리를 내세워 세계무역기구(WTO)에서 농산물 분야 관세 및 보조금 규제에서 혜택을 받고 있었다.

그러나 실질적인 우리의 경제 수준을 고려할 때 더는 개발도상국의 특혜를 유지할 명분이 없어졌다. 현재 한국은 OECD 가입국이면서 주요 20개국(G20) 회원국이다. 국민소득이 3만 달러를 넘어섰으며, 세계 상품무역에서 차지하는 비중도 상당하다. 이에 따라 우리 정부는 2019년 10월 25일 자로 세계무역기구(WTO) 내 개발도상국 지위를 앞으로 유지하지 않겠다고 결정하였다.

답 우리나라는 선진국이다.

우리나라에서 디플레이션이
진행되고 있다고?

세계적인 경기 불황의 여파로 여러 전문가가 '디플레이션'을 우려하고 있다. '인플레이션'은 물가는 오르고 돈의 가치는 떨어지는 현상이지만, '디플레이션'은 물건의 가격이 지속해서 내려가고 경제활동이 침체되는 것을 말한다. 디플레이션이 무서운 이유는 한 번 진입하면 벗어나기 어렵기 때문이다. 경기가 어려워지면 소비자는 지갑을 닫으니 상품이 팔리지 않는다. 그러면 기업은 상품을 만들지 않고, 이로 인해 고용이 감소하고, 임금이 하락하게 된다. 결국 생산과 소비가 모두 위축되는 악순환이 계속된다.

디플레이션이 우려될 때 당장의 대처는 정부가 시중에 돈을 풀어 물가를 올리고 소비를 진작시키는 것이다. 우리나라의 경우 기준금리를 인하하고, 재정지출 규모를 늘리는 등 경기를 끌어올리는 노력을 하고 있다. 디플레이션이 아니라고 선을 그었지만 한국 경제의 침체 상황을 인정하고 이에 따른 조치를 하고 있는 것이다.

최근 일어난 베네수엘라의 국가 경제 붕괴 사태는 '하이퍼인플레이션' 때문이다. 하이퍼인플레이션이란 물가가 정부의 통제를 벗어나 급등하는 상황을 말한다. 베네수엘라에서는 이러한 하이퍼인플레이션이 수년째 계속되고 있는데, 2018년에는 물가 상승률이 1,700,000%에 달했으며, 2019년에는 10,000,000%에 이를 것으로 예상하고 있다.

석유 매장량 세계 1위로 불과 몇 년 전까지만 해도 남미에서 가장 잘

사는 나라로 꼽혔던 베네수엘라의 경제 몰락 원인은 무엇일까? 가장 큰 이유는 2014년 이후 국제 유가가 급락한 것이다. 국가 전체 수출의 96%를 차지하던 국제 석유 가격이 내려가자 순식간에 경제가 무너져 내리기 시작했고, 그러자 재정 부족을 메꾸기 위해 국내 화폐량을 과도하게 늘렸다. 비정상적으로 화폐를 찍어내자 그만큼 화폐의 가치가 하락했고, 결국 한 달 월급으로는 닭 두 마리도 살 수 없을 정도로 물가가 크게 올라 버렸다. 이로 인해 식량난이 극심해져서 이웃 나라로 탈출하는 난민들이 줄을 잇고 있다.

➕ 스태그플레이션이란?

'스태그플레이션(stagflation)'이란 경기침체를 뜻하는 '스태그네이션(stag-nation)'과 물가 상승을 뜻하는 '인플레이션(inflation)'을 합친 말로, 경기침체에도 불구하고 물가가 상승하는 경제 현상을 말한다.

🔲 디플레이션 상황이라고 단정하기는 어렵다.

경제 현상

코스피지수가 내려간다는 건 무슨 의미일까?

'코스피(KOSPI·Korea Composite Stock Price Index)'는 우리나라의 종합주가지수로, 유가증권시장(한국거래소)에 상장된 종목들의 주식 가격을 수치로 표시한 것이다. 현재 코스피 시장에서는 2천여 개가 넘는 기업의 주식이 거래되고 있는데 투자자들이 일일이 그 변동 상황을 확인하는 것은 사실상 불가능하다. 그래서 주식시장에서의 주가 흐름을 쉽게 확인하기 위해 지표로 만든 것이 바로 '주가지수'이다.

주가지수는 중요한 경제지표 역할을 한다. 증권시장의 규모와 주가가 오르고 내리는 상황을 통해 한 나라의 경제 상태를 알 수 있고, 앞으로 경기가 어떻게 될는지 예측하기도 한다. 그래서 경제 뉴스에는 빨간색과 초록색으로 가득한 주가 현황판이 배경으로 자주 쓰인다.

그렇다면 주가지수는 어떻게 산정될까? 코스피는 1980년 1월 4일을 기준으로 당시 시가총액을 100으로 잡고, 그 총액 대비 현재 시점의 시가총액이 얼마가 되는지를 산정한다. 예를 들어 오늘 자 코스피지수가 2,500이라면 이는 1980년 1월 4일의 시가총액보다 25배가 올랐다는 것이다. 그러므로 코스피지수가 내려간다는 것은 결국 우리나라 기업들의 가치가 떨어지고 있다는 것과 같다.

$$KOSPI = \frac{비교시점의\ 시가총액}{기준시점의\ 시가총액} \times 100$$

➕ 코스피 200지수란 무엇일까?

코스피 200지수는 한국을 대표하는 200개 기업의 시가총액을 지수화한 것이다. 유가증권시장에 상장된 전체 종목 중에서 시장 대표성, 유동성, 업종 대표성을 고려하여 시가총액과 거래량이 많은 200종목을 선정한 것으로, 전체 상장 종목의 10%밖에 되지 않으나 전 종목 시가 총액의 80%를 차지할 정도로 대표성을 띤다.

➕ 코스피와 코스닥은 어떤 차이가 있을까?

코스닥은 미국의 나스닥과 유사한 기능을 하는 중소, 벤처기업을 위한 장외증권시장이다. 코스닥은 코스피보다 주가가 낮으며 위험요소가 많아 변동성이 매우 크다.

코스피에 상장되려면 자기자본 300억 원 이상, 영업활동 기간 3년 이상, 상장주식 수 100만 주 이상, 그리고 매출액이 최근 1천억 원 이상, 3년 평균 700억 원 이상이어야 하므로, 기업 규모와 거래 규모가 크고 안정적이다.

이에 반해 코스닥은 일반기업은 자기자본 30억 원 이상 또는 시가총액 90억 원 이상, 영업활동 기간 3년 이상이면 상장할 수 있고, 벤처기업은 영업활동 기간과는 무관하게 자기자본 15억 원 이상이거나 시가총액이 90억 원 이상이면 상장할 수 있으므로 상대적으로 상장이 쉽지만 기업 규모가 작고 위험요소가 많다.

📑 유가증권시장에 상장된 종목들의 주식 가치가 떨어졌다는 뜻이다.

주식

우리 집 엥겔지수는 어떻게 계산할까?

엥겔의 법칙은 독일의 통계학자 엥겔이 주장한 것으로 '저소득가계일수록 한 가족의 총가계지출 중 식료품을 위한 지출이 기하급수적으로 증대한다.'는 것이다. 즉 저소득층의 경우, 벌어들이는 돈의 대부분을 식료품을 사는 데 쓰는 반면, 가계 소득이 높아질수록 식료품비의 비중이 감소한다는 것이다. 그가 고안한 엥겔지수는 다음과 같다.

$$엥겔지수 = \frac{식료품비}{총가계지출} \times 100$$

연구 결과 엥겔은 엥겔지수가 25% 이하이면 소득 최상위, 25~30%이면 상위, 30~50%이면 중위, 50~70%이면 하위, 70% 이상이면 극빈층이라고 정의했다.

그러나 이 이론은 1857년에 발표된 것이기에 현재 가계의 생활수준을 엥겔지수를 통해 측정하기에는 다소 무리가 있다. 그래서 요즘은 일정 기간 가계 소비지출 총액에서 주거비가 차지하는 비율인 '슈바베지수'와 인구분포와 소득분포와의 관계를 나타내는 수치인 '지니계수'를 사용하여 소득분배 상황을 파악한다.

답 $엥겔지수 = \dfrac{식료품비}{총가계지출} \times 100$

중산층의 기준은 뭘까?

나는 과연 중산층일까, 아닐까? 누구나 한 번쯤은 자문해봤을 만한 질문이다. 그러나 중산층에 대해 국제적으로 통일된 명확한 기준이 있는 것이 아니므로 정답은 없다.

경제협력개발기구(OECD)에서는 중산층의 기준을 소득 중간값의 50~150%로 산정하므로, 단순히 소득만을 기준으로 삼는다면 우리나라 4인 가구의 경우 2020년 기준 월 소득 237만 원에서 712만 원 사이가 중산층에 해당한다. 그러나 실상은 OECD 기준 중산층임에도 불구하고 본인이 저소득층이라 생각하는 비율이 높다. 직장인을 대상으로 한 조사에 따르면, '이상적인 중산층'의 기준으로 부채 없는 30평 아파트 소유, 월 급여 500만 원 이상, 중형급 자동차 소유, 예금 잔고 1억 원 이상, 연 1회 이상의 해외여행 등을 꼽는다. 이를 기준으로 하다 보니 자신을 중산층으로 여기기 어려운 것이다.

우리나라에서는 소득 수준으로 중산층을 가늠하지만, 미국, 유럽 등에서는 중산층의 기준이 전혀 다르다. 영국 옥스퍼드 대학이 선정한 중산층의 기준은 페어플레이를 하고, 자신의 주장과 신념이 있으며, 독선적이지 않고, 약자를 두둔하고 강자에겐 맞서며, 불의·불법·불평등에 의연하게 대처할 줄 알아야 한다고 규정하고 있다. 과연 어디에 가치를 두어야 제대로 된 중산층이 될 수 있을지 곱씹어 볼 문제이다.

🔳 절대적 기준은 없다.

가계 경제

1,000원을 1원으로 바꾸는
'리디노미네이션'이 도입되면?

'리디노미네이션'이란 화폐의 실제 가치는 그대로 두고 화폐의 액면만 바꾸는 '화폐 단위 축소'를 말한다. 예를 들어 카페 메뉴판에 3천 5백 원짜리 커피를 '3,500원'으로 표시하지 않고 '3.5'라고 표시한 경우를 종종 볼 수 있는데, 이는 '리디노미네이션' 제도가 도입되기도 전에 시장에서 먼저 표기한 예이다.

왜 리디노미네이션이 논의되기 시작했을까? 우리나라의 경우 1962년 화폐개혁 시행 이후 57년째 화폐 액면 단위가 묶여 있다. 그 사이 국민총소득은 4,800배 넘게 불어나 2018년 우리나라 총 금융자산은 1경 7,148조 780억 원에 달한다. 단위가 너무 커서 그것이 어느 정도인지 가늠하기 어려울 정도이다. OECD 회원국 중 1달러당 환율이 네 자릿수인 나라는 한국밖에 없다는 것도 리디노미네이션의 필요성을 증명한다.

리디노미네이션으로 화폐 단위가 낮아지면 1,000원인 물건이 1원이 되고, 10억 원인 아파트는 100만 원이 된다. 따라서 가격이 싸다고 느끼는 '화폐 환상'으로 소비가 늘어나서 자칫 하이퍼인플레이션 현상이 일어날 수도 있다. 하지만 유로화의 경우처럼 새로운 공용화폐 제도를 실시하기 전에 충분히 준비하고, 그간 사용하던 화폐를 일정 기간 통용하여 혼란을 최소화한다면 성공적으로 적용할 수 있다는 의견도 많다.

🅰 소비가 늘어날 수 있다.

달러 환율이 1:1,200이 되면 어떤 일이 생길까?

만약 백만 원을 달러로 환전할 계획이었는데 한 달 전에는 달러 대 원화의 환율이 1:1,000이었다가 지금은 1:1,200이라면 어떻게 될까? 당장 내 손에는 계획했던 1,000달러가 아니라 833달러밖에 안 생기니 눈물이 날수밖에 없다.

그러나 수출업자는 빙그레 웃을 것이다. 1달러짜리 제품을 수출했을 때 전에는 1,000원을 받았지만 지금은 1,200원을 받게 되니 말이다. 또한 이윤이 커지므로 수출 규모도 늘릴 수 있다. 반대로 수입업자는 1,000원에 사 오던 1달러짜리 제품을 1,200원에 사 와야 하니 점차 수입을 줄이고, 그전에 비해 판매 가격을 올리게 된다.

이처럼 환율의 상승은 원화 가치를 하락시키는 것 외에도 여러 영향을 미친다. 수출이 증대하고 수입이 줄어들어 국제 수지를 개선하는 효과가 있지만, 우리나라는 해외로부터의 원자재 수입 의존도가 높으므로 환율 인상이 국내 물가를 상승시키는 요인으로 작용한다. 또한 외국 빚을 지고 있는 기업의 원금상환 부담이 높아진다.

답 수출이 늘어나고 수입이 줄어들지만 물가가 상승한다.

비트코인이란?

한때 우리나라를 뒤흔들었던 비트코인 열풍에도 불구하고, 여전히 비트코인이 무엇인지 잘 모르는 사람이 많다. 비트코인은 암호화폐의 일종으로, 지폐나 동전 등의 실물 화폐 없이 온라인으로만 거래되는 화폐이다. 정부에서는 '가상통화'라는 용어를 사용하고 있다.

우리에게 암호화폐가 낯선 이유는 정부나 중앙은행이 발행하는 일반 화폐와는 달리 실물이 없기 때문이다. 암호화폐는 처음 고안한 사람이 정한 규칙에 따라 가치가 매겨지며, 블록체인 기술을 기반으로 유통되기 때문에 정부나 중앙은행이 가치나 지급을 보장하지 않는다.

암호화폐의 장점은 화폐를 발행하기 위한 생산비용이 전혀 들지 않고 거래 비용이 절감된다는 것, 보관 비용이 들지 않고 도난이나 분실 위험이 없어서 가치저장 수단으로 뛰어나다는 점이다. 그러나 불법적인 거래에 악용될 수 있고, 과세가 어렵다는 점 등의 문제점이 있다.

➕ 블록체인이란?

블록에 데이터를 담아 체인 형태로 연결하여 수많은 컴퓨터에 동시에 이를 복제해 저장하는 분산형 데이터 저장 기술. 모든 거래 참여자들이 정보를 공유하고 대조해 데이터 위조나 변조가 어렵다.

🔡 암호화폐의 일종

우리가 사는 물건의 몇 %가 세금일까?

납세는 국민의 기본 의무이므로 대한민국 국민이라면 누구나 자기 형편에 맞게 세금을 내야 한다. 세금은 국가나 지방자치단체를 유지하기 위해 매우 중요한 재정 수단이기 때문이다.

국민이 내는 일반적인 세금의 종류는 크게 다음과 같다.

- 소비할 때 내는 부가가치세와 개별소비세
- 소득에 붙는 근로소득세나 사업소득세
- 재산 이전에 따라 부과되는 상속세나 증여세

이 중 부가가치세(VAT)는 슈퍼마켓에서 물건을 사거나, 서비스를 받을 때 일괄적으로 내는 일반소비세로, 나라마다 비율이 다르다. 우리나라의 경우 최종 가격의 10%가 부가가치세에 해당한다. 개별소비세는 사치성 상품이나 서비스의 소비에 대해 별도의 높은 세율로 부과하는 일종의 특별 소비세이다.

부가가치세는 소비할 때마다 붙어서 연령이나 소득에 상관없이 전 국민이 부담하기 때문에 소득이 낮은 사람의 세금 부담률이 더 높을 수 있다는 단점이 있다. 그래서 생활필수품이나 도서, 의료, 교육 등과 관련된 것들에는 부가가치세를 붙이지 않는다.

답 우리나라의 경우 통상 10%가 부가가치세이다.

사업자는 부가가치세를 얼마나 내야 할까?

초보 사업가가 제일 하기 쉬운 실수가 내가 판매한 물건이나 제공한 서비스에 포함된 부가가치세를 소득으로 여기는 것이다. 만약 300만 원의 용역 사업을 하고 부가가치세(VAT) 10%를 더하여 330만 원을 받았다면 그중 300만 원은 내가 일하여 번 내 돈이지만, 30만 원은 내가 국가 대신 받아두었다가 내야 하는 세금이다. 당장 내 통장에 돈이 들어왔다고 부가가치세마저 소득으로 여겨 사용하다 보면 정작 세금을 내야 할 때 자금 문제가 생기게 된다.

단, 300만 원의 용역 사업을 하기 위해 250만 원어치의 물품을 샀다면, 매출세액 30만 원에서 매입세액 25만 원을 공제하고 5만 원만 내면 된다. 또한 300만 원의 용역 사업을 하기 위해 350만 원어치의 물품을 샀다면, 매출세액보다 매입세액이 더 크기 때문에 이전에 냈던 부가가치세에서 환급을 받을 수 있다.

이렇게 부가가치세를 공제, 또는 환급받으려면 매입세액에 대해 두 가지 요건을 갖춰야 한다. 첫째, 해당 사업과 관련된 세액이어야 한다는 것, 두 번째는 제대로 된 공제 대상이어야 한다는 것. 예를 들어 간이계산서라든지, 비영업용 승용차 구매와 유지비, 접대비, 면세사업, 토지 관련, 사업자 등록 전 매입세액 등은 공제 대상이 아니다.

답 매출세액에서 적정한 매입세액을 공제하고 낸다.

면세의 범위는?

해외여행에서 산 물건이 면세 범위를 초과했으나 세관 신고를 하지 않았다면 어떻게 될까? 납부할 세액의 40%가 가산세로 부과되며, 2년 이내 2회 초과 시에는 60%가 부과된다. 세금을 아껴보겠다고 했다가 더 많은 돈을 가산세로 내야 하는 것이다.

그렇다면 면세 범위는 어디까지일까? 현행 입국 시 여행자 휴대품 면세 범위는 600달러이다. 주류는 1병(400달러 이하, 1L 이하), 담배는 200개비 이하여야 한다. 이 이상이면 여행자 휴대품 신고서에 '면세범위 초과 물품' 항목에 '있음' 표시를 한 후 세관 구역 통과 시 제출해야 한다.

다만 가족 여행의 경우 면세 한도를 합산할 수 있으며, 자진 신고하면 최대 15만 원 한도 내에서 관세의 30%를 감면받는다. 그 외에 다음과 같은 혜택도 있다. 현품 확인 절차를 받지 않으며, 특별한 사유가 없다면 여행자가 제시한 영수증 가격이 구매 가격으로 인정된다. 영수증이 없더라도 신고한 가격이 적절하다고 판단되면 이를 그대로 인정해준다.

내가 산 물품의 세액이 알고 싶다면, 출국 전 관세청 홈페이지 '여행자 휴대품 예상 세액 조회 서비스'에서 세액을 확인하는 것이 좋다.

답 600달러 이하

30년이면 고갈된다던 석유, 언제까지 쓸 수 있을까?

1970년대, 주요 산유국이던 중동이 원유 가격을 급격히 올리고 생산량을 제한함으로 인해 발생한 1차, 2차 석유 파동은 우리나라를 비롯한 세계 경제에 엄청난 타격을 주었다. 당시 전문가들은 전 세계 석유 매장량이 30년분에 불과하다고 분석하였고, 석유 업자들은 원유를 매점매석하기 바빴다. 그렇다면 이미 석유가 고갈되었어야 마땅한 지금은 어떨까? 계산에 의하면 앞으로도 80년 이상 사용할 양이 매장되어 있다고 한다.

석유는 제한된 자원인데 매장량은 왜 계속 늘어날까? 그 이유는 채굴 기술과 석유 추출 기술이 발전하고, 채굴 가능한 유전이 늘어났기 때문이다. 미국의 경우, 과거에는 캐내기 힘들었던 셰일 암석층 밑의 셰일 오일과 가스를 중동의 석유와 비슷한 생산 가격에 파낼 수 있게 되면서 세계 1위 산유국이 되었다. 또한 시베리아 및 남·북극 지방의 빙하가 지구온난화의 영향으로 감소하자 이 지역의 석유 시추가 활발해지면서 석유 매장량이 늘어날 것으로 예상되고 있다.

따라서 1970년 5,500억 배럴에 불과했던 세계 석유 매장량은 1990년에는 1조 배럴을 넘었으며, 현재 원유의 궁극 가채매장량, 즉 기존 발견 매장량에 발견 가능성이 있는 미발견 매장량을 합한 매장량은 약 2.4조 배럴에 달한다. 이는 세계 연평균 석유 채굴량인 약 300억 배럴을 적용할 경우, 80년 치가 넘는 양이다. 또한 셰일가스와 같이 신기술로 사용할 수 있게 된 비석유자원의 매장량은 약 8.5조~9조 배럴로 추정되는데 석유와 합치면 모두 400년 이상 사용 가능한 양이다.

그런데도 석유 고갈론이 계속 등장하는 이유는 무엇일까? 역사적으로 보면 산업혁명과 제국주의 시대에 제기되었던 석탄 고갈론과 지난 석유 파동의 기억이 사람들의 마음을 흔들고 있기 때문이다. 그러나 80년 뒤를 미리 걱정할 필요는 없다. 비록 석유는 유한한 자원이지만 현재 과학기술의 발전 속도를 본다면 석유 고갈 시점이 오기 전에 석유를 대체할 수 있는 에너지원을 찾아낼 수 있을 것이기 때문이다.

다만, 석유 사용으로 인한 환경오염이 점차 심해지고 있으니, 우리의 후손들이 맑고 푸른 지구별에서 살게 하려면 우리가 나서서 에너지를 아끼는 습관을 기를 필요가 있다.

🔲 현재 매장량을 추산했을 경우 80년 이상 사용 가능하다.

자원

우리나라가 물 부족 국가라고?

바다는 지구 표면 면적의 70.8%를 차지하며, 지구 물의 97%를 차지한다. 이렇게 많은 물이 있지만 안타깝게도 바닷물은 염분 때문에 우리의 생활에 사용하기 어렵다. 우리가 쓸 수 있는 담수는 지구 물의 3%밖에 되지 않으며, 그중에서도 빙하와 만년설 등이 68.9%, 지하수 등이 30.1%를 차지하고 있다. 따라서 실질적으로 사람이 사용할 수 있는 물의 양은 지구 전체 물의 양의 0.014%에 불과하다.

그런데 1년 동안 한 사람이 최소한의 수분 섭취를 하기 위해서는 약 1,100t의 물이 필요하다. 국제인구행동연구소(PAI)에서는 이것을 기준으로 연간 물 사용 가능량이 1인당 1,000t 이하이면 물 기근 국가, 1,700t 이하이면 물 부족 국가, 1,700t 이상이면 물 풍요 국가로 분류한다. 우리나라는 이 기준에 따르면 물 부족 국가로 분류된다.

하지만 이는 국토면적과 인구밀도, 강우량만 반영하고 수도 보급률이나 물 이용 효율 등을 반영하지 않은 지표이다. 2006년 세계물포럼(WWF)에서 발표한 물 빈곤지수는 물의 사용과 관련한 모든 환경을 고려하여 물 부족 정도를 나타내는 통합적인 수치로, 한국은 147개국 중 43위를 차지했으니 상황이 그렇게 나쁘지 않다는 평가가 나오기도 한다. 하지만 전 세계적으로 환경오염이나 무분별한 개발로 인한 물 부족 문제가 발생하고 있다는 것을 간과해서는 안된다.

답 물 부족 국가로 분류되므로 경각심을 가져야 한다.

어디까지가 초상권 침해일까?

흔히 '초상권'이 침해되었다고 하면 얼굴이 무단으로 사용되었다고 생각하기 쉽다. 그런데 사실 '초상권'은 얼굴을 포함한 신체적 특징에 대하여 갖는 인격적 일체의 권리를 뜻한다. 초상권 침해에서 중요한 것은 이 사람이 '나'라는 것을 알 수 있는지 아닌지이다. 그러므로 반드시 얼굴이 나와야만 초상권 침해가 아니라 사람의 형태나 어떤 것을 보고 특정인인지 아닌지 알아볼 수 있을 정도가 되면 초상권이 침해됐다고 할 수 있다.

내가 찍힌 사진이나 영상이 나의 동의 없이 상업적인 목적으로 사용되었다면 당연히 초상권 침해가 된다. 그리고 초상권의 경우 방송이나 유포 여부와 관계없이 촬영 단계에서도 그 목적이나 방법, 장소 등에 따라 침해가 성립될 수 있다.

만약 초상권이 침해되었다면 어떻게 해야 할까? 우선 민사소송으로 초상권이 침해당함으로써 받은 손해에 대해 손해배상 청구소송을 할 수 있다. 이때 피해자의 권리는 크게 세 가지이다. 첫째, 그 침해로 입은 정신적 고통에 대한 대가, 즉 위자료를 청구할 수 있다. 둘째, 명예 회복을 위하여 사진의 무단 촬영과 무단 사용을 사죄하는 내용의 광고를 게재할 것을 청구할 수 있다. 셋째, 아직 사용하지 않은 사진이나 영상을 사용하지 못하도록 중지시킬 수 있다.

답 '나'인지 식별 가능한 사진이나 영상이 상업적으로 이용됐을 경우

유튜버는 어떻게 돈을 벌까?

최근 6살 유튜버의 부모가 95억 원에 달하는 건물을 매입하면서, 이른 바 잘 나가는 유튜버의 수입에 대한 관심이 쏟아졌다.

유튜버의 가장 큰 수입원은 광고비이다. 영상에 상업광고를 넣고 유튜브 측으로부터 광고비를 받는 것으로, 대부분의 유튜버가 이 방법으로 이익을 얻고 있다. 하지만 자기 영상에 광고를 넣으려면 유튜브 채널의 구독자 수가 최소 1,000명을 넘어야 하며, 최근 1년간 총 영상 시청 시간이 4,000시간 이상 되어야 한다. 이 두 가지 조건이 갖춰지면 유튜브 측에 광고 삽입 허가신청을 한 후 광고를 넣을 수 있다. 이때 광고비로 제공되는 수익 중 45%는 유튜브, 55%는 유튜버의 몫이다.

두 번째는 간접 광고 영상, 즉 'PPL'이다. 기업에서 돈을 받고 상품을 리뷰한 영상을 올리는 것이다. 하지만 이것은 음식이나 전자제품, 화장품 등을 소개하는 인기 높은 소수의 유튜버에게만 해당하는 방법이다.

세 번째는 '슈퍼챗'을 통한 후원금이다. '슈퍼챗'은 쉽게 말하면 아프리카TV의 별풍선과 비슷한 개념으로, 유튜버가 생방송을 할 때 시청자들이 슈퍼챗을 구입하면 30% 정도의 세금을 뗀 후 나머지 금액을 유튜브 측으로부터 받는다.

답 광고비, PPL, 후원금

2050년, 우리나라 초등학교는
한 반에 학생이 몇 명일까?

지금의 30~40대가 초등학교에 다닐 때만 해도 대부분 한 반의 학생 수가 50명이 넘었다. 그러나 현재 초등학교 한 반의 학생 수는 평균 22명이다. 학령인구가 급속히 줄어들고 있기 때문이다. 이런 추세는 갈수록 가팔라져 2050년이 되면 초등학교 한 반 평균이 11명으로 줄어들 것으로 예측하고 있다.

비단 학생 수만 줄어드는 것이 아니다. 통계청에 의하면 2029년부터 인구가 줄기 시작해 2067년에는 3,929만 명으로 줄어들 전망이다. 50년 안에 한국에서 1,200만 명이 넘는 인구가 사라지는 것이다.

이는 낮은 출산율 때문이다. 우리나라 2018년 출산율은 0.98명으로, OECD 평균 출산율인 1.7명과 비교했을 때 매우 낮다. 동시에 급속한 고령화도 진행되고 있는데, 1970년대 초반만 해도 초등학생 이하 연령대(0~14세)가 전 인구의 40%가량이었으나 지금은 12%로 줄었고, 2050년이 되면 8.9%로 줄어들 것으로 예상된다. 반면 65세 이상 노인은 39%에 달하여 노인부양 비율이 급등할 것으로 예상된다.

고령화가 빨리 진행되는 국가일수록 저축과 투자가 감소하고, 성장률이 낮아져 경제가 악화될 가능성이 크다. 우리나라의 경우, 출산율 저하가 이미 심각한 경제 문제로 대두되고 있다.

답 현재의 절반 수준인 11명으로 줄어들 것으로 예측하고 있다.

과학

교과서로 배운 과학은 어렵고 골치 아픈 과목이었을지 모르지만, 과학은 문명을 움직이는 힘이자 우리의 일상과 함께하는 학문이다. 내 몸무게는 중력의 증거이고, 컴퓨터와 스마트폰은 전기 회로이며, 자기부상열차는 자석의 힘을 증명한다.

과학의 시작은 호기심에서 출발한다. 그리고《어른 교과서 - 과학》은 그 동안 닫혀 있던 호기심 상자를 여는 열쇠를 제공한다. 생물은 무엇인지, 내 몸속에는 어떤 것이 들어 있는지, 지진은 왜 일어나는지, 원자란 무엇인지, 한 장 한 장 넘겨보자. 내가 과학자가 될 수는 없어도, 과학자가 될지도 모르는 아이의 호기심에는 답해줄 수 있을 것이다.

생물이란 무엇일까?

'생물(生物)'은 한자의 뜻 그대로 '살아 있는 것'을 가리킨다. 그런데 과연 살아 있다는 것은 무엇일까?

학자들이 오랜 논의를 거쳐 내린 생물의 정의는 '스스로 호흡을 하고, 먹이를 먹으며, 자라면서 모습이 점점 변하고, 어느 정도 자라면 자손을 낳아서 번식하는 개체'이다.

이 정의에 따르면 스스로 움직이는 인공지능 로봇은 성장하거나 자손을 남길 수 없으니 생물이 아니며, 스스로 움직이지 못하는 식물도 숨을 쉬고 영양분을 섭취하고 씨를 만들어 후손을 남길 수 있으니 생물이다. 반대로 이러한 특징을 가지고 있지 않은 것들은 '무생물(無生物)'이라고 한다.

생물은 크게 동물과 식물로 나누는데, 좀 더 세분화해서 동물, 식물, 미생물로 나누기도 하고, 동물, 식물, 균류로 나누기도 한다.

➕ 생물인지 아닌지 모호한 바이러스

바이러스는 다른 생물처럼 단독으로 생존할 수 없고, 먹이를 먹거나 성장을 하는 등의 활동을 하지 않기 때문에 생물인지 아닌지 논란의 여지가 있다. 다만 바이러스는 번식을 하므로 생물로 분류하곤 한다.

답 생물은 호흡을 하고, 먹이를 먹으며, 성장과 번식을 하는 개체이다.

산호는 식물일까, 동물일까?

따뜻한 바닷속 바위에 붙어사는 산호는 예전에는 광물로, 이후 18세기까지는 식물로 분류되었다. 그래서 여전히 산호를 식물로 알고 있는 사람들이 많다. 하지만 산호는 해파리나 말미잘처럼 촉수로 찔러 잡은 먹이를 강장에서 소화하고 배설한다. 따라서 동물이다!

그렇다면 동물과 식물을 나누는 특징은 무엇일까? '동물(動物)'은 한자의 뜻 그대로 스스로 '움직이는 생물'이다. 하지만 산호처럼 움직이지 못하는 생물도 동물이니, 움직이는 것이 동물의 필수 조건은 아니다.

동물의 가장 큰 특징은 다른 생물을 통해 영양분을 섭취한다는 것이다. 그래서 동물에게는 먹고 영양분을 흡수하는 소화 기관과 노폐물을 배출하는 배설 기관이 있으며, 호흡이나 감각 기관, 신경계, 영양분과 산소를 운반하는 순환 기관을 가지고 있다.

'식물(植物)'은 동물과는 달리 자유롭게 움직이지 못한다. 식물의 가장 중요한 특징은 스스로 물과 양분을 흡수하고 광합성을 해서 영양분을 만든다는 것이다. 식물은 이렇게 스스로 만든 영양분으로 성장하며, 동물에게 먹이를 제공한다. 벌레를 잡아먹는 식물도 있는데, 이들도 부족한 양분을 보충하기 위해 벌레를 잡는 것이지 광합성만으로 생존할 수 없는 것은 아니다.

답 산호는 동물이다.

동물과 식물

사람은 무슨 종에 속할까?

'종속과목강문계' 누구나 학창 시절에 들어봤을 만한 이 낱말은 생물을 분류할 때 쓰는 여러 단계의 단위를 외우기 쉽게 연결한 말이다. 생물을 체계적으로 분류할 때는 비슷한 '종'을 묶어 '속'으로 분류하고, 다시 비슷한 '속'을 묶어 '과'로 분류한다. 이렇게 묶어서 '계'의 단계까지 분류하는 것이다.

분류의 기본이 되는 '종'은 자연 상태에서 짝짓기해서 번식이 가능한 자손을 낳을 수 있는 무리이다. 예를 들어 수탕나귀와 암말이 짝짓기하여 낳은 노새는 번식이 가능한 자손을 낳을 수 없기에 종으로 분류하지 않는다.

여기에 맞게 분류 단계를 정리해보면 사람은 '사람종 〈 사람속 〈 사람과 〈 영장목 〈 포유강 〈 척추동물문 〈 동물계'에 해당한다.

그렇다면 사람과 비슷한 영장류들은 어떻게 분류할까? 침팬지나 오랑우탄, 고릴라는 '사람과'이다. 정확히 분류하자면 침팬지는 '침팬지종 〈 침팬지속 〈 사람과 〈 영장목 〈 포유강 〈 척추동물문 〈 동물계'이며, 오랑우탄은 '오랑우탄종 〈 오랑우탄속 〈 사람과 〈 영장목 〈 포유강 〈 척추동물문 〈 동물계'에 속한다.

답 사람은 사람종에 속한다.

동물을 나누는 가장 큰 기준은?

동물을 나누는 가장 큰 기준은 등뼈, 즉 '척추'이다. 등뼈가 있는 동물은 '척추동물', 등뼈가 없는 동물은 '무척추동물'로 나눈다. 그리고 척추동물은 다시 포유류, 조류, 파충류, 양서류, 어류로 나눈다.

◇ **포유류** 체온이 일정한 정온 동물. 체내 수정을 해서 새끼를 낳는다. 폐로 호흡을 하며, 대부분 4개의 다리를 가지고 있다.

◇ **조류** 정온 동물. 체내 수정을 하고 폐로 호흡하는 등 포유류와 가장 많은 공통점이 있지만 부리와 깃털, 날개가 있고 알을 낳는다.

◇ **파충류** 변온 동물로 알을 낳는다. 폐로 호흡을 하고 몸이 비늘로 덮여 있다. 다리는 4개인 경우가 많으나 뱀처럼 퇴화한 경우도 있다.

   예) 뱀, 악어, 도마뱀 등

◇ **양서류** 변온 동물. 어려서는 물속에 살면서 아가미로 호흡하고, 크면 땅 위에서 폐와 축축한 피부로 호흡한다.

   예) 개구리, 두꺼비 등

◇ **어류** 냉혈 동물. 아가미로 호흡하며 알을 낳아서 체외 수정을 한다.

  물론 동물의 특징에 따른 분류에는 예외가 있다. 박쥐는 포유류이지만 날 수 있고, 상어는 어류이지만 새끼를 낳는다.

🅰 동물을 나누는 가장 큰 기준은 등뼈이다.

동물의 분류

척추동물이 많을까, 무척추동물이 많을까?

척추동물은 등뼈가 있기에 무척추동물에 비하면 상대적으로 몸집이 크다. 단단한 뼈가 큰 덩치를 지탱할 수 있기 때문이다. 그러나 개체 수로는 무척추동물과 상대가 되지 않는다. 무척추동물은 전체 동물의 97%를 차지할 정도로 수가 많으며 종류도 훨씬 다양하다.

무척추동물은 몸의 모양, 번식 방법, 생활 방식 등에 따라 강장동물, 연체동물, 환형동물, 절지동물, 극피동물, 편형동물 등으로 나눈다.

◇ **강장동물**　입과 항문이 구분되어 있지 않고 속이 비어 있다. 입 주위 촉수로 먹이를 잡는다. 예) 산호, 해파리, 말미잘

◇ **연체동물**　몸이 연하고 마디가 없는 동물 예) 조개, 달팽이, 오징어

◇ **환형동물**　몸이 연하고, 마디가 있는 긴 원통형 동물 예) 지렁이, 거머리

◇ **절지동물**　뼈는 없지만 몸이 딱딱한 외골격으로 싸여 있고 다리에 마디가 있는 동물. 전체 생물 중 종류와 개체 수가 가장 많다.
예) 메뚜기, 무당벌레 등의 곤충류와 갑각류, 거미류, 다지류

◇ **극피동물**　딱딱한 껍데기나 가시가 있는 동물 예) 불가사리, 성게

◇ **편형동물**　몸이 납작하고 편평하며 재생능력이 뛰어난 동물
예) 플라나리아

답 무척추동물이 훨씬 많다.

거미가 곤충이 아닌 이유는?

곤충은 분류상 '동물계 〉 절지동물문 〉 곤충강'에 속하는 작은 동물이다. 현재 지구에 사는 100만여 종의 동물 중 약 80%가 절지동물인데 그 대부분이 곤충류이며, 아직도 새로운 곤충이 계속 발견되고 있다.

곤충의 조상은 3억 6천만 년 전 고생대에 처음 등장했다. 작은 몸집과 왕성한 번식력, 뛰어난 생존능력은 곤충이 지구의 주류 생물이 되게 하였고, 그것이 바로 공룡 시대 주인공들이 모두 사라진 지금까지 바퀴벌레가 살아남은 비결이기도 하다.

흔히 곤충과 벌레를 같은 말로 사용하곤 하는데, 엄밀히 말하면 모든 벌레가 곤충인 것은 아니다. 곤충은 몸이 머리, 가슴, 배의 세 부분으로 구분되고, 가슴에 다리 3쌍이 있다. 반면 거미는 몸이 나뉘지 않고 다리도 4쌍이어서 곤충강이 아닌 거미강으로 분류한다. 또한 지네나 노래기처럼 다리가 많은 다지류도 곤충이 아니다.

➕ 완전 변태? 불완전 변태?

곤충은 보통 알로 태어나 부화한 후 단계별로 모습을 바꾸며 성장한다. '알, 애벌레, 번데기, 성충'의 4단계 탈바꿈 과정을 거치는데, 잠자리나 하루살이 등 일부 곤충은 번데기 단계를 생략하는 불완전 탈바꿈을 한다.

🄰 거미는 다리가 4쌍이고 몸이 머리, 가슴, 배로 나뉘지 않으므로 곤충이 아니다.

알을 낳는 포유류가 있다고?

'포유류(哺乳類)'는 대부분 새끼를 낳아 젖을 먹여 키운다. 이렇게 새끼가 암컷의 몸 안에서 어느 정도 자라서 나오는 것을 '태생', 알을 낳은 후 그 알 속의 영양분으로 성장해 태어나는 것을 '난생'이라고 부른다.

구피와 같은 물고기는 어미 몸 안에서 알이 부화한 후 태어나는데 이를 '난태생'이라고 한다. 난태생은 알의 영양분으로 성장하므로 태생 생물들이 어미와 연결되어 영양분을 받으며 성장하는 것과는 다르다.

태생 동물은 알을 낳는 난생 동물보다 적은 수의 새끼를 낳지만, 일정 기간 어미의 몸 안에서 안전하게 자라기 때문에 난생 동물의 새끼에 비해서 살아남는 비율이 훨씬 높다. 태생 동물의 대부분이 포유류이지만 태생인지 아닌지가 포유류를 구분 짓는 절대적인 잣대는 아니다. 청새리상어나 태생송사리처럼 일부 어류도 새끼를 낳고 새끼가 어미로부터 영양분을 얻는 태생 동물이기 때문이다.

그런데 포유류 중에서도 드물게 알을 낳아 부화시켜 키우는 동물이 있다. 오스트레일리아에 사는 오리너구리과와 바늘두더지과 동물들이다. 이들은 매우 원시적인 단계의 포유류로 파충류, 조류의 특징을 조금씩 가지고 있다.

➕ 암수 구분이 없는 동물

동물이 번식하려면 반드시 짝짓기를 해야 하고, 그러기 위해서는 암컷과 수컷이 있어야 한다. 그런데 몇몇 동물은 암수의 구분이 확실하지 않다. 지렁이나 달팽이와 같은 동물은 몸속에 난소와 정소를 모두 가지고 있는데, 먼저 정자가 생기고 다음에 알이 생기므로 짝짓기를 할 때는 두 마리가 각기 암수 중 하나의 역할을 한다. 이런 동물을 '자웅동체', 또는 '암수한몸'이라고 한다.

굴이나 검정돔처럼 하나의 개체가 시간에 따라 암수가 번갈아 바뀌는 경우도 있다. 감성돔의 경우, 특이하게도 생후 4년까지는 정소와 난소를 다 가지고 있다가 5년이 지나면 정소와 난소 중 하나만 남아 성별이 정해진다.

🔳 오리너구리과와 바늘두더지과는 알을 낳는다.

고사리와 사과나무 중 민들레와 가까운 식물은?

식물을 분류할 때에도 겉모습뿐 아니라 여러 가지 특징을 모아 분류한다. 식물을 분류하는 가장 큰 기준은 번식하는 방법으로, 꽃이 피어 씨를 맺는 '종자식물'과 홀씨(포자)로 번식하는 '포자식물'로 나눈다.

종자식물은 다시 씨가 겉으로 보이는 '겉씨식물'과 씨가 씨방 안에 들어 있는 '속씨식물'로, 포자식물은 이끼로 대표되는 '선태식물'과 고사리로 대표되는 '양치식물'로 나눈다. 그리고 속씨식물은 떡잎의 개수에 따라 다시 '외떡잎식물'과 '쌍떡잎식물'로 나눈다.

민들레를 고사리나 사과나무와 비교하면 외형상으로는 고사리에 가깝다. 하지만 식물 분류에 따르면 이야기가 달라진다.

민들레 식물계 〉 속씨식물문 〉 쌍떡잎식물강 〉 초롱꽃목 〉 국화과 〉 민들레속
사과나무 식물계 〉 속씨식물문 〉 쌍떡잎식물강 〉 장미목 〉 장미과 〉 사과속
고사리 식물계 〉 양치식물문 〉 고사리강 〉 고사리목 〉 고사리속

위의 분류를 보면 민들레와 고사리는 가장 큰 단계인 식물계 외에는 겹치는 부분이 없다. 그러나 사과나무와는 속씨식물문에 쌍떡잎식물강까지 공통되므로 분류상으로 민들레는 고사리보다 사과나무에 훨씬 더 가깝다고 할 수 있다.

답 민들레는 고사리보다 사과나무에 더 가깝다.

식물은 무엇을 먹고살까?

식물이 다른 생물과 구분되는 가장 큰 특징은 다른 생물로부터 양분을 취하지 않고 스스로 필요한 영양분을 만들 수 있다는 것이다.

그런데 식물이 영양분을 만들려면 몇 가지 필요한 조건이 있다. 빛에너지, 이산화탄소, 물이 그것이다. 식물이 이산화탄소와 물을 재료로 하고 빛에너지를 이용하여 잎에 있는 엽록체에서 유기물을 합성하며 산소를 방출하는 과정을 '광합성'이라고 부른다.

$$\text{이산화탄소} + \text{물} \xrightarrow[\text{엽록체}]{\text{빛에너지}} \text{포도당} + \text{산소} + \text{물}$$

식물은 광합성을 통해 생장에 필요한 영양분인 포도당을 만들고, 이렇게 만든 포도당은 녹말로 바뀌어 잎에 저장되어 식물의 호흡에 필요한 에너지가 된다. 또한 식물은 광합성 과정에서 이산화탄소를 흡수하고 산소를 방출하여 다른 생물들의 호흡에 도움을 준다.

즉, 식물에 있어 이산화탄소와 물은 원료, 잎은 공장이다. 공장에서 빛을 에너지로 하여 양분을 만들고, 만든 양분은 뿌리나 열매 등 각각의 창고에 다른 형태로 저장하는 것이다.

답 식물은 광합성을 해서 스스로 영양분을 만든다.

식물의 광합성

움직이지 못하는 식물의 이사 방법은?

식물은 자력으로 이동할 수 없다. 그래서 척박한 환경일지라도 씨앗이 떨어진 그곳에 적응하여 뿌리를 내리고 살아야 한다. 그러나 자식들은 더 좋은 환경에서 뿌리내리길 바라기에 가능한 한 씨앗을 멀리 이동시킬 수 있는 방법을 제각기 고안해냈다.

우선 종자식물의 경우, 꽃이 핀 후 꽃가루를 통해 수정이 이루어지고 나면 씨앗이 들어 있는 열매가 열린다. 그 씨앗은 아래로 떨어져 싹을 틔우는 경우가 대부분이지만, 민들레는 가벼운 솜털에 씨앗이 매달려 바람을 타고 멀리 날아가고, 코코넛은 둥둥 물에 떠서 이동하며, 콩은 콩깍지가 터지는 힘을 이용해 스스로 멀리 튕겨 나간다. 또한 산딸기처럼 동물의 먹잇감이 되어 이동하기도 하고, 도꼬마리처럼 동물의 털 등에 붙어서 이동하는 경우도 있다.

고사리나 이끼 등의 포자식물은 꽃이 피지 않기 때문에 씨앗이 열리지 않지만 대신 몸의 일부에서 '홀씨'라고도 부르는 포자를 만들어 번식한다. 홀씨는 매우 작고 가볍기 때문에 바람을 타고 멀리 이동하기 쉽다. 고사리는 잎 뒷면에 홀씨주머니가 있고, 이끼는 암그루와 수그루가 나뉘어 있어 수정을 해서 홀씨를 만든다. 그리고 식물은 아니지만 버섯과 곰팡이도 홀씨를 퍼트려 자손을 남긴다.

종자식물 중에서는 이렇게 씨앗이나 포자가 아니라 뿌리나 줄기, 잎의 일부를 이용해서 번식하는 경우도 있는데 이것을 '영양생식'이라고 한다. 즉 자기 몸을 이용하여 번식하는 것이다.

딸기는 땅 위를 따라 자라는 기는줄기에서 잎과 뿌리가 자라며, 대나무는 땅속으로 퍼지며 자라는 땅속줄기에서 잎과 뿌리가 자란다. 이런 식물들은 씨앗이 열리기는 하지만 씨앗으로 번식할 때보다 시간이 적게 걸리고, 살아남을 가능성이 더 크며, 품종을 그대로 보존할 수 있는 영양생식으로 번식한다.

농업에서는 이러한 특성을 이용하여 인공영양생식을 하는데, 줄기나 잎, 뿌리의 일부를 꺾어서 땅에 심는 '꺾꽂이', 휘는 줄기를 땅에 묻어서 뿌리를 내는 포도나무의 '휘묻이' 등이 대표적인 인공영양생식 방법이다.

📖 바람이나 물, 동물 등을 이용하여 씨앗을 멀리 이동시킨다.

식물의 번식

고구마와 감자 중 어느 것이 뿌리일까?

고구마와 감자는 둘 다 땅에서 캐는 데다 생김새가 비슷해서 같은 종류라고 생각하기 쉽다. 그러나 정확히 따지자면 고구마는 뿌리의 일부가 커진 것이고, 감자는 땅속줄기의 일부가 커진 것이다.

감자와 고구마의 공통점은 둘 다 식물이 만든 양분을 녹말의 형태로 저장한다는 것이다. 앞에서 다룬 것처럼 식물은 광합성으로 필요한 양분을 만들어 사용하는데, 남는 양분은 녹말이나 설탕, 포도당, 지방 등의 다양한 형태로 바뀌어 저장된다.

예를 들어 감자, 고구마, 벼, 보리, 밀 등의 곡물은 녹말로, 사탕수수나 사탕무 등은 설탕으로, 과일류는 포도당으로 저장한다. 육지의 고기라 불리는 콩은 양분이 단백질로 변하여 저장된 것이며, 견과류 등의 식물성 지방도 이런 양분 저장의 한 종류이다. 우리가 식물을 먹어서 섭취하는 영양소의 대부분은 이렇게 저장된 양분들이다.

그러면 식물은 양분을 어디에 저장할까? 위에서 다룬 고구마나 감자처럼 뿌리나 줄기의 일부가 커지면서 양분을 저장하기도 하고, 열매나씨 등에 저장하기도 한다. 뿌리에 저장하는 식물은 고구마 외에 당근, 무 등이 있고, 줄기에 저장하는 식물은 감자, 연, 토란 등이 있다.

➕ 감자와 고구마의 다른 점

감자와 고구마는 영양분이 저장되는 장소가 다를뿐더러 식물 분류에 있어서도 완전히 다른 종이다. 감자는 고추, 가지, 토마토와 같은 가지과

식물이고, 고구마는 나팔꽃이나 메꽃과 같은 메꽃과 식물이다. 또 감자
에는 전분이 많기 때문에 소화가 잘되지만, 고구마에는 섬유질이 많기
때문에 목이 메고 소화가 잘 안되는 경우가 많다.

➕ 토마토와 수박은 과일일까, 채소일까?

토마토나 참외, 수박 등 나무가 아닌 식물에 열리는 열매가 채소인지 과
일인지도 항상 헷갈리는 질문이다. 간단하게 과일과 채소를 구분해보
자. 과일은 나무에 달리는 열매이며, 채소는 밭에 심어 먹는 식물이다.
채소는 다시 먹는 부위에 따라 열매채소, 잎줄기채소, 뿌리채소로 나눈
다. 그러니 나무에서 열리지 않는 열매인 토마토, 참외, 수박, 딸기 등은
모두 열매채소이다.

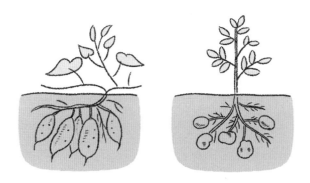

답 고구마는 뿌리의 일부이고, 감자는 줄기의 일부이다.

식물의 영양분

사람 몸과 수박이 비슷한 점은?

사람의 몸에서 가장 큰 비중을 차지하는 것은 수분이다. 성인의 경우 몸의 약 70%가 수분으로 이루어져 있다. 그런데 수분 함량이 높은 과일인 수박도 70% 정도가 수분이다. 수박은 사람과 비슷한 수준의 수분을 함유하고 있는 것이다.

수분, 즉 물은 인체의 기본 성분이자 혈액의 주요 성분으로 산소와 영양소, 노폐물을 운반하고, 체조직을 구성한다. 순수한 근육 조직은 약 73%의 수분을 함유하고 있지만, 지방 조직은 20~25% 정도의 수분만 함유하고 있다. 따라서 지방이 많은 사람은 마른 사람보다 체수분 함량이 낮아서 평소 더 많은 물을 필요로 한다. 이 외에도 적혈구는 60%, 혈장은 92%, 골격과 연골 조직은 약 10%가 수분으로 이루어져 있다.

그러면 실제로 사람의 몸은 어떤 것들로 이루어져 있을까? 우리의 몸은 크게 몸을 지탱하는 뼈와 근육, 혈액과 피부, 그리고 뇌와 심장, 소화 기관 등 여러 기관으로 이루어져 있는데, 사람마다 다르긴 하지만 평균 수치는 다음과 같다.

◇ **뼈** 206개

◇ **근육** 649개

◇ **피부** 2m²

◇ **털** 약 500만 가닥(머리카락 포함)

◇ **혈관** 10만km

◇ **혈액** 4~6L(약 8%)

◇ **지방** 6~7kg(정상 체중일 경우)

◇ **심장** 350~600g

◇ **뇌** 몸무게의 약 2.5%(남자 평균 1,400g, 여자 평균 1,250g)

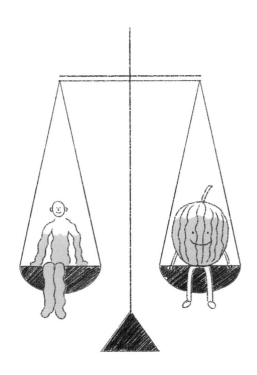

답 사람 몸과 수박은 둘 다 70% 정도가 수분으로 이루어져 있다.

우리 몸의 구조

성인의 뼈는 206개, 아기의 뼈는 몇 개?

성경의 창세기에는 하느님이 남자의 갈비뼈 하나를 뽑아 여자를 만들었다는 내용이 나온다. 그래서 혹시 '남자가 여자보다 갈비뼈가 하나 더 적은 게 아닐까?' 하는 의문을 속으로 품어왔다면, 이번 기회에 확실히 알아두자. 뼈의 개수는 성별과 상관없이 평균 206개이다.

그러나 뼈의 개수는 나이에 따라 다르다. 아기의 뼈는 약 300개에 달하는데 이렇게 나뉘어 있던 뼈가 성장하면서 합쳐지고 단단해져 총 206개가 되는 것이다. 아기의 팔다리뼈는 모두 연골로 되어 있는데 뼈의 중심과 양쪽 끝이 뼈로 바뀌면서 점차 길어진다. 그사이에 남은 연골 부분이 성장판이 되는데 사춘기 무렵이 되면 성장판도 모두 뼈로 바뀐다. 그래서 어른이 되면 키가 자라지 않는 것이다.

성장판이 모두 닫혀 뼈가 자라지 않더라도 뼈 역시 신체 조직이기 때문에 생성, 성장, 흡수 등의 생명 활동을 계속한다. 뼈는 1년마다 10% 정도가 교체되므로 우리 몸의 뼈는 10년 정도를 주기로 모두 새로운 뼈로 교체되는 셈이다.

답 아기의 뼈는 약 300개이다.

혀의 부위마다 느낄 수 있는 맛이 다르다고?

혀에서 느낄 수 있는 맛은 단맛, 짠맛, 쓴맛, 신맛 네 가지이다. 혀에는 맛을 느끼는 미세포가 모인 '미뢰'가 있는데, 음식 속에 들어 있는 화학물질이 침에 녹아 미세포를 자극하면 신경을 거쳐 뇌로 전달되어 맛을 느끼게 된다.

혀를 길게 내밀어 살펴보면 혀의 중앙 부분을 제외하고는 미뢰가 고루 분포된 것을 볼 수 있다. 미뢰를 통해 맛을 느끼므로, 당연히 미뢰가 있는 부위에서는 모든 맛을 느낄 수 있다. 다만 혀의 부분마다 미뢰의 수가 달라서 맛을 느끼는 정도가 다르다. 즉 혀의 모든 부분에서 단맛, 짠맛, 쓴맛, 신맛을 모두 느낄 수 있지만 특정 부위에서 특정 맛을 더 예민하게 느낀다. 단맛은 혀의 제일 앞쪽에서 잘 느끼고, 짠맛은 혀의 전체, 쓴맛은 혀의 제일 안쪽, 신맛은 양옆에서 좀 더 민감하게 느낀다.

덧붙여, 매운맛이나 떫은맛은 맛이라고는 하지만 정확하게는 혀에서 느끼는 미각이 아니라 통증의 일부이다.

답 혀 중앙을 제외한 대부분의 부위에서 모든 맛을 느낄 수 있다.

우리 몸에서 느끼는 감각은 모두 몇 가지일까?

우리 몸에서 여러 가지 자극을 느끼는 감각에는 혀에서 느끼는 미각 외에 또 어떤 것들이 있을까?

우선 촉각은 피부나 점막에 분포된 감각점을 통해 자극을 느끼는 감각이다. 감각점에는 냉점, 온점, 압점, 통점, 촉각점이 있는데 각각 차가움과 따뜻함, 압력과 아픔, 접촉을 느낀다.

시각은 빛을 통해 외부의 물체를 인지하고 공간 감각을 느끼는 감각이다. 눈 안에 있는 망막의 시각세포를 통해서 빛을 느끼는데, 수정체 등 다른 부분은 모두 빛이 망막으로 잘 모일 수 있도록 도와주는 기관이다.

청각은 소리를 인식하는 감각이다. 소리는 움직이는 물체가 공기 중에 만들어내는 진동인데, 공기 진동이 고막을 진동시키면 진동이 귀 안쪽의 청각세포를 자극하여 소리를 느끼게 된다.

후각은 냄새를 맡을 수 있는 감각으로, 정확히는 공기 중의 화학 물질이 콧구멍의 점막에 닿으면 후각세포를 자극하여 냄새를 느끼게 된다. 후각을 느끼는 코는 감각 기관 중에서 가장 예민하지만, 피로도 빨리 느끼고 적응도 빠르다. 냄새가 심한 화장실에 들어가면 처음에는 괴롭지만 조금 지나면 냄새가 별로 안 느껴지고, 오히려 멀리 떨어진 곳에 있는 다른 냄새를 맡을 수 있는 것도 그런 이유에서이다.

답 미각, 촉각, 시각, 청각, 후각 이렇게 크게 다섯 가지이다.

운동을 하면 왜 숨이 가빠질까?

세상에서 제일 쉬운 운동이 '숨쉬기 운동'이라는 것은 보통 숨을 쉰다는 자각이 없을 정도로 자연스럽게 호흡이 일어나기 때문이다. 그러나 평소보다 빨리 움직이거나 격한 운동을 하면 숨을 빨리 쉬게 된다. 마스크를 쓰거나 스트레스를 받아도 마찬가지이다. 들이마신 산소보다 쌓이는 이산화탄소가 많아지기 때문이다.

높은 곳에 올라가면 숨이 가빠지는 것도 비슷한 이유에서다. 높은 곳은 낮은 곳에 비해 공기의 양이 적어 호흡에 필요한 산소가 부족하므로 더 많은 산소를 받아들이기 위해 호흡이 빨라진다.

'호흡'은 이처럼 산소와 이산화탄소를 교환하는 과정이다. 사람의 경우 코나 입을 통해 들이마신 공기는 '인두 → 후두 → 기관 → 기관지'를 통해 양쪽의 폐로 들어가 '허파꽈리(폐포)'에 산소를 전달하고, 반대의 과정으로 이산화탄소를 내보낸다. 이렇게 폐에서 산소와 이산화탄소를 교환하는 호흡을 '외호흡'이라고 한다.

이와 동시에 몸속의 세포에서도 호흡이 일어난다. 폐에서 흡수된 산소는 혈액 속 적혈구의 헤모글로빈에 의해 세포 내의 미토콘드리아로 운반되고, 여기서 포도당과 같은 영양분을 물과 이산화탄소로 분해한다. 이러한 과정을 '내호흡'이라고 한다.

🅰 몸 안의 이산화탄소를 빨리 배출하기 위해 호흡이 빨라진다.

머리가 크면 지능이 높을까?

인류 역사상 가장 위대한 천재로 불리는 아인슈타인은 1955년 4월 18일에 사망했다. 그의 시체가 옮겨진 병원에 있던 병리학자 토머스 하비는 부검 과정에서 아인슈타인의 뇌를 몰래 훔쳐 이 천재의 뇌가 일반 사람들과 어떻게 다른지 연구하려고 했다. 하지만 뇌의 생김이나 구조에서는 큰 차이점을 발견할 수 없었다. 심지어 뇌의 무게는 43oz(약 1,220g)로 평균보다 작은 편에 속했다.

후일 여러 과학자가 보존 처리된 아인슈타인의 뇌를 평균 64세에 사망한 남성 11명의 뇌와 비교한 결과, 그의 뇌에는 신경세포 하나당 아교세포 수가 일반인보다 월등히 많았다. 아교세포는 신경세포에 영양분을 공급하고 세포끼리 소통을 돕는 보조 세포로, 뇌를 많이 쓸수록 그 수가 늘어난다. 또한 아인슈타인의 뇌에는 수학적 추론과 이미지 처리를 돕는 두정엽의 겉질에 특이한 주름이 있어서 보통 사람보다 두께가 약 15% 두꺼웠다. 그러나 이러한 특징들이 그의 천재성을 나타나게 한 것인지, 아니면 그가 그 부분들과 연관 있는 사고를 거듭해서 달라진 것인지는 명확하지 않다.

또한 뇌의 무게와 지능 사이의 관계를 밝히기 위해 동물의 뇌를 연구한 학자들은 지능이 높은 동물일수록 뇌가 무겁다는 사실을 알아냈다. 그렇다고 해도 '뇌가 무거우면 지능이 높다'라고 단정 짓기는 어렵다. 뇌의 무게는 신체의 크기와 비례하는데, 고등생물일수록 신체가 큰 편이기 때문이다.

➕ 뇌의 구조

뇌는 우리 몸의 각 부분을 통솔하는 기관이다. 약 천억 개의 신경세포들이 심장과 위, 근육 등 모든 기관의 기능을 조절할 뿐 아니라, 생각하고 기억하고 상상하는 정신 활동을 일으킨다. 뇌는 형태와 기능에 따라 대뇌, 소뇌, 중뇌(중간뇌), 간뇌(사이뇌), 연수(숨뇌)로 구분한다.

뇌 무게의 80% 이상을 차지하는 대뇌는 사고와 언어, 감정과 기억 등 정신 활동을 담당한다. 좌뇌와 우뇌로 나뉘는데 신경이 중간에 교차하면서 몸의 반대 방향을 관장한다. 언어 지능은 대부분 좌뇌에 있고, 우뇌는 공간 지각과 공간 기억을 담당한다. 소뇌는 운동 기능을 조절하고 몸의 균형을 유지하는 역할을 하며, 중뇌는 시각과 청각 신경이 지나는 곳으로 대뇌를 돕는다. 간뇌는 작지만 중요한 역할을 하는데, 감각, 수면, 갈증, 식욕, 체온을 조절한다. 뇌의 가장 아래쪽에 있으면서 척수와 연결된 연수는 호흡과 심장 박동, 소화 운동 등 생명 유지 기능을 담당한다.

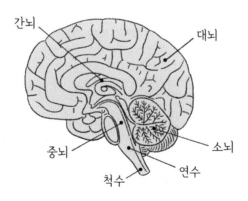

답 머리 크기와 지능은 큰 연관이 없다.

무릎을 치면 왜 다리가 저절로 올라갈까?

무릎을 직각으로 구부린 상태에서 무릎뼈 아래쪽을 고무망치나 주먹으로 가볍게 때려 보자. 다리가 앞쪽으로 튕겨 나갈 것이다. 이를 '무릎반사'라고 부르는데, 다리에 있는 대퇴사두근이 순간적으로 수축하면서 다리를 움직이는 것이다. 이렇게 특정 자극에 대해 무의식적으로 반응하는 선천적인 반응을 '무조건반사'라고 한다.

무조건반사는 대뇌에서 해석하고 명령하는 과정 없이 빠르게 일어나며, 의식적으로 제어할 수 없다. 생존과 연관된 반응인 경우가 많기 때문이다. 통증을 느끼면 몸을 움츠리고 피한다거나, 입에 음식을 넣으면 침이 나온다거나, 코에 무언가 들어가면 재채기를 한다거나 하는 것이 모두 무조건반사이다. 참고로 무릎반사의 경우, 생존과 직접적인 관련이 있는 것은 아니지만, 신경계에 문제가 생기면 일어나지 않는 반사이기 때문에 관련 신경계의 이상 유무를 알아보기 위해 활용한다.

무조건반사에 대비되는 '조건반사'라는 것도 있다. 조건반사는 학습으로 익혀 후천적으로 나타나는 반응이다. 무의식적으로 일어나긴 하지만 사전에 학습되지 않으면 나타나지 않기 때문에 학습 능력이 있는 생물에게만 나타나며, 대뇌피질과 관련되어 있다. 조건반사는 '파블로프의 개'로 알려진 개의 침 분비 실험으로 처음 정의되었다.

이런 반사 반응들은 모두 우리 몸의 신경계를 통해 일어난다. 신경계는 자극을 받아 몸의 다른 곳으로 전달하고 반응하도록 하는 기관으로 뇌와 척수, 그리고 온몸에 퍼져 있는 신경으로 이루어져 있다. 여기서 뇌와 뇌에 연결된 신경 다발인 척수는 몸의 가운데에 있어 '중추'라고 불린다. 이들은 신경이 받아들인 여러 정보를 모아 해석하고 어떻게 반응할지 명령을 내리는 역할을 한다. 우리 몸에서 가장 중요한 기관이기에 뇌는 단단한 두개골 안에서 보호받으며, 척수는 척추뼈 안에서 보호받는다.

이 중추에 연결되어 온몸에 퍼져 있는 가느다란 신경들은 '말초신경계'라고 부른다. 외부의 자극을 받아 중추로 전달하고 중추에서 오는 반응을 각 기관에 전달하는 역할을 한다.

➕ 파블로프의 조건반사 실험

러시아의 과학자 파블로프는 개에게 종소리를 들려준 다음 먹이를 주는 실험을 하였다. 실험을 할 때마다 개는 침을 흘리는 반응을 보였는데 종을 울리고 먹이를 주는 과정을 반복하여 개에게 학습을 시키자 개는 먹이가 없어도 종소리를 들으면 침을 흘리게 되었다. 파블로프는 이것을 '조건반사'라고 정의했다. 이렇게 주어진 조건에 따라 반응을 일으키는 조건반사 연구를 통해 파블로프는 1904년 노벨생리의학상을 받았다. 그러나 이 실험은 개들이 이상 행동을 보일 때까지 실험을 계속했기에 윤리적 논란이 적지 않다.

🔲 무조건반사이기 때문이다.

심장에서 피가 나가는 곳은 어디일까?

동물이 살아가기 위해서는 생명 활동에 필요한 물질인 산소와 영양소를 끊임없이 공급받아야 한다. 심장이 뛰면서 펌프질을 하면 혈액은 혈관을 따라 온몸을 돌면서 필요한 기관들에게 산소와 영양분을 전달하고, 이산화탄소와 노폐물을 받아 배출한다. 만약 심장이 잠시라도 활동을 멈추게 되면 산소를 공급받지 못한 뇌와 기관들도 죽고 만다.

심장은 왼쪽 가슴 아래쪽에 있는데 우심방, 우심실, 좌심방, 좌심실 이렇게 4개로 구분된다. 심실은 피가 심장에서 나가는 방이고, 심방은 몸을 돌고 온 피가 심장으로 들어오는 방이다. 좌심실은 1분에 5L, 하루에 8,000L나 되는 피를 대동맥으로 내보낸다. 무게로 따지면 8t에 해당하니 주먹 크기의 심장이 실로 어마어마한 양을 처리하는 것이다.

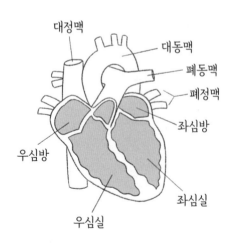

심장에서 피를 내보내서 몸을 돌고 다시 돌아오는 과정을 '순환'이라고 하는데 '체순환'은 좌심실에서 대동맥을 통해 나간 피가 모세혈관을 타고 온몸을 돌면서 산소와 영양분을 공급하고 대신 노폐물과 이산화탄소를 받아 대정맥을 타고 우심방으로 돌아오는 과정이다. 온몸을 한 번 도는데 약 46초 정도밖에 걸리지 않을 정도로 빠르다.

체순환을 통해 심장에 온 피는 우심실에서 폐동맥을 통해 폐로 가서 이산화탄소를 내려놓고 산소를 받은 다음 다시 폐정맥을 통해 심장으로 돌아온다. 이 과정을 '폐순환'이라고 한다.

◇ **체순환** 좌심실→대동맥→혈관→대정맥→우심방
◇ **폐순환** 우심실→폐동맥→폐→폐정맥→좌심방

피는 이렇게 도로처럼 온몸 구석구석에 퍼져 있는 혈관을 통해 움직이는데 모든 혈관을 다 이어 놓으면 그 길이가 약 10만km에 이른다.

➕ 피가 붉은색인 이유는?

사람을 포함한 척추동물의 피에는 색소 단백질인 헤모글로빈이 있다. 헤모글로빈은 혈관을 타고 온몸을 돌며 산소를 전달하는 역할을 하는데, 헤모글로빈이 산소와 결합하면 붉은색을 띠기 때문에 사람의 피가 붉은색인 것이다.

🔲 피는 좌심실에서 대동맥으로, 우심실에서 폐동맥으로 나간다.

배가 고프면 왜 꼬르륵 소리가 날까?

우리가 먹는 음식물은 입에서 식도, 위, 소장, 대장을 거치면서 영양분이 세포에 흡수될 수 있을 정도로 작게 분해된다. 이 과정을 바로 '소화'라고 한다. 이때 음식물을 점점 작게 부수고 이동시켜 소화액과 섞이게 하는 것을 '기계식 소화', 소화액을 통해 흡수가 가능할 정도로 작게 분해하는 것을 '화학적 소화'라고 한다.

배가 고플 때 소리가 나는 곳은 '위'이다. 위는 음식물이 있으면 분당 3회 정도로 꾸준히 연동운동을 하며 소화를 시키는데, 음식물이 없을 때도 항상 소화를 할 수 있도록 준비한다. 그런데 만약 위가 오래 비어 있으면 그냥 음식물이 있다고 여기고 연동운동을 시작한다. 그러면 음식물 대신 위에 차 있던 공기가 소장으로 빠져나가면서 꼬르륵 하는 소리가 나게 되는 것이다.

우리 몸의 소화 기관들이 하는 역할은 다음과 같다.

◇ **입**   음식물을 이로 씹어 부순다. 이때 침샘에서는 녹말을 분해하는 효소인 아밀레이스가 들어 있는 침을 분비한다.

◇ **위**   연동운동으로 음식물을 더 잘게 부순다. 위샘에서는 단백질을 분해하는 효소인 펩신과, 펩신을 돕고 세균을 제거하는 염산이 들어 있는 위액을 분비한다.

◇ **소장**   대부분의 소화가 이루어지는 기관이다. 소장의 앞부분을 십이지장이라고 부르는데, 여기에서 이자에서 만들어진 이자액과 간에서 만

들여져 쓸개에 저장되어 있던 쓸개즙이 분비된다. 소장을 거친 탄
수화물은 포도당으로, 단백질은 아미노산으로, 지방은 지방산과 모
노글리세라이드로 분해되어 소장 벽으로 흡수된다.

◇ **대장** 소화액이 분비되지 않아 소화는 일어나지 않는다. 음식으로 섭취한
물을 흡수하고, 소화되지 않고 남은 물질은 항문으로 배출한다.

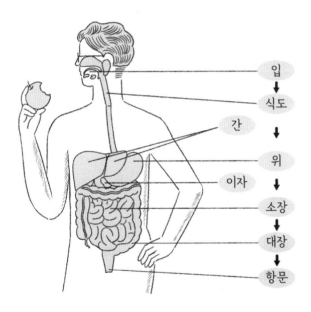

입
↓
식도

간

위
↓
이자

소장
↓
대장
↓
항문

🅐 빈 위에 있던 공기가 소장으로 **빠져나가면서** 꼬르륵 소리가 난다.

소화계

다이어트의 적 '지방', 아예 안 먹으면 안 될까?

우리 몸에 꼭 필요한 영양소에는 탄수화물, 단백질, 지방 등의 에너지원뿐만 아니라 비타민, 무기염류, 물 등이 있다. 이 영양소들은 생명 유지와 활동에 필요한 에너지를 만들고, 우리 몸을 구성하며, 몸의 여러 가지 기능을 조절하는 역할을 한다.

우리 몸은 이들 영양소가 적절한 비율로 구성되어 있어야 건강한 상태로 유지될 수 있다. 그런데 최근 유행하는 다이어트 방법들은 영양 균형을 깨뜨리는 경우가 많으니 유의해야 한다. 자칫 잘못된 방식의 다이어트를 지속하는 경우 득보다 실이 커질 수 있기 때문이다. 살을 빼고 싶다면 딱 하나의 원칙만 기억하자. 먹는 칼로리보다 소모하는 칼로리가 많아야 살이 빠진다! 다이어트에 있어 요행은 없다. 운동량을 늘리고 전체 칼로리 섭취량을 줄이는 것만이 유일한 방법이다.

◇ **탄수화물** | 보통 가장 많은 양이 섭취되지만 주로 에너지원으로 사용되기 때문에 탄수화물 상태 그대로 몸에 저장되는 비율은 아주 낮다. 남은 탄수화물은 대부분 지방으로 바뀌어 저장되는데, 이것이 탄수화물을 많이 먹었을 때 비만이 되기 쉬운 이유이다. 탄수화물은 다른 영양소에 비해 쉽게 에너지로 바뀌기 때문에 몸을 움직이거나 머리를 쓸 때 꼭 필요하다. 보통 하루 섭취량의 65% 정도를 탄수화물로 섭취하는 것이 바람직하다.

◇ **단백질** | 에너지원으로도 이용되지만 주로 근육이나 피부, 뼈 등 몸을 구성하는 데 이용되기 때문에 성장기에 특히 더 많이 필요하다.

◇ **지방** | 에너지원으로 이용되기도 하지만 세포막을 형성하는 등 몸을 구성하고, 지용성 비타민의 흡수를 돕고, 체온 유지에 도움을 주는 등 여러 기능을 한다. 지방은 다른 영양분에 비해 적은 양으로 많은 에너지를 낼 수 있기 때문에 소모되는 양은 적고 몸에 쌓이는 양은 많다.

◇ **무기염류** | 나트륨, 철, 칼슘, 칼륨, 마그네슘 등의 무기염류는 몸의 구성 성분이 되거나 몸의 생리 기능을 조절하는 기능을 한다.

◇ **비타민** | 몸의 기능 조절에 필수적이다. 필요한 양은 아주 적지만 부족할 경우 심각한 결핍증이 나타난다.

🅓 지방은 중요한 에너지원이며 세포막을 형성하고 체온 유지를 돕는 등의 기능을 하는 필수 영양소이기 때문에 반드시 섭취해야 한다.

영양

AB형과 O형 부모에게서는 AB형과 O형이 태어날 수 없다?

부모를 꼭 닮은 아이를 바라보다 보면 유전자의 힘에 놀라움을 금치 못하게 된다. 이는 옛날 사람도 마찬가지였다. 그러나 그들은 실제로 이러한 현상이 어떠한 방식으로 이루어지는지 알지 못했다. 마침내 생물이 부모의 특징을 닮는 이유가 유전에 의한 것임을 과학적으로 밝히고 증명해낸 사람이 오스트리아의 수도사 멘델이다. 비록 생전에는 그의 연구가 조명받지 못했지만 말이다.

1856년, 수도원에서 완두를 재배하기 시작한 멘델은 그로부터 7년에 걸친 연구 끝에 유전이 어떻게 이루어지는지 발견해냈다. 무려 2만 8천 그루를 직접 손으로 수정하고, 관찰하고, 기록한 결과였다. 그는 완두콩의 교배 결과를 해석하기 위해 유전에 관한 몇 가지 원리를 가정했다.

첫째, 모든 생물의 유전 형질(키, 색, 모양 등)은 그 성질을 나타나게 하는 유전자가 있으며, 각 개체는 유전자를 쌍으로 가지고 있다. 이때 이 두 개의 유전자 구성이 같으면 '순종', 다르면 '잡종'이라고 한다.

둘째, 한 쌍의 유전자는 부모로부터 각각 하나씩 물려받는다.

셋째, 한 가지 형질에 대해 서로 다른 대립 유전자가 만나면 두 가지 중 한 가지 형질만 나타난다. 이때 드러난 형질을 '우성', 드러나지 않은 형질을 '열성'이라고 한다.

멘델은 이러한 가정하에 자신이 실험한 결과를 유전 법칙으로 증명해냈다. 이해를 돕기 위해 가장 간단한 예를 하나 들어보자. 완두에는 여러 가지 특징적인 대립형질이 있는데 그중 대표적인 것이 '둥근 모양'과 '주름진 모양'이다. '둥근 완두 순종(RR)'과 '주름진 완두 순종(rr)'을 수정하면 이 둘은 각각 R과 r을 자손에게 물려준다. 이때 둥근 모양 형질이 우성이므로 잡종 1세대에서는 유전자형은 Rr이며, 모양은 모두 둥근 완두가 나오게 된다.

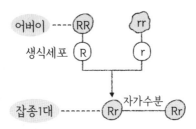

사람의 혈액형도 완두의 모양처럼 대립형질에 따른 유전이다. 혈액형은 대립 유전자가 A, B, O 3가지이다. 부모는 각각 자신이 가진 것 중 하나의 유전자를 물려주므로 부모가 AB(A, B)형과 O(O, O)형이라면 자식에게는 A형(AO), B형(BO), 이렇게 두 가지 혈액형만 나타날 수 있다. 따라서 AB형과 O형 부모에게서는 부모와 같은 혈액형인 AB형과 O형의 자식은 태어날 수 없는 것이다.

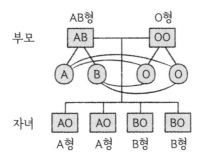

➕ 사람의 염색체

특정한 형질이 유전되기 위해서는 부모의 유전자가 가지고 있는 유전 정보가 자손에게 전달되어야 한다. 이 유전 정보를 자손에게 전달하는 것이 바로 염색체이다. 사람의 염색체는 모두 46개로 23개의 쌍을 이루고 있다. 이 중 22쌍은 남녀가 공통으로 가진 상동염색체이나, 마지막 1쌍은 남자는 XY, 여자는 XX로 남녀가 각기 다른 성염색체이다. 따라서 아버지에게 X와 Y 중 어떤 성염색체를 받느냐에 따라 성별이 결정된다. Y를 받으면 성염색체가 XY이므로 남자, X를 받으면 XX이므로 여자가 되는 것이다.

➕ 염색체 이상

선천적으로 염색체 수가 기본보다 1개 이상 많거나 부족한 경우, 또는 구성이 잘못되는 경우를 '염색체 이상'이라고 한다. 사람의 경우 21번째 염색체가 1개 많으면 다운증후군이 나타난다. 또한 남성에게 X 염색체가 1개 더 많아 XXY가 되면 클라인펠터증후군이 나타나 여성적인 외양을 갖게 되고, 반대로 여성에게 X 염색체가 하나만 있으면 터너증후군이 나타나 남성적인 체격을 갖게 된다.

🔲 AB형과 O형 부모 사이에서는 A형이나 B형 아이만 태어난다.

지구의 둘레는 얼마나 될까?

에라토스테네스는 고대 이집트 알렉산드리아의 도서관장이었다. 그는 도서관 문헌에서 약 925km 떨어진 나일 강가의 시에네 마을에서는 하짓날 정오에 햇빛이 깊은 우물 속까지 비친다는 이야기를 발견했다. 그 것은 해가 바로 머리 위에 있기 때문이었다.

반면 알렉산드리아의 하짓날 정오에는 작지만 그림자가 생기는 것을 확인한 에라토스테네스는 하짓날 정오에 세워둔 막대기와 그림자 끝의 각도를 측정하여 약 7.2°의 값을 구하였다. 그는 지구가 완전한 구형이고, 햇빛이 어디서나 평행하게 비춘다는 가정하에 아래의 식을 만들었다.

$$\frac{7.2°}{360°} = \frac{\text{시에나와 알렉산드리아의 거리}}{\text{지구의 둘레}}$$

이렇게 구한 지구의 둘레는 46,250km로 현대 첨단 측정 기기들로 구한 40,075km와 약 6,000km 정도밖에 차이가 나지 않는다. 여기서 오차가 발생한 가장 큰 이유는 시에네와 알렉산드리아가 같은 경도상에 있지 않고, 지구가 완전한 구형이 아니기 때문이었다. 하지만 기원전 200년경에 이 정도로 유사한 값을 계산했다는 것은 실로 놀라운 일이다.

답 지구의 둘레는 40,075km이다.

지구

우리가 사는 땅이 계속 움직이고 있다고?

20세기 초 독일의 기상학자 베게너는 세계 지도를 보다가 '혹시 아프리카와 남아메리카 두 대륙이 원래는 붙어 있었던 것이 아닐까?'라는 생각을 하게 되었다. 대서양을 사이에 두고 멀리 떨어진 아프리카 서쪽의 해안선과 남아메리카 동쪽의 해안선 모습이 거의 같았기 때문이다.

이후 아프리카와 남아메리카의 브라질에서 유사한 화석이 발견되었다는 사실을 듣고 자신의 생각에 확신이 생긴 베게너는 여러 증거를 모으기 시작했다. 그리고 약 3억 년 전의 지구에는 '판게아'라는 하나의 대륙이 있었는데, 판게아가 갈라지면서 오랜 시간에 걸쳐 서서히 이동하여 지금과 같은 대륙의 모양이 되었다는 '대륙이동설'을 내놓았다.

하지만 당시 베게너는 커다란 대륙이 어떻게 움직일 수 있었는지 그 힘에 관해 설명하지 못했고, 지질학자가 아니다 보니 다른 과학자들의 지지를 받지 못하였다. 이후 '맨틀대류설'이나 '해저확장설' 등의 다른 이론이 대륙이동설을 뒷받침해주면서 현재의 '판 구조론'이 정립되었다.

판 구조론은 대륙과 맨틀의 윗부분으로 이루어진 10여 개의 크고 작은 판이 지구의 표면을 덮고 있는데, 이 판들이 서로 다른 방향과 속도로 이동하고 있다는 이론이다. 판이 이동하다 보니 각 판의 경계에서 충돌하거나 벌어지는 경우가 발생하는데 이로 인해 지진이나 화산 분출, 산맥의 생성 등의 지각 변동이 일어난다는 것이다.

지질학자들의 연구에 의하면 이 판들은 지금도 계속 움직이고 있다. 현재의 움직임을 토대로 예상한 바에 의하면 약 5,000만 년 후에는 아프리카와 유라시아 대륙이 합쳐지고 지중해는 사라질 것이며, 1억 년 후에는 남극대륙이 인도양으로 움직이고, 2억 5,000만 년 후에는 남아메리카와 오스트레일리아, 아프리카와 유라시아 대륙이 모두 합쳐져서 초대륙인 '판게아 울티마'가 형성될 것이라고 예측하고 있다.

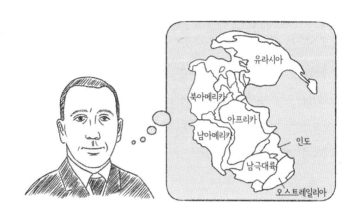

➕ 불의 고리

세계에는 600개 이상의 활화산이 있는데 그중 80% 이상이 태평양 판과 유라시아 판, 인도-오스트레일리아 판 등이 만나는 경계선에 분포하고 있다. 이 활화산들은 원 모양으로 분포되어 있어서 '불의 고리'라는 이름으로 불린다. 이곳은 지각 활동이 활발하여 화산 활동뿐 아니라 대부분의 지진도 여기에서 발생한다.

🅐 지구 표면은 1년에 몇 cm씩 계속 움직이고 있다.

지구

우리나라는 지진으로부터 안전할까?

2016년 9월 12일 오후, 우리나라 경상북도 경주시에서 규모 5.8의 지진이 발생했다. 이 지진은 1978년 지진 관측을 시작한 이래 한반도에서 발생한 역대 최대 규모의 지진으로 기록되었다. 경주 지진은 우리나라 대부분의 지역뿐 아니라 일본과 중국에서도 감지될 정도로 강력했으며, 정부에서 경주시를 특별재난지역으로 선포할 정도였다.

지진이란 지구 내부에 쌓인 에너지가 지표면으로 분출되면서 땅이 갈라지고 흔들리는 현상이다. 지층이 지구 내부에서 힘을 받으면 점점 휘어지다가 결국 끊어지게 되는데, 그 후 원래의 모습으로 돌아가려는 힘 때문에 진동이 발생하게 된다. 이 진동이 사방으로 퍼지면서 땅이 갈라지고 흔들리는 것이 바로 '지진'이다. 지진이 일어났을 때 지구 내부에서 처음 지진이 발생한 곳을 '진원'이라고 하고, 진원의 바로 위 지표면 부분을 '진앙'이라고 한다.

지진의 강도를 나타낼 때는 '규모'와 '진도'라는 단위를 사용한다. 규모는 지진의 절대적인 강도를 나타내는 단위로, 지진에 의해 방출된 에너지의 양을 나타낸다. 진도는 지진 때문에 나타난 영향을 수치로 나낸 단위로, 지표에서의 진동이 어느 정도인지를 나타내기 때문에 영향을 받는 지역이 어딘지에 따라 상대적으로 다르게 나타난다. 규모는 진앙에서 100km 떨어진 곳에 있는 표준 지진계로 측정하며, 진도는 사람이 느끼는 정도, 구조물이 흔들리는 정도를 수치로 표현한다.

다음은 지진의 크기를 나타내는 척도인 리히터 규모별 지진의 영향을 정리한 것이다.

규모	영향
0 ~ 1.9	사람은 느끼지 못하며 지진계로만 알 수 있다.
2 ~ 2.9	대부분의 사람이 흔들림을 느끼지만 피해가 발생하지는 않는다.
3 ~ 3.9	대형 트럭이 지나갈 때의 흔들림과 비슷한 진동이 느껴진다.
4 ~ 4.9	작거나 불안정한 위치의 물체가 흔들리거나 떨어진다.
5 ~ 5.9	서 있기 곤란하고 가구가 움직이고 부실한 건물에 손상이 일어난다.
6 ~ 6.9	제대로 지어진 구조물에도 피해가 발생하며 빈약한 건조물은 큰 피해가 생긴다.
7 ~ 7.9	건물의 기초가 파괴되고, 지표면에 균열이 생기며 지하 매설관들도 파괴된다.
8 ~ 8.9	교량이 파괴되고 구조물의 대부분이 파괴된다.
9 이상	거의 전면적인 파괴가 발생하며, 육안으로도 땅의 흔들림을 볼 수 있다.

우리나라는 1978년 지진 관측을 시작한 이래 처음 20년간은 연간 규모 2.0 이상 지진 발생 횟수가 평균 19.75회였다. 그러나 이후 2015년까지 지진 발생 횟수는 평균 47.58회로 2배 이상 증가했다. 또한 지진 규모 4.9 이상의 지진은 대부분 최근 10년 동안 발생하였다.

이렇게 과거 40년의 기록을 살펴보더라도 최근 지진의 횟수가 급증했음은 물론이고, 큰 규모의 지진이 빈번히 발생하고 있으니 지진에 대해 결코 안심해서는 안된다.

답 점점 지진 발생 횟수가 늘고 규모가 커지고 있어 안전하다고 하기 어렵다.

사람과 공룡이 싸웠던 건 어느 시대였을까?

만화나 영화를 보다 보면 종종 공룡과 원시인이 싸우는 장면이 등장한다. 이들은 실제로 언제 어떤 모습으로 싸웠을까? 엄청난 크기의 공룡과 겨우 돌도끼나 든 원시인이 과연 싸울 수는 있었을까?

지금은 사라져 버린 공룡이 사람과 싸우던 시대를 알려면 먼저 공룡이 어느 시대에 살았는지부터 알아야 한다.

지구는 약 46억 년 전에 생성되었다고 추측하는데, 지구에서 가장 오래된 암석이 만들어진 약 38억 년 전부터 인류가 지구에 나타난 약 1만 년 전까지의 시기를 지질 시대라고 부른다. 지질 시대는 다시 크게 선캄브리아대와 고생대, 중생대, 신생대로 구분한다.

◇ **선캄브리아대**(38억 년 전~5억 7천만 년 전) 생물이 생길 수 있는 환경이 조성된 시기. 박테리아 등의 단세포 생물 정도가 살았다.

◇ **고생대**(5억 7천만 년 전~2억 2천 5백만 년 전) 다양한 생물들이 등장한 시기. 무척추동물부터 어류, 양서류, 파충류 등이 출현했다. 최초로 눈을 가진 생물로 알려진 삼엽충도 이때 번성했다.

◇ **중생대**(2억 2천 5백만 년 전~6천 5백만 년 전) 꽃을 피우는 속씨식물이 등장했으며, 암모나이트가 번성하였다. 지구가 따뜻해지면서 파충류가 급격히 발달하게 되어 드디어 공룡이 탄생하였다. 하지만 중생대의 끝에 공룡을 비롯한 많은 생물이 갑자기 멸종하고 말았다.

◇ **신생대**(6천 5백만 년 전~1만 년 전) 지질 시대 중에 가장 짧지만 현재 살고 있는 생물의 대부분이 이때 탄생했다. 이 시기에 포유류가 번성하면서 인류의 조상도 나타난다. 지금까지 알려진 최초의 인류는 약 400만 년 전부터 아프리카에 살았던 오스트랄로피테쿠스로 유인원과 인류의 중간 형태였다.

이렇게 지구의 지질 시대를 크게 훑어보면 공룡과 인류의 싸움에 대한 답이 보인다. 정답은 바로 '싸운 적이 없다.'이다. 공룡이 멸종하면서 중생대가 끝났고, 인류는 그다음 시기인 신생대가 시작되고도 한참 후에나 등장했으니 우리가 알고 있는 티라노사우루스와 원시인이 싸우는 장면은 상상 속에서나 가능한 모습이다. 한때 지구를 지배했던 공룡과 원시인이 만나서 싸웠다면 작고 힘도 약하고 아직 문명도 없었던 사람이 어떻게 살아남을 수 있었을지는 상상에 맡기도록 하겠다.

🅐 사람과 공룡은 다른 시대에 살았으므로 싸울 수가 없었다.

　　　　　　　　　　　　　　　　　　　　　　　지질 시대

모기 화석으로 공룡을 만들 수 있을까?

'쥐라기 공원'은 멸종된 공룡을 복원해 공룡 테마파크를 만든다는 동명의 소설을 영화화한 것으로, 전 세계적으로 흥행에 성공한 작품이다. 이 영화에서는 공룡의 피를 빤 모기의 화석에서 공룡의 DNA를 추출하고, 정보가 부족한 부분은 개구리의 DNA로 보충하여 공룡을 복원해낸다.

매우 그럴싸해 보이는 전개이지만 현실적으로 구현하기 어렵다는 것이 과학자들의 공통된 의견이다. 가장 큰 이유는 DNA의 유통기한 때문이다. DNA가 아무리 잘 보존되어도 원형을 유지한 상태로 100만 년을 넘기기 어려운데, 실제 공룡은 6천 5백만 년 이전에 번성했었으니 DNA가 남아 있는 것이 불가능하다는 것이다. 또한 설령 DNA 추출이 가능하다고 해도, 복원을 통해 다시 태어나게 하는 것은 또 다른 난제이다. 그러니 공룡의 복원은 아직까진 상상 속의 이야기라고 볼 수 있다.

하지만 미래의 일은 또 알 수 없는 것 아닐까? 미국의 라울 카노 박사는 이미 1993년에 1억 3천만 년 된 호박 속에 있던 바구미의 DNA를 추출하는 것에 성공했으며, 러시아에서는 2만 8천 년 전 빙하기에 멸종한 매머드의 화석을 발굴하여 일부 세포를 되살려냈다. 만약 매머드의 복원에 성공한다면 공룡의 복원도 꿈꿔 볼 수 있지 않을까?

화석에서 DNA를 추출하고 복원하여 움직이는 공룡을 만나는 건 어려운 일이지만, 화석은 우리에게 많은 것을 알려 준다. 화석은 지질 시대의 퇴적암이나 지층에 남아 있는 생물의 몸체나 흔적이다. 그래서 화석은 그 생물이 살아있을 때의 모습을 추측할 수 있게 해 줄 뿐만 아니라 주변 지층이나 다른 화석을 함께 살펴 과거 환경에 대해서 알아내거나 쌓여 있는 순서에 따라 생물의 출현 순서를 알아내게 도와준다. 또한 화석을 분석하면 어떤 생물이 어떻게 진화하여 지금의 모습이 되었는지도 가늠할 수 있다.

➕ 시상화석과 표준화석

시상화석은 화석이 발견된 지층의 퇴적 환경을 알려주는 화석이다. 시상화석이 되려면 생존 기간이 길고, 분포 면적이 좁으면서, 현재에도 생존해 있는 생물이어야 한다. 예를 들어 특정 지역에서 고사리 화석이 발견되었다면 그 지층이 형성될 당시 따뜻하고 습한 지역이었을 거라는 추측을 가능하게 해준다.

표준화석은 특정 시기에만 살았던 생물의 화석으로, 그 지층이 언제 생겼는지를 알 수 있게 해준다. 표준화석이 되려면 생존 기간은 짧으면서도 생활 범위는 넓어야 한다. 시대별로 대표적인 표준화석으로는 고생대의 삼엽충과 갑주어, 중생대의 공룡과 암모나이트, 신생대의 매머드와 화폐석 등이 있다.

답 현재 수집된 자료와 과학 기술로는 불가능하다.

다이아몬드와 연필심이
같은 재료로 만들어졌다고?

답부터 밝히자면 세상에서 제일 단단하고 귀한 보석인 다이아몬드와 잘 부러지는 연필심의 재료인 흑연은 같은 원소로 만들어진 광물이다. 색이나 투명도, 단단하기 등 모든 면에서 달라 보이지만 이 둘은 모두 탄소로 만들어진 광물로, 다만 탄소 원자의 결합 배열이 다르다 보니 전혀 다른 광물이 된 것이다.

천연 다이아몬드는 실제로 지구 내부에 있는 흑연으로 만들어졌는데 땅속 깊은 곳에 있는 흑연이 매우 높은 열과 압력을 받은 결과 탄소의 결합 구조가 바뀌어 다이아몬드가 된 것이다.

따지고 보자면 흑연이나 다이아몬드, 둘 다 광물이니 돌덩이에 불과하다. 그러나 광물이 가진 특징에 따라 다이아몬드처럼 보석으로 쓰이기도 하고, 흑연처럼 연필심을 만드는 데 쓰이기도 한다.

광물은 지금까지 약 4천여 종이 발견되었는데, 이러한 광물들이 혼합되어 암석을 이룬다. 암석은 그 생성 과정에 따라 '화성암, 퇴적암, 변성암'으로 구분된다.

'화성암'은 용암의 마그마가 식어서 만들어진 암석이다. 제주도에서 흔히 볼 수 있는 현무암은 지표에서 만들어진 화성암이며, 건축 자재로 많이 쓰이는 화강암은 땅속 깊은 곳에서 만들어진 화성암이다.

'퇴적암'은 퇴적으로 만들어진 암석으로, 퇴적물이 바다나 호수 바닥에 쌓여서 다져지고 굳어져서 만들어진다. 퇴적암은 그 암석을 이루는 퇴적물의 크기와 종류에 따라 분류하는데, 자갈로 만들어진 '역암', 모래로 만들어진 '사암', 석회 물질로 만들어진 '석회암' 등이 대표적이다.

'변성암'은 암석이 아주 높은 열과 압력을 받아 성질이 변하여 만들어진 암석으로, 석회암이 변해서 '대리암'이 되고, 화강암이 변하여 '화강편마암'이 된다.

➕ 모스경도계

독일의 광물학자 모스가 고안한 방식으로 광물의 단단함을 나타낸다. 10종류의 표준 광물의 경도에 따라 1번부터 10번까지 순서를 매기는데 1번 활석, 2번 석고, 3번 방해석, 4번 형석, 5번 인회석, 6번 정장석, 7번 석영, 8번 황옥, 9번 강옥, 그리고 10번은 다이아몬드이다.

모스경도계의 번호는 상대적인 단단함이므로 절대적인 굳기와는 다르다. 예를 들어 모스경도계 1번인 활석의 절대굳기를 1로 놓는다면 석영의 절대굳기는 100이며, 다이아몬드의 절대굳기는 1,500이다.

🔳 다이아몬드와 흑연은 모두 탄소로 만들어진 광물이다.

비행기는 몇 미터 높이에서 날까?

지구 주변을 둘러싼 공기를 '대기', 대기로 둘러싸인 공간을 '대기권'이라고 부른다. 그리고 지상에서 약 1,000km까지가 대기권에 속한다.

◇ **대류권**(지표~11km) 공기의 대류 현상이 활발하여 구름, 눈, 비 등의 기상 현상이 나타난다. 올라갈수록 기온이 떨어진다.

◇ **성층권**(대류권계면~50km) 오존층이 있어 태양의 자외선을 흡수하기 때문에 올라갈수록 온도가 높아지며, 대기도 안정적이다.

◇ **중간권**(성층권계면~80km) 대기권에서 가장 추운 구간. 올라갈수록 온도가 낮아져서 공기의 대류 현상이 일어나지만 수증기가 없어서 기상 현상은 일어나지 않는다.

◇ **열권**(80km 이상) 태양에서 가까워 태양 에너지를 직접 흡수하기 때문에 온도가 높아진다. 공기가 아주 희박하여 낮과 밤의 기온차가 매우 크다. 극지방에서 오로라가 나타나는 구간이기도 하다. 인공위성의 궤도로 이용된다.

비행기의 운항 구간은 대류권에서 성층권 사이이다. 국내선과 같은 단거리 여객기는 약 3km 높이의 대류권에서 비행하지만, 일반적인 중장거리 여객기는 10~12km 높이인 오존층 아래의 성층권에서 비행을 한다. 성층권은 대류가 안정되어 있고 기상 현상이 전혀 없어 쾌적하고 안정적인 비행이 가능하기 때문이다.

🈶 단거리는 약 3km 높이에서, 중장거리는 주로 10~12km 높이에서 비행한다.

번개가 먼저일까, 천둥이 먼저일까?

'번개가 먼저인지, 천둥이 먼저인지'는 결국 "빛의 속도와 소리의 속도 중에 무엇이 빠를까?"라는 질문과 같다.

번개는 구름 속에서 일어나는 정전기이다. 작은 물방울들이 격렬하게 움직이다가 부딪히면 정전기를 일으키는데, 이때 위쪽으로는 (+) 양전하가, 아래쪽으로는 (-) 음전하가 모이게 된다. 이렇게 다른 전하들이 구름이 움직이면서 서로 심하게 부딪히다가 엄청난 에너지의 불꽃을 만들어 내는 것이 번개이다.

천둥은 번개와 함께 일어나는데, 전하들이 움직이면서 생기는 높은 에너지 때문에 나타나는 빛이 번개라면, 이때 공기가 팽창하면서 나는 소리가 천둥이다.

번개와 천둥은 동시에 일어나지만 우리가 동시에 인지하지 못하는 것은 빛과 소리의 속도 차이 때문이다. 빛은 1초에 약 30만km를 갈 수 있지만 소리는 1초에 340m밖에 가지 못한다. 즉, 빛이 소리보다 훨씬 빠르다. 그러니 번개와 천둥이 동시에 일어나도 번개의 빛은 우리에게 바로 보이지만 천둥소리는 늦게 들린다.

번개와 천둥소리 사이의 간격으로 어디에서 번개와 천둥이 쳤는지도 알 수 있다. 먼 곳에서 천둥 번개가 칠수록 번개와 천둥소리 사이의 시간 차이가 더 길어지는 데 이를 계산하면 거리를 구할 수 있다.

답 번개가 먼저 친 후 천둥소리가 들린다.

번개와 천둥

풍속 20m/s는 어느 정도 세기일까?

바람을 사전적으로 정의하자면 '공기의 움직임'이다. 이러한 공기의 움직임은 선풍기나 부채로 만들 수도 있지만 자연 상태의 바람은 '기압의 차이'에 의하여 일어난다. 여기서 꼭 기억해두어야 할 것은 '공기는 높은 기압에서 낮은 기압 쪽으로 움직인다'는 것과 '따뜻한 공기는 위로 올라가려 하고, 차가운 공기는 아래로 내려가려 한다.'는 사실이다.

예를 들어 특정 지역의 지표면이 가열되면 따뜻해진 공기가 상승한다. 그러면 공기의 양이 적어져서 저기압이 되고, 차가운 곳의 공기는 고기압이 된다. 이때 공기는 기압이 높은 곳에서 낮은 곳으로 자연스레 이동하는데 이것이 바람이다. 바람은 위아래, 좌우, 방향을 가리지 않고 일어나며, 두 지점의 기압 차이가 클수록 바람도 강하게 분다.

바람의 속도인 '풍속'은 공기가 일정한 시간 동안 이동한 거리를 수치로 나타낸 것이다. 보통 10m 높이에서 10분 동안 측정한 평균값을 사용하는데, 우리나라에서는 바람이 초(s)당 몇 m를 이동했는지를 나타내는 m/s를 단위로 사용한다.

그렇다면 풍속 20m/s는 어느 정도 세기일까? 풍속 20m/s가 그다지 세지 않아 보일 수도 있지만 우리가 흔히 기분 좋게 느끼는 산들바람의 풍속은 3.4~5.4m/s에 불과하다. 풍속 20m/s는 걸음을 내딛기 힘들고 작은 가지가 부러질 정도로 센 바람으로 풍랑주의보가 발효된다.

➕ 바람의 이름

바람은 항상 불어오는 쪽을 기준으로 이름을 정한다. 바다에서 불어오면 '해풍', 육지에서 불어오면 '육풍', 북쪽에서 불어오면 '북풍', 남쪽에서 불어오면 '남풍'이라고 부른다. 또한 바람의 방향에 따라 동쪽에서 부는 바람은 '샛바람', 남풍은 '마파람', 북풍은 '높바람', 서풍은 '하늬바람', 또는 가을에 많이 분다고 하여 '갈바람'이라고도 부른다.

➕ 바람의 종류

◇ **해륙풍** | 바닷가에서는 바다보다 육지의 온도 변화가 심하다. 낮에는 육지가 바다보다 빨리 데워져서 저기압이 되고, 밤에는 육지가 빠르게 식기 때문에 고기압이 된다. 그래서 낮에는 해풍이 불고 밤에는 육풍이 분다.

◇ **계절풍** | 해륙풍과 비슷한 원리로 계절에 따라 바람의 방향과 세기가 달라진다. 여름에는 육지가 바다보다 빨리 가열되고 겨울에는 육지가 바다보다 빨리 냉각되기 때문이다. 따라서 우리나라의 여름에는 바다에서 육지 쪽으로 부는 남동 계절풍이 불고, 겨울에는 반대로 북서 계절풍이 분다.

◇ **국지풍** | 특정 지역에서 규칙적으로 부는 바람이다. 우리나라에서는 늦봄부터 초여름까지 영동에서 영서, 즉 동해로부터 태백산맥을 넘어 불어오는 높새바람이 분다.

🔲 풍랑주의보가 발효될 정도의 센 바람이다.

바람

구름 속 물방울이 얼마나 모여야
비가 되어 내릴까?

구름은 공기 중의 물방울이나 작은 얼음 알갱이가 모여서 하늘에 떠 있는 것이다. 수증기를 포함한 공기가 높이 올라가면 기압이 낮아져 부피가 커지고, 온도는 낮아진다. 그러면 수증기가 응결되어 아주 작은 물방울이나 얼음 알갱이가 되는데, 이들이 일정한 곳에 모여서 구름을 형성한다.

구름의 물방울은 보통 크기가 5~15μm(마이크로미터)에 불과할 정도로 작기 때문에 바람이 1cm/s 이상으로만 불어도 바람을 타고 올라갈 수 있다. 구름의 물방울이 여러 개 모여야 중력의 영향을 받아 아래로 떨어지는데, 설령 이슬비라 할지라도 지름이 0.2mm 이상이므로 적게는 10만 개에서 많게는 100만 개의 구름 물방울이 모여야 빗방울 하나가 만들어진다.

구름은 생성 높이에 따라 '상층운', '중층운', '하층운' 세 가지로 나누고, 모양에 따라 수직으로 발달하는 '적운형' 구름과 수평으로 발달하는 '층운형' 구름으로 나눈다.

그렇다면 새벽녘에 자욱하게 깔린 안개는 구름일까, 안개일까? 안개와 구름은 지형이나 보는 사람의 위치에 따라 달라진다. 산허리에 있는 구름은 땅 위에서 보면 구름이지만, 그 산속에 있는 사람에게는 안개가 된다.

➕ 우박

구름 속에 있는 물방울이 모여 땅으로 떨어지는 것을 '강수'라고 하는데, 강수에는 비와 눈 외에도 우박이 있다. 우박은 지름 5mm~10cm 정도의 얼음 또는 얼음덩어리 모양으로 내리는 것으로, 대부분 수직으로 길게 발달한 적란운에서 생긴다.

적란운은 적운형 구름으로, 두께가 10km에 이르고 아랫부분이 매우 어두운 구름이다. 적란운의 꼭대기는 온도가 낮아 빙정이 생기는데, 이 빙정이 습도가 높은 구름을 거치면서 눈의 결정이 되고, 아래로 떨어지면서 차가운 물방울과 만나 점점 커지게 된다. 여기까지는 눈과 비슷하지만 빙정 덩어리가 강한 상승기류를 만나 다시 위로 올라갔다가 떨어지는 과정을 반복하면서 점점 더 커지면 우박이 되는 것이다.

이때 지름이 5mm 이상이어야 '우박'이라고 하고, 그보다 작으면 '싸락눈'이라고 한다. 또한 지름이 2~5mm 정도이면서 중심이 싸락눈으로 되어 있는 얼음 입자는 '싸락우박'이라고 부른다.

🔳 구름 속에 있는 물방울이 적어도 10만 개 이상 모여야 1개의 빗방울이 된다.

태풍의 이름은 누가 지을까?

태풍은 따뜻한 바다가 만들어내는 강한 비바람이다. 태풍이 '불청객', 혹은 '폭군' 등으로 불리는 것은 그만큼 큰 피해를 끼치기 때문이다. 그러나 태풍이 해로운 것만은 아니다. 왜냐하면 태풍은 중요한 수자원 공급원으로서 물 부족 현상을 해소하고, 해수를 뒤섞어 순환시키며, 지구의 남북 온도를 유지하는 등 유용한 일을 하기 때문이다.

태풍은 주로 온도가 높은 열대 바다 위에서 발생하기 때문에 열대성 저기압이라고도 한다. 더워진 바닷물로 인해 공기에 습기가 가득 차면 높은 소나기구름이 형성되면서 열기가 솟아오르고, 이 소용돌이가 점점 발달해서 태풍이 된다. 태풍은 지구 자전의 영향으로 빠른 속도로 회전하는데 이때 원심력으로 인해 중심부의 구름이 바깥쪽으로 밀려 나가면서 가운데엔 맑은 태풍의 눈이 생겨난다.

태풍의 크기는 어떻게 가늠할까? 중심 부근의 최대 풍속이 33m/s 이상인 것을 '태풍', 25~32m/s인 것을 '강한 열대폭풍', 17~24m/s인 것을 '열대폭풍', 17m/s 미만인 것을 '열대저압부'로 구분한다. 그러나 일반적으로 최대 풍속이 17m/s 이상인 열대성 저기압은 모두 '태풍'이라고 부른다. 또한 태풍 중심으로부터 15m/s의 바람이 부는 곳까지의 거리가 300km 미만이면 소형, 300~500km면 중형, 500~800km면 대형, 800km 이상이면 초대형 태풍이라고 한다.

아주 강한 태풍의 경우 최대 풍속이 50m/s를 넘어가는 경우도 종종 있다. 2003년 우리나라를 강타한 태풍 매미의 경우 풍속이 관측 최대치인 60m/s를 넘길 정도였으며, 2005년 미국을 초토화한 허리케인 카트리나는 최고 풍속이 78m/s 정도였다.

태풍 예보를 발표할 때면 혼동을 막기 위해 태풍마다 고유한 이름을 붙인다. 1999년까지는 주로 사람 이름을 붙이다가 2000년부터는 태풍위원회 회원국에서 각각 고유 언어로 된 이름 10개씩을 제출하여 사용하고 있다. 회원국은 한국을 비롯해 북한, 미국, 중국 등 태풍의 영향권에 있는 14개국으로, 몇 개의 조를 나누어 국가명의 알파벳 순서에 따라 발생하는 순서대로 이름을 붙인다.

큰 피해를 일으킨 경우에는 종종 해당 태풍의 이름을 폐기하고 다른 이름으로 바꾸기도 한다. 예를 들어 2005년 한국에서 제출한 이름을 가진 태풍 '나비'는 일본에 큰 피해를 줘 '독수리'로 변경되었다.

➕ 지역에 따른 열대성 저기압의 이름

열대성 저기압은 발생하는 해역에 따라 부르는 이름이 다르다. 북서태평양 필리핀 근해에서 발생하는 것은 '태풍(Typhoon)', 인도양, 아라비아해, 벵골만 등에서 발생하는 것은 '사이클론(Cyclone)', 오스트레일리아 근처의 남태평양에서 발생하는 것은 '윌리윌리(Willy-Willy)', 북대서양, 카리브해, 북동태평양에서 발생하는 것은 '허리케인(Hurricane)'이라고 부른다.

답 태풍위원회 회원국에서 10개씩 제출한 이름을 정해진 순서대로 사용한다.

황사와 미세먼지는 뭐가 다를까?

언제부터인가 핸드폰에서 수시로 미세먼지 및 황사 주의보와 경보가 울리는 시대가 되었다. 그만큼 대기 오염이 국민의 안녕에 악영향을 미치고 있기 때문이다. 그렇다면 황사와 미세먼지는 뭐가 다를까?

'황사(黃砂)'는 말 그대로 누런 모래 먼지이다. 주로 중국이나 몽골의 건조한 지역의 모래 먼지가 바람에 휩쓸려 하늘로 날아올랐다가 땅으로 내려오며 주변을 뒤덮는 것을 말하는데, 봄이면 강한 서풍을 타고 우리나라로 날아와 건강을 걱정하게 한다.

《삼국유사》에도 '흙비'에 대한 기록이 있는 것으로 보면 황사는 예전부터 있었던 자연현상이다. 황사의 주성분은 황토 먼지와 모래이지만 중국의 환경오염이 심해지면서 황사에 포함된 규소, 납, 카드뮴, 니켈, 크롬 등의 중금속 농도가 증가하면서 점점 우리를 위협하는 존재가 되었다.

미세먼지는 눈에 보이지 않을 정도로 아주 작은 먼지이다. 지름 $10\mu m$ 이하의 먼지를 '미세먼지(PM10)'라고 하는데 그중에서도 지름 $2.5\mu m$ 이하의 먼지를 '초미세먼지(PM2.5)'라고 한다. 미세먼지는 단순한 먼지가 아니라 자동차, 공장, 발전소 등에서 나오는 석탄, 석유 등의 화석 연료의 가스나 흡연, 요리 과정에서 배출되는 오염물질 등에서 발생한다. 이렇게 생활 주변에서 나오는 오염물질이 주요 원인이다 보니 발생하는 시기가 일정하지 않아 더 위협적이다. 중국 등지에서 바람에 실려오기도 하지만 국내 대기가 정체되고, 강수량이 적어 오염물질이 축적

되었을 때도 발생한다.

황사나 미세먼지는 발생 과정이 서로 다르긴 하지만 두 가지 모두 여러 중금속을 함유하고 있어 건강에 해롭다. 우리의 신체는 호흡할 때 들어오는 이물질을 걸러내는 필터링 기능이 있지만 황사나 미세먼지는 입자가 너무 작아 걸러지지 않고 그대로 호흡기를 따라 폐까지 들어와 신체에 악영향을 미치므로 유의해야 한다.

➕ 방진마스크의 KF 수치

미세먼지는 입자가 작기 때문에 일반 면 마스크로는 호흡기로 침투하는 것을 막기 어렵다. 그래서 미세먼지 주의보가 내려지면 식품의약품안전처가 인증한 KF 방진마스크를 써야 한다. 방진마스크의 종류에는 KF80, KF94, KF99 등이 있는데 뒤의 수치가 공기를 들이마실 때 마스크가 먼지를 걸러주는 비율이다. 예를 들어 KF99는 먼지를 99% 이상 걸러준다는 뜻이다.

다만 수치가 높은 방진마스크를 노약자가 쓸 때는 주의가 필요하다. 수치가 큰 만큼 미세먼지 침투가 적어지지만 그에 비례하여 숨쉬기도 힘들어져서 호흡 곤란이 올 수도 있기 때문이다.

🄳 황사는 중국의 흙먼지가 바람을 타고 이동하는 것이지만,
미세먼지는 대기 오염 물질로 인해 생긴다.

소 방귀가 지구온난화의 주범이라고?

MBC 창사 특집 다큐멘터리 '곰'에는 북극의 얼음이 녹아내리면서 삶의 터전을 잃어가는 북극곰의 안타까운 모습이 생생히 담겨 있다. 이는 이미 지구온난화를 통해 예견된 현상이었다.

지구온난화의 가장 큰 원인은 온실효과를 일으키는 온실가스 때문이다. 대기 중에 있는 이산화탄소와 같은 온실가스가 지구에 있는 열을 지구 밖으로 빠져나가지 못하도록 막아서 지구의 평균 기온을 유지하는 작용이 온실효과인데, 이는 지구 생명체의 생존을 위해 꼭 필요하다. 문제는 온실가스 배출량이 급격히 늘어나고 있다는 것이다.

인위적으로 온실효과를 일으키는 기체는 이산화탄소, 메테인, 일산화이질소, 프레온가스 등이다. 이 중 가장 대표적인 온실가스가 이산화탄소이기에 세계환경기구에서는 이산화탄소를 줄이는 데 힘쓰고 있다. 그러나 과학자들은 메테인에 주목하고 있다. 이산화탄소의 200분의 1에 불과하지만 메테인 기체의 온실효과가 이산화탄소의 20배가 넘기 때문이다. 이미 UN 식량농업기구(FAO)는 2006년 기후변화의 최대 원인 중 하나로 축산업을 지목한 바 있다. 되새김질하는 소나 양의 방귀와 트림이 전 세계 메테인의 25%를 차지하고 있기 때문이다. 게다가 소고기 소비 증가에 따라 기업형 축산업이 늘어나면서 메테인 발생량도 증가하고 있다. 우습게 들리겠지만, 소의 방귀가 지구 온난화에 영향을 끼치고 있는 것이다.

따라서 많은 나라가 메테인 배출량이 적은 사료 개발이나 백신 개발에 막대한 연구비를 쏟고 있으며, 유럽의 에스토니아에서는 2009년부터 소 방귀세를 걷기 시작했다. 덴마크도 소와 돼지를 키우는 농가에 한 마리당 일 년에 14만 원 정도의 세금을 내게 하고 있다.

➕ 오존층과 프레온가스

고도 25~30km 사이에는 오존(O_3)이 밀집해 있는 오존층이 있다. 이 오존층은 햇빛의 자외선을 흡수하여 우리가 직접 자외선에 노출되는 것을 막아준다. 그런데 1985년 말, 남극지방에 오존층이 뻥 뚫린 오존홀이 생겼다는 조사 결과가 발표되었다. 먼 미래의 일이라고 여겼던 오존층 파괴가 현실화된 것이다. 이후 오존층의 보호를 위한 국제적인 대책이 급속히 추진되면서 오존층 파괴를 유발하는 가장 큰 원인의 하나인 프레온가스 배출을 규제하고 있다.

반면 지표면의 오존 농도가 일정 기준 이상 높아지면 호흡 기관에 문제를 일으키고, 농작물의 수확량 감소를 가져온다. 오존은 하늘 높이 있는 경우에는 없어지지 않도록 보호, 유지해야 하지만 지표 근처로 오면 피해야 하는 아이러니한 기체인 셈이다.

답 되새김질하는 동물의 방귀와 트림도 온실가스 원인의 하나이다.

지구 속으로 계속 들어가면 뭐가 나올까?

지구 표면에 구멍을 깊게 뚫다 보면 지구를 관통하여 반대편으로 갈 수 있지 않을까? 만화나 영화에서는 종종 만날 수 있는 장면이지만 현실적으론 불가능하다. 지금껏 많은 시도를 해왔지만 현재까지 가장 깊은 시추는 13km 정도에 불과하다. 깊이가 깊어질수록 온도가 급격히 상승하고 구멍을 뚫어도 다시 메워지기 때문에 더 깊이 뚫기가 어렵다.

그렇다고 포기할 수는 없는 일, 우리가 사는 지구의 안에 무엇이 있는지 알아내기 위해 쓰는 방법은 화산의 분출물을 조사하는 것이다. 화산이 폭발할 때면 지구 내부에 있는 물질들이 분출되어 나오기 때문에 지구 내부의 환경과 물질들을 직간접적으로 알 수 있다. 이 외에 지진파 분석이나 광물 합성 실험, 운석 연구 등도 지구 내부를 연구할 때 도움이 된다.

현재까지 연구 결과에 의하면 지구는 표면 아래의 지각부터 맨틀, 외핵, 내핵까지 4개의 층으로 구분되어 있다.

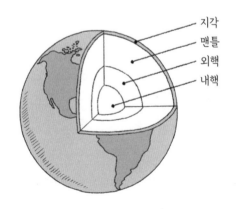

지각
맨틀
외핵
내핵

◇ **지각** | 지구 표면의 흙을 파면 나오는 단단한 암석층으로 가장 얇은 층이다. 대륙 지각은 평균 35km로 산맥의 경우는 60km에 이르기도 한다. 바닷속의 지각층을 해양 지각이라고 하는데 평균 5km 정도이다.

◇ **맨틀** | 지각 바로 아래에 있는 약 2,900km 깊이의 층으로 지구 전체 부피의 약 80%를 차지한다. 맨틀은 단단한 상부 맨틀과 젤리와 같은 말랑한 고체 상태인 하부 맨틀로 이루어져 있는데, 하부 맨틀에서는 온도의 변화 때문에 맨틀 대류라고 하는 물질의 느린 움직임이 있다.

◇ **외핵** | 2,900km부터 5,100km까지의 층으로 액체 상태의 금속으로 이루어졌다고 추정하고 있다.

◇ **내핵** | 깊이 5,100km부터 지구 중심(약 6,370km)까지를 이루는 층으로 철과 니켈로 구성된 고체 상태로 추정하고 있다.

지구가 이렇게 층상 구조인 이유는 지구가 생성되고 난 후 지구 전체가 아주 뜨거운 액체 상태일 때, 무거운 물질들은 지구 중심으로 가라앉고 가벼운 물질들은 위로 떠 올랐기 때문이다. 그래서 밀도를 살펴보면 내핵의 밀도가 가장 높고 그다음이 외핵, 맨틀, 지각의 순이다.

답 지구 표면의 지각을 뚫고 들어가면 맨틀이 나오고,
맨틀을 지나면 외핵, 내핵이 나온다.

지구의 구조

지구가 둥글다는 것은 어떻게 알 수 있을까?

요즘 아이들은 지구가 둥글다는 것을 어떻게 알 수 있냐는 질문을 오히려 이상하게 생각한다. 하지만 지구가 둥글다는 것을 인정하게 된 것은 사실 몇백 년밖에 되지 않았다. 2,300여 년 전에 아리스토텔레스가 월식 때 달에 비친 지구 그림자의 모습을 보면서 지구가 둥글다고 주장했으나 대부분의 사람은 지구가 넓고 편평한 땅이며 주변이 바다로 둘러싸여 있다고 믿었다.

실제로 지구가 둥글다는 것을 증명한 것은 탐험가들이었다. 바다의 끝은 절벽처럼 잘려 있어서 바다 멀리 가면 그 아래로 떨어질 것이라고 믿었던 시대에 지구가 둥글다는 것을 증명하는 가장 확실한 방법은 직접 지구를 한 바퀴 돌아보는 것이었다. 지구가 둥글다면 한 방향으로 계속 나아갔을 때 결국 제자리로 돌아오게 될 것이기 때문이다.

1519년 포르투갈 출신의 탐험가 페르디난드 마젤란이 지휘하는 240여 명의 탐험대는 지구를 한 바퀴 돌아 3년 후 출발점인 스페인으로 돌아와 지구가 둥글다는 것을 증명했다. 마젤란은 중간에 사망하고 돌아온 일행은 겨우 18명뿐인 힘든 여정이었다.

이후 사람들은 지구가 둥글다는 것을 믿게 되었지만 불과 몇십 년 전까지만 하더라도 지구가 둥글다는 증거로 가장 흔히 말하는 것이 바다에서 가까이 오는 배의 모습이었다. 수평선 너머에서 가까이 다가오는 배를 보면 처음에는 안 보이던 배가 수평선을 지나면서 배의 가장 꼭대기 부분부터 조금씩 아래의 모습이 보이게 된다. 지구가 편평하다면 배

전체의 모습이 작게 시작해서 점점 커져야 한다.

또한 높은 곳에 올라갈수록 점점 더 넓은 지역을 볼 수 있는 것도 지구가 둥글다는 증거이다. 지구가 편평하다면 높이와 관계없이 볼 수 있는 범위가 똑같아야 하기 때문이다.

하지만 요즘은 지구가 둥글다는 것을 사진으로 확인할 수 있다. 우주의 인공위성에서 찍은 지구의 사진을 보면 지구의 모습은 정말 푸른 구슬 모양이다. 이렇게 눈으로 확인하는 것보다 더 확실한 증거가 있을까? 실제로 요즘 초등학생용 교과서에서도 지구가 둥글다는 것은 인공위성 사진으로 확인 가능하다고 실려 있다.

➕ 지구가 완전히 동그랗지는 않다고?

지구는 둥글지만 완전히 동그란 공 모양은 아니다. 과학자들이 측정한 지구의 반지름은 적도를 기준으로 잘랐을 때 6,378km이지만 양극을 기준으로 잘랐을 때는 6,357km로 두 반지름 사이에 21km 정도의 차이가 있다. 위아래로 살짝 눌린 공 모양인 셈이다.

🔲 가장 확실한 증거는 우주에서 찍은 지구의 사진이다.

오스트레일리아의 크리스마스는 왜 더울까?

지구는 적도를 기준으로 북반구와 남반구로 나눈다. 이 둘의 차이점 중에서 가장 큰 것은 계절이다. 즉 북반구가 여름이면 남반구는 겨울이다. 그러니 북반구에 있는 우리나라의 크리스마스는 가장 추운 겨울이지만, 남반구에 있는 오스트레일리아의 크리스마스는 더운 여름이다. 산타클로스가 수영복을 입고 등장하는 것이 어울리는 것이다.

북반구와 남반구는 지구의 반대쪽에 위치하기 때문에 여러 면에서 다르다. 지구는 비스듬하게 기운 상태로 태양을 공전하므로 북반구에서는 해를 많이 받는 방향이 남쪽이지만 남반구는 해를 많이 받는 방향이 북쪽이다. 우리나라에서 집을 고를 때 남향을 선호한다면, 오스트레일리아에서는 북향을 선호한다.

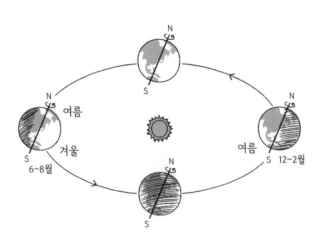

별자리와 달의 모습도 다르다. 북반구의 길잡이별은 북극성이지만 남반구의 길잡이별은 남십자성이고, 서로 볼 수 없는 별자리도 여럿 있다. 또한 달이 차고 이지러지는 모습도 반대다. 북반구는 달이 오른쪽부터 차올라 보름달이 되었다가 왼쪽으로 줄어들지만 남반구는 그와 반대 방향으로 차올랐다가 줄어든다. 그러니 과학 교과서의 내용도 다를 수밖에 없다.

북반구에서 태양이 동쪽으로 떠서 남쪽 하늘을 지나쳐 서쪽으로 간다면 남반구는 태양이 동쪽에서 떠서 북쪽 하늘을 거쳐 서쪽으로 움직인다. 그래서 해시계의 방향도 반대이다. 우리가 지금 흔히 쓰는 아날로그시계 방향은 북반구에서 사용하던 해시계의 방향을 그대로 옮겨 놓은 것이다. 하지만 남반구에서는 태양의 방향이 달라서 해시계를 만들면 반대 방향으로 움직인다.

또한 남반구는 북반구보다 바다의 비율이 훨씬 높다. 세계 지도만 봐도 쉽게 알 수 있지만 아시아와 유럽, 아프리카의 반 이상과 북아메리카와 남아메리카 일부가 북반구이고, 남반구는 오세아니아와 남아메리카, 아프리카 아래쪽뿐이다. 그러다 보니 남반구의 기후는 남극을 제외하고는 북반구보다 온화한 편이다. 물이 많다 보니 땅이 많은 북반구에 비해 기온의 변화가 심하지 않기 때문이다. 그래서 남반구의 겨울은 덜 춥다.

🗨 남반구에 있는 오스트레일리아는 북반구와 계절이 반대이기 때문에 크리스마스가 여름이다.

일식은 달이 가려지는 걸까,
해가 가려지는 걸까?

모두가 알다시피 태양은 움직이지 않고 스스로 빛을 내는 '항성(fixed star, 恒星)'이다. 반면 지구는 스스로 빛을 내지 못하고 항성 주위를 도는 '행성(planet, 行星)'이며, 달은 행성 주위를 도는 '위성(satellite, 衛星)'이다.

지구는 태양의 주위를 돌고, 달은 지구의 주위를 돈다. 그렇게 돌다 보면 가끔 태양과 지구와 달이 한 줄로 나란히 위치할 때가 있다. 이때 지구의 그림자가 달을 가리는 것을 '월식(月蝕)', 달 그림자가 태양의 표면을 가리는 것을 '일식(日蝕)'이라고 한다. 헷갈린다면 한자를 떠올려 보자. 월식은 달을 뜻하는 '월(月)' 자가 있으니 달이 가려지는 것이고, 일식은 태양을 뜻하는 '일(日)' 자가 있으니 태양이 가려지는 것이다.

월식은 '태양-지구-달'이 일직선에 있을 때 나타난다. 달은 태양의 빛을 받아 빛나는 것처럼 보이는 것인데, 지구의 그림자가 달을 가리면 빛을 받지 못하여 그 부분이 보이지 않게 된다. 그러니 달이 사라지는 것이 아니라 지구에서 볼 수 없다는 표현이 더 정확할 것이다. 지구가 달보다

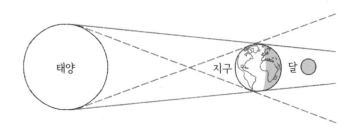

크기 때문에 월식은 진행 시간이 길다. 달이 완전히 보이지 않는 '개기월식'은 약 100분 동안 나타나며 어느 곳에서나 관측할 수 있다.

일식은 '태양 – 달 – 지구'가 일직선에 있을 때 나타난다. 달의 그림자가 태양의 일부만 가리는 경우는 '부분일식', 태양을 완전히 가리는 경우는 '개기일식'이라고 한다. 개기일식 중에서도 지구에서 달까지의 거리가 상대적으로 멀어지고, 태양까지의 거리가 다소 가까워지면서 달그림자 주위로 태양 빛이 고리 모양으로 남는 경우를 '금환식'이라고 한다. 일식은 자주 나타나지 않는 데다가 달의 그림자가 생기는 지역에서만 볼 수 있으니 개기일식이나 금환식은 더 보기 힘들다.

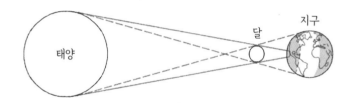

➕ 달의 공전 주기는 정확하게 며칠일까?

달의 공전과 자전 주기는 27.3일로 같다. 그런데 달이 지구를 한 바퀴 도는 동안 지구도 태양을 돌기 때문에 달이 한 번 기울었다가 다시 차는 데 걸리는 시간은 29.5일이다. 그래서 음력 한 달은 29일과 30일이 번갈아 있다.

🄰 일식은 달의 그림자가 해를 가리는 것이다.

달의 모습이 바뀌는 것은 공전 때문일까, 자전 때문일까?

매일 같은 시간에 달을 올려 봐도 달의 모습은 매일 다르다. 이렇게 달의 모습이 바뀌는 이유는 달이 지구를 공전하기 때문이다. 지구가 태양의 주위를 돌며 1년에 한 바퀴씩 공전하는 것처럼 달은 음력 한 달을 주기로 지구의 주위를 한 바퀴씩 돈다.

그런데 우리가 보는 달의 모양은 왜 매일 바뀌는 걸까? 앞서 얘기한 대로 달은 태양이나 다른 별들과는 다르게 스스로 빛을 내지 못한다. 밤하늘에서 달이 빛나 보이는 것은 태양의 빛을 받아서 그 빛을 반사하기 때문이며 우리가 보는 달의 모습은 태양의 빛을 받는 부분만 보는 것이다. 달이 지구의 주위를 돌다 보니 지구에서 보는 각이 매일 달라지고 보이는 부분도 매일 달라진다. 이렇게 우리 눈에 보이는 달의 모습을 '달의 위상'이라고 하고, 달라지는 모습을 '달의 위상 변화'라고 한다.

달이 지구와 태양 사이에 정확하게 위치할 때는 달이 보이지 않는다. 이날이 음력 1일이다. 이후 오른쪽이 조금 보이는 초승달이 되었다가 오른쪽 반이 보이는 상현달이 되고, 그러다 달이 완전히 지구의 뒤쪽으로 와서 태양 빛을 받는 부분이 다 보이는 보름달이 되는데, 이때가 음력 15일 경이다.

그리고 나면 다시 달의 오른쪽부터 조금씩 작아지기 시작해서 음력 22~23일 경이면 왼쪽 반만 보이는 하현달이 되고, 점점 줄어들다가 왼쪽 끝부분만 살짝 보이게 되는데 이때가 그믐달이다.

달의 위상 변화

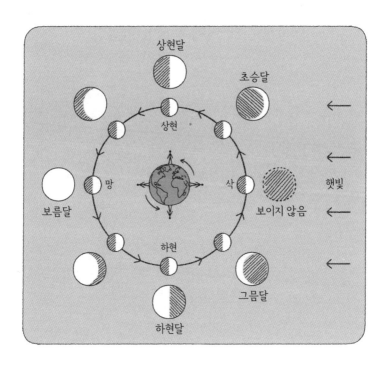

➕ 지구에서는 달의 앞면밖에 보지 못한다고?

달은 공전 주기와 자전 주기가 같기 때문에 지구에서는 달의 한쪽 면만을 보게 된다. 그래서 우리가 보는 면을 '달의 앞면', 안 보이는 면을 '달의 뒷면'이라고 부른다.

답 달의 모습이 바뀌는 것은 달의 공전 때문이다.

명왕성은 왜 이제 행성이 아닐까?

우리가 어렸을 때 태양계에는 태양과 그 주위를 도는 9개의 행성이 있다고 배웠다. '수금지화목토천해명'이라고 행성의 이름을 하나로 묶어 외웠던 기억도 있다. 그러나 2006년 국제천문연맹의 행성 분류법이 바뀌면서 명왕성은 행성의 지위를 잃게 되었고, 지금은 '왜소행성(dwarf planet)'으로 분류되어 명왕성 대신 '134340 플루토'라는 이름을 가지게 되었다.

태양계의 행성이 되려면 어떤 조건을 갖추어야 할까? 2006년 국제천문연맹에서 정한 행성 분류법을 보면, 행성이 되려면 태양을 중심으로 독립된 공전 궤도를 가지고 있어야 하며, 구형에 가까운 모양을 유지할 수 있는 질량이 있어야 하고, 공전 궤도 주변의 천체를 끌어당길 정도의 중력이 있어야 한다.

다른 8개의 행성은 이 조건에 문제가 없었지만, 명왕성의 경우는 크기가 달의 3분의 2 정도밖에 되지 않을 정도로 작고, 질량도 작으며, 주변의 다른 천체를 끌어당길 수 있을 정도의 중력도 가지고 있지 못하다. 또한 명왕성의 공전 궤도는 다른 행성의 공전 궤도가 원 모양에 가까운 것에 비해 긴 타원형이라 해왕성의 궤도 안쪽으로 들어가기도 하고, 궤도면도 다른 행성에 비해 많이 기울어져 있어 행성이 아닌 왜소행성이 된 것이다.

그렇다면 태양계는 태양과 행성으로만 이루어진 것일까? 그것은 아니다. 태양계에서 가장 중요한 것은 태양이지만 태양의 주위를 공전하는 8개의 행성, 각 행성의 주위를 돌고 있는 달과 같은 위성, 명왕성과 같은 2,000여 개의 왜소행성, 화성과 목성 사이에 있는 소행성, 오랜 기간에 걸쳐 멀리 갔다가 돌아오는 혜성, 그리고 아주 작은 천체인 유성 등이 모두 태양계를 구성하는 식구들이다.

천문학자들은 이 외에도 태양계에 속하는 다른 천체나 9번째가 될 행성을 계속 찾고 있다. 그러나 명왕성까지도 너무 멀기 때문에 태양계의 바깥쪽에 어떤 것들이 있는지 아직 정확하게 알지 못한다. 미국 나사에서 보낸 탐사선 뉴호라이즌스가 명왕성에 도착한 것도 출발 후 9년이 걸릴 정도로 긴 여행이었다. 그러니 앞으로 태양계에서 어떤 천체가 발견될지는 아직 알 수 없다.

➕ 태양계에 별은 하나라고?

천문학에서 별이란 스스로 빛을 내는 항성을 말한다. 태양계에서 스스로 빛을 낼 수 있는 별은 태양 하나밖에 없으니 별은 하나뿐이다. 아주 깨끗한 밤하늘에서는 약 6,000개 정도의 별이 보이는데, 이 별들은 모두 멀리 있는 항성이라고 생각하면 된다. 우리 은하에는 1,000억 개 정도의 항성이 있을 것으로 추정되며, 대우주 안에는 외부은하가 또 1,000억 개가량 있을 거라 하니 별의 수는 정말로 무한대가 아닐까?

🔠 다른 행성에 비해 크기도 질량도 작고, 공전 궤도도 다르기 때문이다.

태양계

지구에 있는 원소는 몇 가지일까?

사람들은 아주 옛날부터 세상을 이루는 기본 성분에 대해 고민해 왔다. 기원전 고대 그리스 철학자인 탈레스나 아리스토텔레스 때부터 고민의 기록이 남아 있는데, 당시에는 원소를 만물을 이루는 근원으로 여겼다.

현대적인 원소의 개념이 정립된 것은 17세기 영국의 과학자 보일에 의해서이다. 그는 원소를 '다른 물질로 분해되지 않으면서 물질을 이루는 기본 성분'이라고 정의했다. 예를 들어 물(H_2O)은 수소(H)와 산소(O)로 분해되기 때문에 원소가 아니며, 물이 분해된 수소(H)와 산소(O)가 원소이다. 원소는 각각 고유한 성질을 가지고 있으며 화학적·물리적 변화가 있더라도 다른 원소로 변하거나 분해되지 않는다.

지금까지 알려진 원소는 118가지이다. 이 중 94종은 자연계에서 발견된 원소이지만, 나머지는 실험실에서 생성된 원소이다. 원소는 이처럼 생성이 가능하기 때문에 앞으로 다른 원소가 더 만들어질 가능성도 있다. 원소들은 헬륨, 염소, 칼륨처럼 각각의 이름을 가지고 있는데, 간단하게 원소 기호로 표기한다. 이름의 첫 자를 알파벳 대문자로 표시하는데, 첫 글자가 같은 원소가 있으면 중간 글자를 택하여 소문자로 덧붙인다. 예를 들어 수소는 Hydrogen에서 H를 사용하고, 헬륨은 Helium에서 He를 원소 기호로 사용한다.

🔟 현재까지 알려진 원소는 모두 118개이지만 더 늘어날 수 있다.

물질을 쪼개고, 또 쪼개면 무엇이 남을까?

물질을 쪼개고, 쪼개고, 또 쪼개면 어떻게 될까? 결국은 더는 쪼개지지 않는 무언가가 남지 않을까? 과학자들은 이렇게 물질을 마지막까지 쪼개서 남는 물질의 가장 기본이 되는 요소를 '원자(atom)'라고 부른다. 이 이름은 고대 그리스의 철학자 데모크리토스가 사용한 것으로 '더 쪼갤 수 없다'라는 의미이다.

원자를 연구하던 초기에는 원자가 물질의 기본 요소이면서 더 쪼개지지 않는다고 생각했다. 그러나 과학이 발전하면서 원자는 다시 '원자핵'과 '전자'로 구성된다는 것이 밝혀졌다. 하지만 원자핵과 전자가 다시 분리되어 존재하는 것은 아니므로 물질의 기본은 원자라고 할 수 있다.

원자의 내부는 대부분 비어 있는데 (+) 전하를 띤 원자핵이 그 중심에 있고 (-) 전하를 띤 전자가 원자핵 주위를 둘러싸고 움직인다. 그리고 원자핵은 (+) 전하를 띤 양성자와 전하를 띠지 않는 중성자가 결합한 것이다. 흔히 원자라고 할 때 생각나는 공이 여럿 뭉친 것 같은 모형은 양성자와 중성자가 뭉친 원자핵의 모습이다.

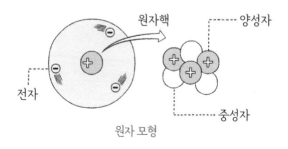

원자 모형

원자

원자는 사실 눈은 고사하고 현미경으로도 볼 수 없을 정도로 작다. 원자의 지름은 100억 분의 1m 정도밖에 되지 않기 때문이다. 그래서 원자의 모습은 구조를 설명하는 원자 모형으로 대신하곤 한다.

➕ 원자의 힘을 이용한 핵폭탄

원자는 보이지 않을 정도로 작지만 엄청난 힘을 발휘한다. 우라늄(U)과 같이 원자번호가 큰 원소의 원자핵에 중성자를 충돌시키면 원자핵이 분열되면서 엄청난 열에너지를 내게 되기 때문이다.

현대 과학은 이 핵분열 반응을 이용한 에너지를 사용하고 있는데, 대표적인 것이 원자력 발전과 원자폭탄이다. 원자력 발전은 우라늄이나 플루토늄의 원자핵을 깨뜨릴 때 나오는 에너지로 터번을 돌려 전기를 생산하는 것으로, 불과 1g의 우라늄으로 석탄 3t과 맞먹는 에너지를 얻을 수 있다.

원자폭탄도 우라늄과 플루토늄을 사용하는 것으로 흔히 핵폭탄이라고 부른다. 원자폭탄이 터지면 엄청난 양의 열에너지와 폭풍 방사능이 발생하여 주변의 구조물을 파괴하고 화상과 방사선 중독을 일으킨다. 1945년 일본에 투하된 2개의 핵폭탄이 제2차 세계대전을 끝내는 결정적 역할을 했으니 그야말로 엄청난 파괴력을 가진 것이다.

🔳 물질을 이루는 기본 요소인 원자가 남는다.

물과 과산화수소는 둘 다
수소와 산소로 이루어졌는데 왜 다를까?

물질을 이루는 기본 요소는 원자이지만, 물질을 구성하는 최소 단위는 분자라고 한다. 아르곤(Ar)처럼 원자 하나가 분자인 경우도 있고, 산소(O_2)처럼 같은 원자 여럿이 모여 분자가 되거나, 수소 원자 2개와 산소 원자 1개로 이루어진 물(H_2O)처럼 다른 원자가 결합하여 분자가 될 수도 있다. 이들의 특징은 모두 물질의 고유한 성질을 나타내는 가장 작은 알갱이라는 것이다.

이제 물과 과산화수소를 살펴보자. 물의 분자식은 H_2O로 수소 2개와 산소 1개, 과산화수소의 분자식은 H_2O_2로 수소 2개와 산소 2개가 결합한 것이다. 산소 1개의 차이지만 물과는 달리 과산화수소는 강한 산화력을 가지고 있다. 이렇게 같은 원소로 구성되어 있어도 개수나 배열이 달라지면 다른 성질을 가진 물질이 된다.

분자는 아주 작은 알갱이여서 현미경으로도 잘 보이지 않으며, 분자들끼리 결합해야 제대로 된 물질이 된다. 그래서 분자와 분자 사이의 간격이 떨어져 있는 기체는 관찰이 어려우며, 액체와 고체처럼 분자들이 가깝게 붙어 있어야 관찰이 가능하다.

답 분자를 구성하는 산소 원자의 수가 다르기 때문이다.

분자

슬라임은 액체일까, 고체일까?

조몰락조몰락 만지며 놀기 좋은 슬라임은 딱딱한 고체와는 달리 만지는 대로 모양이 바뀌지만 액체처럼 주르륵 흐르지는 않는다. 그렇다면 슬라임은 고체일까, 액체일까?

물질의 상태에 대한 정의에 의하면 고체는 부피와 모양이 일정한 형태를 유지하고 있어서 모양이 다른 용기에 옮겨 담아도 부피나 모양이 변하지 않는다. 또, 외부에서 힘을 가할 경우 부서지거나 쪼개지며, 흐르는 성질이 없어서 손으로 잡거나 옮길 수 있다. 반면 액체는 부피는 일정하지만 모양은 쉽게 변하기 때문에 담긴 용기에 따라 모양이 변한다. 또, 흐르는 성질이 있어 손으로 잡거나 옮기기 어렵다.

그러나 이 둘을 구분하는 본질적인 차이는 분자 배열에 있다. 같은 물질이라도 상태에 따라 분자 배열이 다른데, 고체는 분자가 일정 간격으로 배치되어 있으며, 서로가 강제적인 힘으로 결합하여 거의 움직이지 못한다. 하지만 액체는 배열이 일정하지 않고, 자리가 정해져 있는 것도 아니어서 자유롭게 이동이 가능하고 힘을 가하면 모양이 바뀐다. 그래서 고체와 액체를 구분하는 가장 큰 특징은 유동성의 유무이다.

이런 물질의 상태 구분을 이해하고 관찰하면 슬라임은 액체의 특징이 크다. 부피는 변하지 않지만 힘을 가하면 모양이 쉽게 변하고 일반적인 액체와는 다르긴 하지만 흘러내린다. 이것은 슬라임이 액체처럼 분자 배열이 자유롭기 때문이다.

그렇다고 해도 슬라임을 액체로 단정하기는 어렵다. 물처럼 주르륵 흐르지는 않기 때문이다. 그래서 슬라임이나 젤리처럼 아주 작은 분자들이 퍼져 있는 상태를 편의상 '콜로이드'라고 부른다. 콜로이드는 다시 '겔'과 '졸'로 구분할 수 있는데, 젤리처럼 반고체 상태인 것은 '겔', 끈끈하고 찐득한 액체에 가까운 것은 '졸'이라고 한다.

➕ 기체의 상태

고체와 액체, 기체는 외형적 성질만으로도 눈에 띄는 차이를 보이지만, 물질의 상태를 구분하는 본질적인 성질은 각 상태별로 다른 분자 배열에 있다. 기체는 일정한 부피나 일정한 모양을 가지고 있지 않다. 용기를 옮겨 담으면 모양도 부피도 변하며, 사방으로 퍼져 나가는 성질이 있고, 압축도 잘 되기 때문에 크기와 관계없이 어떤 용기든 채울 수 있다. 기체의 분자 배열이 자유롭고 결합력이 약하기 때문이다.

🔲 슬라임은 콜로이드로, 액체에 가깝다.

물질의 상태

소금물은 물보다 빨리 끓을까, 늦게 끓을까?

시금치를 데칠 때 끓는 물에 소금을 넣으면 잎의 색이 선명해져서 먹음 직스러워진다. 그런데 물을 끓일 때 처음부터 소금을 넣고 끓이는 게 빠를까, 그냥 끓이는 게 더 빠를까?

순수한 물은 0°C에서 얼고 100°C에서 끓는다. 그런데 소금물은 '순물질'이 아니라 물과 소금을 섞어 놓은 '혼합물'이다. 순물질은 끓는점과 녹는점, 어는점이 일정하지만 혼합물은 그렇지 않다.

혼합물은 보통 순물질보다 낮은 온도에서 얼기 시작하고, 상태가 변하는 동안에도 온도가 낮아진다. 끓을 때도 순물질보다 더 높은 온도에서 끓기 시작하고, 변하는 동안에도 온도가 계속 올라간다. 혼합물은 어는점이나 끓는점이 일정하지 않다는 말이다.

물질의 상태가 변하려면 분자 결합 배열이 달라져야 하는데, 소금물과 같은 혼합물의 경우 물에 녹아있는 소금이 물이 기체로 변하는 것을 방해한다. 그래서 물 분자의 결합을 끊으려면 더 많은 열이 필요하기 때문에 끓는점이 올라가게 된다. 또한 소금물은 물보다 어는점이 낮기 때문에 바닷물의 경우, 아무리 추워도 쉽게 얼지 않는다.

답 소금물은 물보다 늦게 끓는다.

산과 염기를 가르는 pH7은 무슨 의미일까?

산은 물에 녹았을 때 산성을 나타내는 물질로 신맛이 나고 금속이나 대리석 등에 닿으면 거품을 내며 부식시킨다. 염기는 물에 녹았을 때 염기성을 나타내는 물질로 맛이 쓰고 만졌을 때 미끈미끈하다.

어떤 용액이 산성인지, 염기성인지, 그 농도가 어느 정도인지 나타낼 때는 'pH'를 쓴다. pH는 일정한 양의 용액에 수소 이온(H+)이 얼마나 들어 있는지를 수치로 나타낸 것으로, pH 수치가 7 이하로 작아질수록 더 강한 산성이고, pH 수치가 7 이상으로 커질수록 더 강한 염기성이다.

참고로 우리 몸에서 눈물과 혈액은 pH7.4 정도의 약한 염기성이며, 피부는 pH5.5 정도의 약산성, 오줌은 pH5~6 정도의 약산성이다. 또한 우리가 먹는 음식을 소화하는 위액은 pH1.0 정도의 강산성이다.

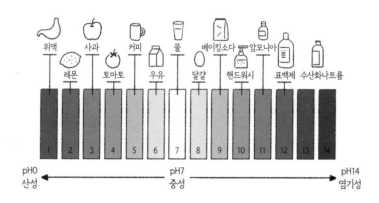

🅳 pH7은 중성을 나타내는 수치로, 물의 pH 수치이다.

소화기는 어떻게 불을 끌까?

연소는 어떤 물질이 산소와 반응해 빛과 열을 내는 현상이다. 따라서 불이 나려면 '탈 물질(연료), 산소, 발화점보다 높은 온도', 이렇게 세 가지 조건이 충족되어야 하며, 반대로 불을 끄려면 이 세 가지 조건 중 한 가지 이상을 제거해야 한다.

화재 진압이나 불을 끄는 행동은 모두 연소의 3가지 조건을 제거하는 행동이다. 양초를 끌 때 컵으로 덮는 것은 산소를 차단하는 것이며, 가스레인지의 밸브를 잠그는 것은 탈 물질인 연료를 차단하는 것, 물을 붓는 것은 온도를 낮추는 것이다. 산불이 났을 때 맞불을 놓기도 하는데 이는 더 이상 탈 것이 없도록 탈 물질을 제거하는 방법이다.

불을 끄는 소화기도 불에 타지 않는 물질로 만든 거품이나 가루를 분사하여 불이 난 곳을 덮어서 산소를 차단한다. 포말소화기는 이산화탄소와 수산화알루미늄 거품으로 산소를 차단하는 것으로 일반 화재에 적합하다. 분말소화기는 탄산수소나트륨 분말을 뿌려 산소를 차단하는 것으로 유류, 전기, 화학 약품 화재에 적합하다. 이산화탄소 소화기는 압축된 액화 이산화탄소를 뿜는데, 이산화탄소가 영하 80도의 드라이아이스로 변해서 산소 차단과 함께 냉각 효과를 내어 불을 끈다.

답 산소를 차단하거나 온도를 낮춰서 불을 끈다.

튀김에 적합한 식용 기름은?

불과 십여 년 전만 해도 식용유는 콩기름, 참기름, 들기름 등 몇 가지 종류에 불과했다. 그러나 요즘은 식용유의 종류가 너무 많아져 선택을 어렵게 한다.

일상적인 요리에는 두루 콩기름을 써도 별문제가 없지만, 튀김 요리를 할 때는 식용유의 선택에 주의를 기울이는 게 좋다. 기름을 높은 온도로 오래 가열하면 영양분이 파괴될뿐더러 독성을 가진 화학 물질이 발생할 수 있기 때문이다. 기름을 가열할 때 연기가 나면서 성분이 변하는 온도를 '발연점'이라고 하는데, 기름 별로 발연점이 다르므로 이를 알아두고 사용하면 해로운 성분을 줄일 수 있다.

튀김은 보통 180℃ 전후에서 조리하므로 발연점이 200℃가 넘는 식용유, 즉 정제 콩기름(232℃), 포도씨유(216℃), 아몬드유(220℃), 홍화씨유(266℃), 아보카도 오일(270℃) 등을 사용하는 것이 좋다.

반대로 아마씨유(107℃), 비정제 해바라기씨유(107℃), 비정제 옥수수유(160℃), 코코넛 오일(177℃), 참기름(177℃) 등 발연점이 낮은 기름은 샐러드나 무침, 가볍게 데쳐 먹는 요리에 사용하는 것이 좋다.

올리브 오일은 튀김에 적합하지 않다고 알려져 있으나, 압착 방식이나 그 품질에 따라 발연점이 160℃부터 240℃까지 다양하므로 이를 고려하여 사용하면 된다.

답 튀김에는 발연점이 높은 기름이 적합하다.

발연점

냉장고는 어떻게 온도를 낮게 만들까?

물질은 고체나 액체, 기체 상태로 존재한다. 그리고 상태가 변할 때면 열을 흡수하거나 방출한다. 물을 예로 들어보자. 고체인 얼음이 녹아 물이 되거나 액체인 물이 증발하여 수증기가 될 때는 열을 흡수하고, 수증기가 액화하여 물이 되거나 물이 응고되어 얼음이 될 때는 열을 방출한다. 그중 액체가 기체로 변하는 것을 '기화', 이때 흡수하는 열을 '기화열'이라고 한다.

냉장고는 이 기화열의 특성을 이용한 전자제품이다. 냉장고 안에는 증발기와 응축기가 있는데, 증발기에서는 액체 냉매가 기화하면서 열에너지를 흡수하여 냉장고 안의 저장실을 냉각시키고, 응축기에서는 반대로 기체가 된 냉매를 액화하면서 흡수한 열을 발산한다. 그래서 저장실은 저온 상태를 유지하는 반면, 냉장고 뒤쪽은 항상 따뜻한 것이다.

초창기 냉장고의 냉매로는 에테르와 암모니아를 사용하다가 1930년부터는 인체에 무해하고 폭발성이 없는 안전한 프레온으로 대체되었다. 하지만 프레온가스가 오존층을 파괴한다는 것이 알려진 이후 1985년의 빈 조약과 1987년의 몬트리올 의정서에 의해 우리나라에서는 프레온가스 제조와 수입이 모두 금지되었다. 따라서 현재는 프레온가스 대신 천연가스와 이산화탄소를 이용한 냉매를 사용하고 있다.

답 주변의 열을 흡수하는 기화열의 성질을 이용하여 차갑게 유지한다.

사과는 왜 아래로 떨어질까?

사과나무에서 떨어지는 사과를 보고 '사과는 왜 위나 옆으로 떨어지지 않고 아래로 떨어질까?'를 고민하던 과학자가 있다. 그가 바로 뉴턴이다. 많은 이들이 기억하고 있는 내용은 딱 여기까지이다. 그러나 사실 뉴턴의 관심은 사과가 아니라 달에 있었다.

'사과는 지구가 끌어당겨 떨어지는데, 달은 지구가 끌어당기지 않을까?' 뉴턴은 중력에 대한 생각을 우주로 넓혔고, 그 결과 모든 별과 별이 서로를 끌어당길뿐더러 모든 물체가 서로를 끌어당긴다는 '만유인력'의 존재를 법칙으로 증명해냈다. 만유인력의 법칙에 따르면 '질량이 클수록 다른 물체를 끌어당기는 힘이 세지고, 두 물체 사이의 거리가 멀어질수록 끌어당기는 힘이 약해진다.' 지구가 지구 중심으로 사과를 잡아당기는 힘, 즉 중력도 만유인력에 속하며, 사과가 지구를 잡아당기는 힘 역시 만유인력에 속한다.

인류 역사상 가장 위대한 과학자로 일컬어지는 아이작 뉴턴은 만유인력의 법칙뿐 아니라 운동의 세 가지 법칙, 즉 '관성의 법칙, 가속도의 법칙, 작용 반작용의 법칙' 역시 과학적으로 정리해냈다. 이 모든 발견을 불과 25세에 18개월 동안 해냈으며, 이 외에도 미적분을 개발하고, 빛의 성질까지 알아냈으니, 그야말로 위대한 과학자가 아닐 수 없다.

답 지구의 중력이 끌어당기는 힘 때문에 아래로 떨어진다.

몇천 톤의 배가 물에 뜨는 이유는?

물보다 가벼워야 물에 뜰 수 있다면, 쇳덩어리로 만들어진 무거운 배는 당연히 물에 뜰 수 없을 것이다. 하지만 드넓은 바다에는 몇천 톤에 이르는 유조선과 화물선들이 돌아다니고 있다. 이들에게는 위쪽으로 작용하는 '부력(浮力)'이 배의 무게보다 커서 배를 위로 밀어 올리고 있기 때문이다.

과학에서 '힘'은 여러 작용을 한다. 앞에서 다룬 만유인력이나 부력이 그 대표적인 예이며, 공을 눌러서 모양을 변하게 한다거나 물건을 밀어서 움직이게 하는 것도 모두 힘의 작용이다. 이 외에도 우리 주변에는 알게 모르게 작용하는 힘이 여럿 있다.

◇ **부력** | 물속에 잠긴 물체는 중력과 반대 방향(위쪽)으로 물체를 밀어 올리는 힘을 받게 되는데, 이 힘을 '부력'이라고 한다. 물체가 물속에 잠기면 부력이 물체를 밀어내는 것만큼 물체도 물을 밀어내게 되는데, 이때 물체의 무게가 부력보다 더 크면 물속에 가라앉고, 물체의 무게가 부력보다 같거나 작으면 물이 밀어 올리는 힘 덕분에 물에 뜨게 된다.

◇ **마찰력** | 두 물체가 맞닿아 있을 때 두 물체 사이에 작용하는 힘으로, 물체의 운동을 방해하는 힘이다. 바닥이 울퉁불퉁한 신발을 신었을 때 잘 미끄러지지 않는 것이 바로 마찰력을 이용한 것이다. 마찰력은 접촉면이 거칠수록, 물체의 무게가 무거울수록 크기가 커진다.

◇ **탄성력** | 고무줄이나 용수철처럼 힘을 가해서 모양을 변하게 하면 원래의 모양으로 돌아가려고 하는데 이 성질을 '탄성'이라고 한다. 그리고 탄성을 가진 물체가 원래의 모양으로 되돌아가려고 할 때 작용하는 힘을 '탄성력'이라고 한다. 탄성력은 반드시 원래 가해진 힘의 방향과 반대 방향으로 작용하며, 원래의 힘과 탄성력의 크기는 서로 같다. 또한 탄성체의 변형 정도가 클수록 탄성력도 커진다.

◇ **전기력** | 풍선을 헝겊에 문지르면 종이가 달라붙는다. 두 물체를 마찰시키면 한 물체는 (+) 전기, 다른 물체는 (−) 전기를 띠게 되기 때문이다. 이를 '마찰전기'라고 하며, 이렇게 전기를 띤 물체 사이에 작용하는 힘을 '전기력'이라고 한다. 다른 전기 사이에서 서로 당기는 것을 '인력', 같은 전기 사이에서 서로 미는 것을 '척력'이라고 한다. 전기력은 두 물체 사이가 떨어져 있어도 작용하지만 거리가 가까울수록, 그리고 물체가 띤 전기의 양이 많을수록 커진다.

◇ **자기력** | 자기력은 자석에 의해 작용하는 힘을 말한다. 자석과 자석 사이, 또는 자석과 쇠붙이 사이에서 밀거나 당기는 힘이 바로 '자기력'이다. 자기력도 전기력처럼 인력과 척력이 있는데, 서로 당기는 인력은 자석의 다른 극 사이에서, 서로 밀어내는 척력은 같은 극 사이에서 작용한다.

답 물이 물체를 밀어 올리는 부력 덕분에 물에 뜬다.

SPF30에서 숫자의 의미는?

흔히 햇빛은 지구에 닿는 태양에너지 중에서 '가시광선(visible light, 可視光線)', 즉 눈에 보이는 빛을 일컫는다. 가장 대표적인 색이 '빨주노초파남보', 일명 무지개색이다. 그런데 프리즘을 통해 빛이 가지고 있는 색을 분산해서 보면 사람이 구분할 수 있는 가시광선을 기준으로 해도 200가지가 넘는 색이 드러난다.

햇빛에는 눈에 보이는 부분인 가시광선뿐만 아니라 눈에 보이지 않는 빛의 종류도 많다. 빨간색의 바깥쪽에 있는 '적외선'은 가시광선보다 파장이 긴 빛이며, 보라색의 바깥쪽에 있는 '자외선'은 가시광선보다 파장이 짧은 빛이다.

적외선은 물체에 닿으면 열 반응을 일으켜 온도가 상승하는데, 태양에서 오는 복사에너지의 대부분은 적외선에서 나오기 때문에 가열이나 난방, 건조 등에 많이 이용된다. 또한 가시광선과는 다른 투과성과 반사율을 가지고 있어서 항공사진, 원거리나 야간 촬영, 적외선 감시 장치 등에도 다양하게 이용한다.

자외선은 살균 작용이 있어 살균 소독기에 사용한다. 또한 자외선 B가 피부에 닿으면 비타민 D를 만들어내므로 적당한 노출이 권장된다. 하지만 지나치게 노출되면 피부암이나 백내장을 유발할 수 있기 때문에 자외선 차단제를 사용하는 경우가 많다.

선블록이나 파운데이션 등을 보면 SPF30, SPF50과 같은 지수가 표기되어 있는데 'SPF(Sun Protection Factor)'는 일광화상의 원인이 되는 자외선 B의 차단 효과를 나타내는 자외선 차단 지수이다. 'SPF30'은 자외선 차단제를 바르면 이론적으로 아무것도 바르지 않았을 때보다 30배의 시간이 걸려야 '홍반(피부가 붉게 변하는 상태)'이 생긴다는 것을 뜻한다. 따라서 숫자가 클수록 자외선이 더 많이, 더 잘 차단된다. 'PA(Protection grade of UVA)'는 자외선 A의 차단 효과를 나타내는 지수로 PA+, PA++, PA+++ 등으로 나타낸다. + 기호가 늘어날수록 차단력이 2배씩 증가하는데 예를 들어 PA+++의 경우 사용하지 않았을 때보다 8배 이상 차단 효과가 있다. 그렇다고 높은 지수가 무조건 좋다는 것은 아니다. 지수가 커질수록 자외선 차단 성분이 많이 들어가서 피부 문제를 일으킬 수 있기 때문이다.

➕ 공중에서 보는 무지개의 모양은?

비 온 뒤에 보이는 무지개는 햇빛이 공기 중의 물방울을 통과하면서 여러 가지 색으로 나누어진 모습이다. 우리가 땅 위에서 올려다보는 무지개는 보통 반원 모양을 하고 있어서 '무지개다리'라는 표현을 사용하기도 하지만, 무지개의 원래 모습은 원 모양이다.

원 모양인 무지개가 반원으로 보이는 것은 지면에 일부가 가리기 때문이다. 그래서 땅에서 보는 무지개는 반원이지만 높은 산에 올라가서 보면 거의 원에 가까운 모습을 볼 수 있고, 비행기에서 내려다보면 완전한 원 모양의 무지개를 볼 수 있다.

답 자외선 B의 차단 효과를 나타낸다.

빛

멀리 가면 거꾸로 보이는 거울은?

거울에 우리의 모습이 비치는 것이 빛의 반사 때문이라는 것은 다들 알고 있는 사실이다. 그러나 사실 빛의 반사는 거울에서만 일어나는 것이 아니라 우리가 사물을 볼 수 있는 것 역시 모두 빛의 반사 덕분이다.

빛이 어딘가에 닿으면 일부는 흡수되고 일부는 반사된다. 그렇게 반사된 빛이 눈에 들어오면 우리는 그것을 '볼 수 있게' 된다. 예를 들어 빨간색 꽃은 그 꽃에 닿은 빛 중 빨간색만 반사되어 우리 눈에 들어오기 때문에 빨간색으로 보이는 것이다.

거울은 이런 빛의 반사를 확실하게 보여 주는 물체이다. 다른 사물들이 빛의 일부만 반사해서 보이는 모습이라면 거울은 닿은 빛을 모두 다 반사해서 보여 주기 때문에 반대편 모습이 정확히 보인다.

거울에는 몇 가지 종류가 있는데 평소 우리가 사용하는 거울은 거울 면이 평평한 평면거울이다. 평면거울은 빛을 그대로 반사하기 때문에 좌우가 바뀌는 것 외에는 실물과 차이가 없다. 그래서 욕실이나 무용실의 벽면 거울 등 그대로 비춰 보이는 모습이 필요한 곳에서 쓰인다.

오목거울은 거울 면이 안쪽으로 오목하게 들어가는 거울로 가까이서 비춰보면 실물보다 크게 보인다. 그러나 멀어질수록 비치는 상이 점점 작아지다가 어느 순간 거꾸로 뒤집어져 보인다. 오목거울은 가까이 있으면 상이 커 보이기 때문에 입안을 자세히 들여다보는 치과용 거울이나 얼굴을 크게 비추는 미용 거울로 활용하며, 오목한 면으로 빛을 모을 수 있어서 망원경이나 등대에서도 사용한다.

볼록거울은 거울 면이 바깥쪽으로 볼록하게 나와 있는 거울로 실물보다 작게 보이지만 더 넓은 범위를 비출 수 있다. 그래서 구부러진 도로 모퉁이에 있는 안전 거울이나 차의 뒤를 넓게 볼 수 있는 사이드미러는 볼록거울을 사용한다.

➕ 볼록렌즈와 오목렌즈

거울이 빛의 반사 현상을 이용했다면 안경에 사용하는 렌즈는 빛이 다른 물질을 만나 꺾이는 현상인 굴절을 이용한 것이다. 볼록렌즈는 가운데가 볼록한 렌즈로 가까이 있는 물체는 크고 똑바로 보이지만 멀리 있는 물체는 작고 거꾸로 보인다. 주로 가까이 있는 물체를 크게 볼 때 사용하므로 노안이나 원시를 교정하는 안경에 쓰인다. 반대로 오목렌즈는 가까이 있는 물체를 보면 작아 보이지만 멀리 있는 물체를 보면 작아도 더 선명하게 보인다. 그래서 물체가 멀어질수록 흐릿하게 보이는 근시를 교정할 때 쓴다.

답 오목거울은 멀리 가면 모습이 거꾸로 뒤집힌다.

섭씨 0도와 100도는 화씨 몇 도일까?

온도는 차갑고 뜨거운 정도를 숫자로 나타낸 것이다. 온도를 나타내는 방식에는 크게 두 가지가 있는데, 우리나라에서는 °C를 붙이는 섭씨온도를 사용하지만, 서양에서는 °F를 붙이는 화씨온도를 많이 사용한다. 그래서 우리나라에서는 체온계를 보고 체온을 말할 때 "섭씨 36도."라고 말하고 '36°C'라고 표기해야 하지만, 미국에서는 "화씨 96.8도."라고 말하고 '96.8°F'라고 표기해야 한다.

섭씨온도는 1742년, 스웨덴의 천문학자 셀시우스(Celsius)가 제안한 온도 단위이다. 1기압일 때 물이 어는 온도를 0°C, 물이 끓는 온도를 100°C로 정하고 그 사이를 100으로 나누어 한 눈금의 차이를 1°C로 정했다. 그러니 사실은 물이 100°C에서 끓는 것이 아니라 물이 끓기 때문에 100°C가 되는 것이다.

화씨온도는 섭씨온도보다 이른 1720년경에 독일의 물리학자 파렌하이트(Fahrenheit)가 처음으로 제안한 온도 단위로, 물이 어는 온도와 끓는 온도 사이를 180등분 한 것이다. 다만 순수한 물을 얼리고 끓인 것이 아니라, 당시 사람들이 만들 수 있는 가장 차가운 온도인 소금물이 어는 온도를 0°F로 정했다. 그래서 순수한 물이 어는 온도는 32°F, 끓는 온도는 212°F이며, 0°F는 −17.8°C이다.

📘 0°C는 32°F, 100°C는 212°F이다.

사람이 들을 수 있는 가장 높은 소리는?

소리의 사전적 정의는 '물체의 진동에 의해 생긴 음파가 귀청을 울리어 들리는 것'이다. 소리는 물체의 진동에 의해 발생하므로 소리가 만들어지려면 떨림이 필요하고, 그것이 전달되는 '매질'이 필요하다.

소리를 전달하는 대표적인 매질은 공기이다. 사람이 목소리를 낼 때는 성대가 떨리면서 소리를 만들고, 바이올린 같은 악기는 줄이 떨리면서 소리를 만든다.

모든 소리에는 각각의 특징이 있는데, '크기, 높낮이, 맵시'를 소리의 3요소라고 한다. 크기는 소리의 세기를 나타내는 것으로 큰 소리는 소리가 진동하는 진폭이 큰 것이고, 작은 소리는 진폭이 작은 것이다.

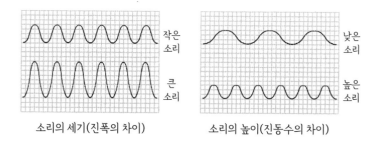

소리의 세기(진폭의 차이)   소리의 높이(진동수의 차이)

높낮이는 소리의 진동수가 다른 것으로 높은 소리는 진동수가 크고, 낮은 소리는 진동수가 작다. 그리고 같은 진동수, 같은 진폭의 소리라도 악기마다 소리가 다른 것은 소리의 맵시가 다르기 때문이다.

소리

소리의 크기를 재는 단위는 '데시벨(dB)'이다. 정상적인 귀로 들을 수 있는 가장 작은 소리의 크기인 0dB을 기준으로 10dB 증가할 때마다 소리의 세기가 10배씩 커진다. 즉 20dB의 소리는 10dB의 소리보다 2배가 아니라 10배 큰 소리이므로 0dB의 소리보다 10배의 10배, 즉 100배 크다.

소리의 높낮이는 '헤르츠(Hz)'로 나타내는데, 헤르츠는 1초 사이에 음의 진동이 몇 회 반복되는지를 횟수로 나타내는 단위이다. 소리의 높낮이는 진동수가 달라서 나타나는 것이기 때문에 높은 소리는 헤르츠의 수치가 높고, 낮은 소리는 헤르츠의 수치가 낮다.

➕ 사람은 못 듣지만 돌고래는 들을 수 있는 소리는?

동물마다 들을 수 있는 소리의 진동 영역이 다르다. 사람은 16Hz부터 20,000Hz 정도까지 들을 수 있는데, 사람이 들을 수 없는 높은 소리인 20,000Hz 이상의 소리를 '초음파'라고 한다. 여러 동물들이 초음파를 들을 수 있는데, 예를 들어 박쥐는 120,000Hz, 돌고래는 150,000Hz를 들을 수 있으며, 개는 46,000Hz, 고양이는 65,000Hz 정도까지 들을 수 있다. 간혹 우리는 아무 소리도 못 들었는데 개나 고양이가 짖는 경우는 진동수가 많은 고음을 들었기 때문일 가능성이 크다.

🔲 사람은 20,000Hz까지 들을 수 있다.

나도 지금 전기를 만들 수 있다고?

'전기'라고 하면 전등이나 텔레비전, 컴퓨터의 전원을 켜고 작동하게 만드는 것이 생각나기 마련이다. 그런데 전기는 그보다 더 우리 가까이에 있다.

건조한 날 스웨터에서 타닥거리는 소리가 나거나 머리를 빗을 때 머리카락이 빗에 달라붙는 것은 모두 전기가 생겼기 때문이다. 플라스틱으로 된 물건 표면을 헝겊, 특히 합성섬유로 된 헝겊으로 문지르면 종잇조각이 들러붙는데, 이것도 전기 때문이다. 이렇게 문질러서 만들어지는 전기를 '마찰전기'라고 하는데, 그 자리에 멈춰 있다고 해서 '정전기'라고도 부른다.

이 정전기의 발견이 전기 역사의 시작이다. 고대 그리스의 철학자 탈레스는 호박이라는 보석을 털가죽으로 문질렀더니 호박에 가벼운 물체가 달라붙는 것을 발견하였다. 이것이 '전기'라고 하는 현상의 첫 번째 공식적인 발견이었다.

정전기가 일어나는 원리를 알아보려면 앞에서 다룬 원자의 내용을 기억해 내면 좋다. 원자는 (+) 전기를 띤 원자핵과 (−) 전기를 띤 전자로 구성되어 있는데, 두 물체를 마찰하면 한쪽에 있던 (−) 전자가 다른 물체로 이동하게 되면서 (−) 전기를 띠게 되고, 전자를 잃은 물체는 (+) 전기를 띤 원자핵이 남으면서 (+) 전기를 띠게 된다. 이렇게 해서 이 물체들에는 서로 밀고 당길 수 있는 전기력이 생기는 것이다. 이런 원리로 풍선에 헝겊을 문지르면 풍선과 헝겊 사이에서 전자가 움직이면서 한쪽은

(+), 한쪽은 (-) 전기를 띠는 정전기가 생긴다. 이때 풍선에 색종이를 가까이 가져가면 풍선에 생긴 정전기 때문에 색종이가 달라붙는 것이다.

실생활에서 우리가 사용하는 전기는 대부분 전선을 타고 흐른다. 이렇게 흐르는 전기를 '전류'라고 한다. 전류는 전선을 타고 흐르면서 각종 전자제품이나 조명 등을 작동하게 한다.

➕ 도체, 부도체, 반도체

구리나 아연처럼 전기가 잘 통하는 물질을 '도체'라고 하며, 종이나 나무, 고무처럼 전기가 통하지 않는 물질을 '부도체'라고 한다. 도체는 전기로 작동하는 가전제품 등을 만드는 데 쓰고, 부도체는 그런 전기 도구를 잡았을 때 전류가 손으로 흐르는 것을 막을 수 있도록 손잡이나 장갑 등에 사용한다.

도체와 반도체의 중간 성질을 가진 물체가 '반도체'이다. 반도체는 보통 때에는 부도체처럼 전기가 통하지 않지만 열이나 빛을 가하는 등 특정한 조건에서는 도체의 성질을 가진다. 반도체는 이러한 성질 덕분에 컴퓨터나 휴대전화 등 정밀한 전자 제품에 많이 쓰인다.

답 플라스틱에 헝겊을 문지르면 마찰전기(정전기)가 만들어진다.

자기부상열차는 정말로 떠서 움직일까?

자기부상열차는 이름 그대로 자기력을 이용하여 떠서 움직이는 열차이다. 어떻게 그 무거운 열차가 떠서 움직일 수 있냐고? 아주 강한 힘의 자석으로 열차를 밀고 당기기 때문이다.

자석은 철로 된 물체를 끌어당기는 힘을 가지고 있는 물체이다. N극과 S극이 있는데 같은 극끼리는 밀어내고 다른 극끼리는 서로 끌어당기는 성질이 있다. 우리가 흔히 보는 자석은 영구 자석으로 항상 철을 끌어당기지만, 전자석은 일시적으로 자석이 되는 물체로, 전선에 전류가 흘러 전선 주위에 자기장이 생길 때만 자석이 된다. 전자석은 전기의 흐름에 따라 N극과 S극을 바꿀 수 있고 자석의 세기도 조절할 수 있다.

자기부상열차는 이러한 전자석의 성질을 이용한 것이다. 열차의 바닥과 선로에 전자석을 설치하고 같은 극으로 만들면 열차와 선로가 서로 밀어내기 때문에 열차가 뜨게 된다. 자기부상열차가 움직이는 것은 다른 극끼리 끌어당기는 성질을 이용한 것이다. 열차의 자석과 선로는 같은 극으로, 열차 앞의 선로는 다른 극의 자석으로 만들면 열차는 다른 극의 자석에 이끌려 앞으로 움직인다. 그리고 바로 같은 극으로 만들어 열차가 떠 있도록 한다. 이 과정을 빠른 속도로 반복하면 무거운 열차도 떠서 앞으로 나아가게 된다.

🔋 열차 바닥과 선로에 설치된 전자석을 이용해 열차를 뜨게 하며 움직인다.

전자석

전기 회로에서 전구를 밝게 하려면
어떻게 해야 할까?

대부분 초등학교 때 전선과 건전지, 전구, 스위치 등을 이용해서 기초적인 전기 회로를 만들어 보았을 것이다. 전구에 불을 밝히려면 여러 가지 부품을 이용해 전기가 끊기지 않고 다니는 길을 만들어야 하는데 그 길이 바로 '전기 회로'이다. 우리가 사용하는 전자 제품의 복잡한 전기 회로 역시 기본 원리는 이와 같다.

전기 회로를 만들기 위해서는 어떤 것이 필요할까? 우선 건전지와 같은 '전원 장치', 전선이나 스위치 같은 '연결 장치', 전구나 전동기, 모터 등의 '출력 장치'가 있어야 한다. 전기 회로를 구성하려면 전원 장치에서 출발한 전류가 연결 장치를 통해 움직이다가 출력 장치를 작동시키고 다시 전원 장치로 돌아오도록 설계하면 된다.

전기 회로에 쓰이는 장치를 간단하게 기호로 그려 놓은 것을 '전기 회로도'라고 한다. 전기 회로도에는 다음과 같은 기호를 사용하는데, 아래 회로도는 전지, 전구, 스위치로만 이루어진 가장 기본적인 회로도의

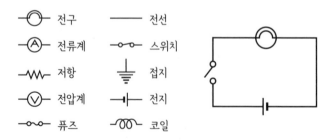

한 예이다.

전지에도 자석처럼 극이 있는데, 여러 개의 전지를 제대로 연결하면 더 큰 힘을 낼 수 있다. '직렬연결'은 전지를 곧게 줄 세워 연결하는 방법이다. 전지를 (+)(-), (+)(-)의 순서로 연결하는 것으로 전지를 직렬연결하면 전류의 양이 많아서 전구가 더 밝은 빛을 내게 된다. '병렬연결'은 전지를 다른 극끼리 나란히 벌여 연결하는 방법이다. 전지를 (+)는 (+)끼리, (-)는 (-)끼리 모아 전기 회로에 연결하는 방법으로 전지를 여러 개 연결해도 전구의 빛이 밝아지지 않지만 오랫동안 빛을 밝힐 수 있다.

	직렬연결	병렬연결
전지의 연결		
	전지를 (+) (-) 순서로 연결한다.	전지를 (+)는 (+)끼리, (-)는 (-)끼리 연결한다.

답 전지를 직렬연결해야 한다.

국어

매일 한글을 사용하지만, 아직도 한글이란 이름을 만든 이가 누구인지 모르겠고, 한글 글자 수가 몇 개인지, '어른으로써'가 맞는지 '어른으로서'가 맞는지, 〈하여가〉와 〈단심가〉를 누가 지었는지 모르겠다면, 당신은 분명 학창 시절, 점수를 올리기 어려웠던 과목이 국어였을 것이다. 국어를 공부의 대상으로만 여겼을 것이기 때문이다.

국어가 학문이 아니라 즐기는 대상이 되면 우리의 삶은 훨씬 풍요로워진다. 그리고 《어른 교과서 - 국어》는 국어가 우리의 일상과 가장 가까운 지식이 되도록 돕는 훌륭한 길라잡이 역할을 할 것이다.

세종은 왜 훈민정음을 만들었을까?

현재 전 세계적으로 사용하는 문자는 약 50여 종이지만 만든 목적이 분명하고, 만든 사람과 시기가 분명한 문자는 한글이 유일하다.

한글은 1443년, 조선의 제4대 왕인 세종이 직접 만들어 1446년, '훈민정음(訓民正音)'이라는 이름으로 반포한 우리 고유의 문자이다. 당시 조선에는 우리 문자가 없었기에 한자를 사용할 수밖에 없었다. 그러나 한자로 우리말을 표기하는 것은 무척 어려운 일이었다. 게다가 한자를 배울 기회가 없던 일반 백성들은 아예 글을 읽고 쓸 수 없어 억울한 처지에 빠지기 일쑤였고, 간단한 농사법조차 기록할 수 없었다.

백성들의 딱한 사정을 매우 안타깝게 여겼던 세종은 성군이자 뛰어난 학자였다. 그는 '훈민정음'의 서문에서 스스로 밝혔듯이 '백성이 말하고 싶은 것이 있어도 뜻을 펴지 못하는 사람이 많아서 이를 가엾게 여겨 새로 스물여덟 글자를 만드니 모든 사람으로 하여금 쉽게 익혀 날마다 쓰는 데 편하게 하고자' 우리 문자를 만들었다.

훈민정음이 반포된 후, 지배계급인 양반들은 우리 문자를 업신여기며 '언문'으로 낮춰 불렀다. 하지만 훈민정음은 서민과 여자들을 중심으로 점차 사용이 확산되면서 세종의 뜻대로 억울한 민원을 해소하고, 농업기술을 전하며, 친지 간 편지로 소식을 전하는 등 일상생활에서 널리 활용되었다.

🔲 백성들이 쉽게 글을 읽고 쓸 수 있도록 하기 위해서였다.

'뿌리 깊은 나무'는 어디에서 나온 말일까?

'뿌리 깊은 나무'는 TV에서 방영한 드라마 제목이자 한글로 지은 최초의 책 《용비어천가(龍飛御天歌)》에 나오는 문구이다. 《용비어천가》는 새로 만든 글자를 시험해 보고자 하는 세종의 명에 따라 권제와 정인지, 안지 등의 집현전 학자들이 1447년에 발간한 책이다. 장마다 처음에 한글로 된 시를 싣고, 그 뒤에 한역 시와 언해(해설)를 실었다.

불휘 기픈 남ᄀᆞᆫ ᄇᆞᄅᆞ매 아니 뮐ᄊᆡ 곶 됴코 여름 하ᄂᆞ니

위의 문구는 《용비어천가》 2장의 원문으로, 이것을 현대어로 풀이하자면 '뿌리 깊은 나무는 바람에 아니 흔들리니 꽃 좋고 열매가 많으니' 란 의미이다. 여기에서 '뿌리 깊은 나무'는 조선 왕조를 뜻하므로, 조선 왕조의 영원한 발전을 기원하는 내용이라고 할 수 있다.

세종은 훈민정음 반포 후에도 훈민정음을 양반이나 일반 백성들에게 널리 알리기 위해 여러 책을 지었다. 당시 둘째 왕자였던 수양대군에게 석가모니의 일대기를 담은 《석보상절》을 짓게 했으며, 세종 본인이 직접 불교를 찬양하는 《월인천강지곡》을 지었다. 또한 신숙주, 최항, 박팽년 등으로 하여금 우리나라의 한자음을 바로잡아 통일된 표준음을 정하기 위해 음운서인 《동국정운》을 짓게 했다.

답 훈민정음으로 최초로 쓰인 책인 《용비어천가》의 2장 첫 문구이다.

한글은 어떤 점에서 우수하다고 말하는 걸까?

우리는 항상 한글을 우수하고 뛰어난 글자라고 말한다. 그렇다면 한글이 다른 문자들과 비교해서 어떤 점에서 우수한 것일까? 그 근거를 정확히 알아보자.

우선 한글은 글자가 만들어진 원리가 독창적이고 과학적이다. 자음은 발음기관의 모양을 본뜬 기본 자음에 획을 더하거나 겹쳐 써서 나머지 자음자를 만들었고, 모음은 '하늘, 땅, 사람'을 본떠 기본 모음을 만들고 이 글자를 합쳐 나머지 모음자를 만들었다.

또한 한글은 적은 수의 문자로 많은 소리를 쓸 수 있는 '음소 문자'이다. 단 24개의 문자만으로 사람의 입에서 나오는 대부분의 소리를 효과적으로 쓸 수 있다.

다른 문자에 비해 쉽고 빨리 배울 수 있다는 것도 큰 장점이다. 한글은 기본적으로 한 가지 모양만 익히면 된다. 영어의 알파벳은 소문자, 대문자, 필기체 등을 모두 익혀야 하고, 일본 문자도 히라가나, 가타카나, 그리고 한자어대로 모든 글자를 따로 익혀야 한다. 뜻에 따른 글자 하나하나를 다 익혀야 하는 중국어는 말할 것도 없다.

게다가 한글은 기본 글자와 조합 원칙, 발음 원칙만 익히면 얼마든지 새로운 글자를 읽을 수 있다. 하나의 모음이 여러 소리로 발음되는 영어에 비하면 한글의 모음은 소리의 변화가 없어 한 글자가 한 소리만 내기 때문에 한 번 음가를 익혀두면 응용하여 사용하기 쉽다.

이것이 외국의 학자들도 한글이 "가장 과학적이고 합리적인 문자이며, 익히고 사용하기 쉬우므로 한국의 문맹률을 낮추는 데 크게 기여했다."라고 평가하는 이유이다. 찌아찌아족의 사례는 그러한 평가를 증명한다. 찌아찌아족은 고유 언어는 있으나 고유 문자가 없었는데, 2009년 한글을 공식 문자로 받아들인 이래 자신들의 언어를 표기하는 데 사용하고 있다. 한글은 사람의 입에서 나오는 소리를 효과적으로 적을 수 있기 때문에 다른 언어를 표기하는 문자로도 사용이 가능한 것이다.

➕ 한글의 창제 원리를 이용한 천지인(天地人) 자판

한글의 자음과 모음 조합 원리는 컴퓨터나 휴대폰 등 기계에 적용하기 좋다. 대표적인 예가 휴대폰 한글 입력 방식의 하나인 '천지인(天地人)' 방식이다. 천지인 자판은 자음과 모음의 기본 글자에 획을 더하거나 겹쳐 써서 글자를 만드는 한글 창제의 원리에 기초해 만들어졌다.

'천지인'은 각각 'ㆍ, ㅡ, ㅣ'를 가리키는데 'ㆍ'는 '하늘(天)', 'ㅡ'는 '땅(地)', 'ㅣ'는 '사람(人)'을 뜻한다. 'ㅣ'에 'ㆍ'를 더하면 'ㅏ'가 되고, 'ㅏ'에 'ㆍ'를 더하면 'ㅑ'가 되는 식으로, 'ㆍ, ㅡ, ㅣ' 세 개의 기본자만으로 어떠한 모음이라도 만들 수 있다. 자음 또한 마찬가지이다. 기본 다섯 글자에 획을 하나씩 더하거나 겹치면 17자를 모두 표현할 수 있다.

답 24개의 글자로 대부분의 소리를 표기할 수 있으며 쉽고 빨리 배울 수 있다.

한글의 우수성

우리 문자에 '한글'이라는
이름을 붙인 사람은?

세종이 처음 우리 문자를 만들어 배포했을 당시, 한글의 이름은 '훈민정음'이었다. 줄여서 '바른 소리'란 뜻을 가진 '정음'이라고 부르기도 했다. 이후 현재 사용하는 '한글'이라는 이름을 가지기 전까지, 우리 문자는 주로 '언문'이나 '반절', '가갸글' 등으로 불렸다.

사실 '언문' 자체가 '훈민정음'을 낮춰 부르는 말은 아니었다. '언(諺)'은 우리말이나 우리글을 나타내는 말로, 한자인 '문(文)'에 대비되는 말이기 때문이다. 세종 25년~26년 사이에 궐내에 한글 관련 기관인 '언문청(諺文廳)', 또는 '정음청(正音廳)'을 만들었다는 기록도 있다. 하지만 지배계층이었던 양반들이 한글을 마땅치 않게 생각하며 하대하는 바람에 '언문'이라는 명칭 역시 천시된 것이다.

우리글을 '한글'이라고 부르게 된 것은 일제강점기 한글학자인 주시경 등에 의해서이다. 1908년 주시경을 중심으로 여러 국어 연구가들이 모여 '국어연구학회'를 만들고, '으뜸가는 글, 하나밖에 없는 글'이라는 뜻으로 '한글'이란 이름을 지어서 썼다.

당시만 해도 '한글'이란 이름이 보편화된 것은 아니었지만, 1928년 훈민정음이 반포된 날을 '한글날'로 지정하면서부터 한글이란 이름이 널리 쓰이기 시작했다.

➕ 한글은 언제 우리나라의 공식 문자가 되었을까?

한글이 국문으로 관심을 받고 대표 문자로 인식되기 시작한 시기는 19세기 말 외세의 침략이 본격화되면서부터이다. 1894년 고종은 '법률 칙령은 다 국문을 본으로 삼고 한문 번역을 붙이며, 또는 국한문을 혼용하라.'는 칙령을 공포하였다. 그럼으로써 그간 '언문'이라 부르며 하대하던 한글을 나라의 대표 문자인 국문으로 격상시켰다.

🗎 주시경을 비롯한 학자들이 한글이라는 명칭을 만들었다.

　　　　　　　　　　　　　　　　　　　　　　　　　　　한글

훈민정음은 모두 몇 글자였을까?

답부터 얘기하자면 세종이 처음 훈민정음을 만들었을 때의 글자 수는 총 28자로 지금보다 4자가 많았다.

자음은 'ㄱ, ㄴ, ㄷ, ㄹ, ㅁ, ㅂ, ㅅ, ㅇ, ㅈ, ㅊ, ㅋ, ㅌ, ㅍ, ㅎ, ㆁ, ㆆ, ㅿ' 총 17자였다. 자음의 기본자는 5개로, 소리가 날 때의 발음기관 모양을 본떠 어금닛소리인 'ㄱ', 혓소리인 'ㄴ', 입술소리인 'ㅁ', 잇소리인 'ㅅ', 목구멍소리인 'ㅇ'를 만들었다.

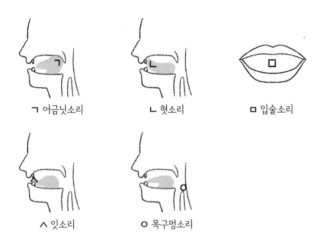

ㄱ 어금닛소리   ㄴ 혓소리   ㅁ 입술소리

ㅅ 잇소리   ㅇ 목구멍소리

이 기본 다섯 글자에 획을 하나씩 더해서 만든 것이 다음 글자이다. 'ㄱ → ㅋ', 'ㄴ → ㄷ → ㅌ', 'ㅁ → ㅂ → ㅍ', 'ㅅ → ㅈ → ㅊ', 'ㅇ → ㆆ → ㅎ'. 그리고 'ㄹ, ㅿ, ㆁ'는 기본 글자 'ㄴ, ㅅ, ㅇ'의 모양을 약간 변형해 만들었다. 쌍자음 'ㄲ, ㄸ, ㅃ, ㅆ, ㅉ'은 독립된 음운을 사용하지만 자음을 겹쳐 쓰므로 따로 별도의 글자로 부르지 않는다.

　모음은 'ㅏ, ㅑ, ㅓ, ㅕ, ㅗ, ㅛ, ㅜ, ㅠ, ㅡ, ㅣ, ·'를 합쳐 모두 11자였다. '하늘, 땅, 사람'을 본떠 기본이 되는 '·, ㅡ, ㅣ'를 만들었고, 이들을 조합하여 'ㅗ, ㅏ, ㅜ, ㅓ' 등의 모음을 만들었다.

　현재는 자음 17자 중에서 'ㆁ(옛이응), ㆆ(여린히읗), ㅿ(반치음)'은 사용하지 않고, 모음 중에서는 '·(아래아)'를 사용하지 않아 총 24개의 글자만 사용하고 있다.

➕ 글자의 일부가 사라진 이유는?

자음 중 'ㆁ(옛이응)'과 'ㆆ(여린히읗)'은 둘 다 'ㅇ'과 발음이 크게 다르지 않아 'ㅇ' 소리로 같이 쓰이게 되었고, 'ㅿ(반치음)' 역시 발음이 어려워 잘 쓰이지 않다 보니 사라지게 되었다. 하늘의 둥근 모양을 본 따 만든 모음인 '·(아래아)'는 가장 최근까지 남아있었으나 다른 모음에 비해 모호한 소리여서 대부분 'ㅏ' 소리로 바뀌어 현재는 사용하지 않는다.

🔲 답 자음 17자, 모음 11자로 총 28자였다.

우리나라 최초의 국어사전은?

우리말로 된 국어사전을 편찬하려는 시도는 일제강점기에 시작되었다. 당시 우리말 사전을 편찬한다는 것은 단순히 어휘의 조사와 정리 작업이 아니었다. 이는 일제의 민족말살정책에 맞서 우리말과 우리글, 더 나아가 우리의 민족성과 문화를 지키기 위한 민족운동이었다.

최초의 현대말 국어사전 편찬 시도는 1911년, 주시경을 중심으로 하여 시작되었다. 이때 각고의 노력으로 만든 우리말 사전 원고를 '말모이'라고 한다. 그러나 1914년, 주시경의 갑작스러운 사망과 다른 편찬자들의 망명으로 인하여 최초의 국어사전 출판은 좌절되고 만다.

이후 1929년, 조선어사전편찬회가 결성되어 우리말 사전 편찬 작업을 시작하였는데, 이때 밑바탕이 된 것이 바로 '말모이'였다. 이 역시 발간이 쉽진 않았다. 1942년 초고가 완성되었으나 인쇄 직전, '조선어학회 사건'이 일어났다. 한글학자들을 모조리 검거하고 투옥하였으며, 집필한 원고를 압수하는 바람에 사전 편찬 사업은 다시 중단되고 말았다.

다행히도 조선어학회 사건 당시 사라진 줄 알았던 원고가 해방 후인 1945년 9월, 경성역(서울역) 창고에서 발견되어 마침내 1947년 10월 9일《조선말 큰사전》1권이 발행되었다. 그리고 10년 뒤, 마지막 6권이 발행되었다.《큰사전》의 본문은 4천여 쪽에 달하며 어휘는 총 16만 4,125개가 수록되어 있다.

답 최초의 현대적 국어사전은 조선어학회의《조선말 큰사전》이다.

맞춤법은 어디에서 정할까?

현재 우리가 사용하고 있는 국어 맞춤법은 1933년 조선어학회가 제정한 〈한글맞춤법통일안〉에서부터 시작되었다고 볼 수 있다. 조선어학회를 이어받은 한글학회가 1948년 〈한글맞춤법통일안〉의 한글판을 간행하였고, 그 뒤에도 여러 번의 개정을 거쳐 1980년 《한글맞춤법》을 새로 간행하였다. 이후 1985년 국어연구소가 발족하면서 1988년 '한글맞춤법'이 고시되었으며, 1989년 3월 1일부터 새 맞춤법이 시행되었다. 국어연구소는 1991년 국립국어연구원으로 계승되었고, 지금은 국립국어원이라는 명칭으로 한국어와 관련된 다양한 사업과 연구를 하고 있다.

국립국어원에서 하는 일 중에서 가장 대표적인 것이 《표준국어대사전》 편찬이다. 종이로 된 사전 외에 온라인으로도 국어사전을 찾아볼 수 있는데, 현재 검색 누리집에서 제공하는 국어사전의 경우도 대부분 국립국어원에서 제공하는 《표준국어대사전》을 이용하고 있다.

국립국어원에서는 맞춤법과 표준어 외에도 외래어 표기법, 국어의 로마자 표기법 등의 어문 규정을 제정하고 있으며, 국어 관련 문화유산에 대한 번역, 자료 정리와 데이터베이스 구축, 국어문화학교 운영, 한국어 보급 및 교재 개발 등 한마디로 국내에서 진행되는 한국어와 관련된 일에는 대부분 관여하고 있다.

답 맞춤법과 표준어는 국립국어원에서 제정한다.

국립국어원

표준어를 정하는 기준은 무엇일까?

모든 나라에서 표준어를 제정해서 사용하는 이유는 한 나라를 대표하는 공식적인 말과 발음이 필요하기 때문이다. 한 나라라 할지라도 지역별 사투리 때문에 서로 간의 의사소통이 어려운 경우가 많다. 따라서 국민들의 효율적이고 원활한 의사소통을 위해서 공식적인 말을 정한 것이 표준어이다.

국립국어원에서 정하는 표준어의 원칙은 무엇일까? 현재 표준어 규정에 따르면 '표준어는 교양 있는 사람들이 두루 쓰는 현대 서울말로 정한다.'라고 되어 있다. 이 한 문장에 표준어를 정하는 사회적, 시대적, 지역적 기준이 모두 들어있다. 우선 사회적 기준으로는 '교양 있는 사람이 쓰는 말'이어야 한다. 시대적 기준으로는 '현대의 언어'여야 한다. 바로 지금 사람들이 사용하고 있는 살아있는 말이어야 한다는 것이다. 지역적 기준으로는 '서울말'이어야 한다. 서울은 우리나라의 수도로 정치, 경제, 문화, 교육의 중심이기 때문이다.

하지만 표준어만 맞는 말이고 그 외에는 틀린 말이란 뜻은 아니다. 공식적으로 사용하기 위해 표준을 정한 것이므로 사석에서까지 강제로 사용해야 하는 것은 아니다.

답 표준어는 '교양 있는 사람들이 두루 쓰는 현대 서울말'이다.

'자장면'이 맞을까, '짜장면'이 맞을까?

'자장면', '짜장면', 도대체 어떤 말이 표준어인지 헷갈린다고? 현재 기준에 따르면 두 낱말 모두 표준어이다. '자장면'과 '짜장면'이 헷갈리는 것은 시대의 흐름에 따라 외래어 표기법이 바뀌고, 복수 표준어로 등재되는 낱말이 점점 늘어나면서 우리가 예전에 배웠던 국어 지식이 바뀌고 있기 때문이다.

예를 들어 1980년대에는 '자장면'만 표준어로 등재되어 있었다. '자장'은 중국어 '작장'에서 온 말이므로 '파열음 표기에는 된소리를 쓰지 않는다.'는 외래어 표기법에 따라 된소리인 'ㅉ'을 'ㅈ'으로 표기한 것이다. 그러나 일반적으로 '자장면'보다 '짜장면'이 더 많이 쓰이는 것을 고려하여 2011년 국립국어원에서 '짜장면'도 표준어로 인정하면서, 지금은 두 낱말 모두 표준어로 사용하고 있다. 앞에서 다루었듯이 표준어란 '교양 있는 사람들이 쓰는 현재의 서울말'인데, 시간이 흐르면서 서울에서 쓰는 말이 계속 바뀌니 표준어도 그에 따라 바뀌는 것이다.

이 외에도 사람들이 많이 사용하기 때문에 복수 표준어가 된 낱말이 많은데 '맨날, 만날', '소고기, 쇠고기', '옥수수, 강냉이', '봉숭아, 봉선화', '친친 (감다), 칭칭 (감다)', '깨트리다, 깨뜨리다', '들락날락, 들랑날랑' 등이 그런 예이다.

답 자장면과 짜장면, 둘 다 표준어이다.

　　　　　　　　　　　　　　　　　　　복수표준어

'거시기'가 표준어라고?

앞에서 표준어는 '교양 있는 사람들이 두루 쓰는 현대 서울말'이라고 했다. 하지만 서울에서 여러 지방 사람들이 섞여 살다 보니 사투리의 경계가 약해지게 되었고, 원래 사투리였던 말도 널리 알려지고 쓰이다 보니 표준어로 등재되고 있다.

예를 들어 '거시기'의 경우 전라도 사투리로 유명한 말이지만, 이 말은 현재 '이름이 얼른 생각나지 않거나 바로 말하기 곤란한 사람 또는 사물을 가리키는 대명사'라는 뜻으로 국어사전의 표제어로 등재된 표준어이다. '걸쩍지근하다'도 원래는 전라도 사투리였지만 지금은 '다소 푸짐하고 배부르다'라는 뜻으로 사전에 등재된 표준어이다.

이 외에도 '아따, 욕보다, 퍼뜩, 참말로, 씨불거리다' 등도 표준어로 등재된 말이다. '아따'는 '무엇이 몹시 심하거나 하여 못마땅해서 빈정거릴 때 가볍게 내는 소리', '욕보다'는 '부끄러운 일을 당하다', '몹시 고생스러운 일을 겪다', '퍼뜩'은 '어떤 생각이 갑자기 아주 순간적으로 떠오르는 모양', '참말로'는 '사실과 조금도 다름이 없이 과연', '씨불거리다'는 '주책없이 함부로 자꾸 실없는 말을 하다'는 뜻의 표준어이다.

답 원래 사투리였으나 지금은 《표준국어대사전》에 등재된 표준어이다.

'찰과상'을 우리말로 바꾸면?

우리말 어휘는 순수 우리말뿐만 아니라 한자어, 외래어, 그리고 여러 말이 섞인 혼종어로 이루어진다. 국립국어원이 발표한 《표준국어대사전》에 실린 표제어의 비율로 따져 보면 한자어가 58.5%, 고유어가 25.9%, 혼종어가 10.2%, 외래어가 5.4%이다.

하지만 요즘은 이렇게 외국에서 들어온 말을 우리 고유의 말로 바꾸어 사용하려고 노력하고 있다. 우리말에 남아있는 일본어의 잔재를 우리말로 바꾸고 있으며, 한자어나 외래어의 경우도 바꾸어 쓸 수 있는 우리말을 찾아 알리는 노력을 계속하고 있다.

이렇게 외래어나 한자어를 우리말로 표현한 말을 '다듬은 말'이라고 한다. '인터넷 사이트' 대신 '누리집'이라는 표현을 쓰는 것도 이런 경우이다. 포스트잇은 '붙임쪽지', 내비게이션은 '길도우미', 멘토는 '인생길잡이', 캠프파이어는 '모닥불놀이' 등으로 바꿔 쓸 수 있다.

오랫동안 사용해왔던 한자어도 대체할 수 있는 우리말을 찾아 사용하는 것이 좋다. 찰과상은 '긁힌 상처', 장신구는 '꾸미개', 혈액은 '피', 척추는 '등뼈', 변태는 '탈바꿈'으로 바꿔 써도 말하는 데 문제가 있거나 어색하지 않다.

참고로 국립국어원 누리집에서 다듬은 말 목록을 만들어 배포하고 있으며, 다듬은 말 검색도 가능하다.

🔲 '찰과상'은 우리말로 '긁힌 상처'라고 바꿔 쓸 수 있다.

북한말로 다이어트는 뭐라고 할까?

우리나라와 북한은 같은 말을 쓰고 있지만 북한 방송을 들어보면 북한 특유의 말투와 억양이 우리말과 상당히 다르다. 실제로 문법을 살펴보아도 품사 중 조사를 인정하지 않아서 8개의 품사만 있다든지, 두음법칙이나 사이시옷을 사용하지 않는 등 눈에 띄는 차이를 발견할 수 있다.

그러나 가장 큰 차이는 아무래도 어휘일 것이다. 70여 년 동안 서로 분리되어 있다 보니 채소는 '남새', 냉장고는 '냉동기'라고 하는 등 우리와는 다른 어휘가 많다. 또한 북한의 표준어를 '문화어'라고 하는데, 영어 등의 외래어뿐만 아니라 한자어도 고유어로 바꾸어 사용하는 경우가 많다.

예를 들어 코너킥은 '구석차기', 오프사이드는 '공격어김', 도넛은 '가락지빵'이라고 하고, 한자어인 일교차는 '하루차', 우울증은 '슬픔증', 외래어는 '들어온말'로 부르는 식이다. 이외에도 다이어트는 '살까기'라 하고, 스킨은 '살결물', 슬리퍼는 '끌신', 아이스크림은 '얼음보숭이' 등으로 부른다. 비록 우리가 쓰는 외래어와는 다르지만 우리말로 그 뜻을 바로 알 수 있기에 긍정적인 면도 크다.

답 북한에서는 다이어트를 '살까기'라고 한다.

'닭도리탕, 식대'가 일본식 표현이라고?

일제강점기의 영향으로 우리가 흔히 사용하는 말 중에는 일본어의 잔재가 많다. 일본식 표현이 남아있거나, 일본식 한자어를 우리 식대로 읽어서 굳어진 것들이다. 아래 표는 많이 쓰이는 일본식 표현이나 일본어 어휘의 예이니 가급적 우리말로 바꿔 쓰도록 하자.

일본식 표현 / 일본어	우리말	일본식 표현 / 일본어	우리말
가처분	임시처분	세무가죽	섀미
간지	느낌	수타국수	손국수
구라	거짓말	쓰키다시	곁들이찬
기스	흠집	식대	밥값
납기	내는 날	엑기스	진액
노가다	노동자	오케바리	좋다
다대기	다진 양념	와꾸	테두리, 틀
닭도리탕	닭볶음탕	와사비	고추냉이
땡땡이 무늬	물방울 무늬	왔다리 갔다리	왔다 갔다
모찌	찹쌀떡	야끼만두	군만두
무대포	막무가내	잔업	시간 외 일
분빠이	분배	지리	맑은탕
비까번쩍하다	번쩍번쩍하다	차출하다	뽑다
뽀록	들통	후리가케	맛가루

🈁 일본식 표현이 우리말로 굳어진 말이다.

'소세지, 텔레비젼, 화이팅'의
맞는 표기는 무엇일까?

외국에서 들어온 말을 우리말로 옮겨 쓰다 보면 틀리기 십상이다. 그래서 정한 것이 외래어 표기법이다. 외래어 표기법은 규칙이 복잡하지만 그중 몇 가지 규칙만 정확히 알고 있으면 대부분의 외래어를 정확하게 표기할 수 있다.

첫 번째, 외래어 표기 시 'ㄱ, ㄴ, ㄷ, ㄹ, ㅁ, ㅂ, ㅅ, ㅇ, ㅈ, ㅊ, ㅋ, ㅌ, ㅍ, ㅎ' 자음 14자와 'ㅏ, ㅐ, ㅑ, ㅓ, ㅔ, ㅕ, ㅗ, ㅜ, ㅡ, ㅣ' 모음 10자를 기본으로 사용하는데, 예외로 '쟈, 져, 죠, 쥬', '챠, 쳐, 쵸, 츄'는 사용하지 않는다. 이에 따라 '스케쥴'이 아니라 '스케줄', '쥬스'가 아니라 '주스', '텔레비젼'이 아니라 '텔레비전'으로 표기해야 한다.

두 번째, 영어의 경우 영국식 발음기호대로, 그 외의 언어는 원어 발음기호에 가깝게 표기한다. 'sausage[sɒsɪdʒ]'나 'barbecue[bɑːbɪkjuː]'는 발음이 '소시지', '바비큐'와 가깝기에 그렇게 표기한다. 하지만 우리가 모든 언어의 원어 발음을 알기는 어렵다. 그럴 때는 국립국어원 누리집을 방문해 보자. 외래어 표기법 규범을 보면 언어별로 발음과 한글 대조표가 표기되어 있으며, 많이 사용하는 지명이나 사람 이름 등의 용례도 찾아볼 수 있다.

세 번째, 파열음 표기에는 된소리를 쓰지 않는다. 그래서 '까페'가 아니라 '카페', '모짜르트'가 아니라 '모차르트', '빠리'가 아니라 '파리'로 표기해야 맞다.

네 번째, f, p는 'ㅎ'이 아니라 'ㅍ'으로 표기한다. 그러므로 '화이팅'이 아니라 '파이팅'으로, '훼밀리'가 아니라 '패밀리'로 써야 한다.

그런데 이미 많은 사람이 사용하고 있는 낱말의 경우, 외래어 표기법에 맞지 않아도 많이 사용하고 있는 발음으로 표기하는 경우가 있다. 예를 들어 '초콜릿'의 발음은 'chocolate[ˈtʃɒklət]'으로 외래어 표기법의 원칙에 따르면 '초컬렛'에 가깝지만, 많이 사용하는 발음과 현지 발음을 고려하여 '초콜릿'으로 표기한다.

➕ 외국어와 외래어

외국어와 외래어는 모두 외국에서 사용하는 말이 들어온 것이다. 하지만 두 가지 낱말은 의미가 조금 다르다. 우선 외국어는 말 그대로 '다른 나라의 말'이다. 하지만 외래어는 '외국에서 들어온 말로 우리말처럼 굳어진 말'이다. 예를 들어 외래어는 '컴퓨터, 텔레비전, 피아노, 버스' 등과 같이 이미 우리말이 되어 다른 말로 대체하기 어려운 말이다. 하지만 외국어는 '키, 세일, 헤어스타일' 등으로 '열쇠, 할인, 머리 모양' 등 우리말로 표현할 수 있는 말이 있으니 가능하면 우리말을 우선하여 사용하는 것이 좋다.

답 소시지, 텔레비전, 파이팅으로 표기해야 한다.

외래어 표기법

'신라'를 왜 'Sinra'가 아니라 'Silla'로 표기할까?

'종로'라는 지명을 그대로 영어로 쓰면 'Jongro'이다. 그러나 외국인들은 'Jongno'라고 써야 '종노[jongno]'로 발음할 수 있다. 즉, 발음대로 표기해야 바르게 발음할 수 있는 것이다. '신라' 역시 '실라[silla]'로 발음되기 때문에 발음대로 'Silla'로 표기해야 한다.

이렇게 우리말을 영문 글자로 표기할 때는 '국어의 로마자 표기법'에 따라야 한다. 이는 로마자가 아닌 문자를 사용하는 언어를 로마자로 표기하는 방법인데, 기본 원칙은 표기법이 아니라 '국어의 표준 발음법'에 따라 쓰는 것이다. 외국인들이 한국어를 읽고 발음할 수 있도록 만든 것이기 때문이다.

예를 들어 읽을 때와 쓸 때 모두 음운 변화가 없는 '남산[namsan]' 같은 낱말은 'Namsan'이라고 그대로 표기한다. 그러나 '알약'과 '해돋이'처럼 읽을 때 '알략[allyak]'과 '해돋지[haedoji]'로 음운 변화가 있는 경우에는 발음 나는 대로 'Allyak', 'Haedoji'로 표기해야 한다.

또 하나 유의할 사항은 음운 변화에 의한 된소리는 표기에 반영하지 않아야 한다는 것이다. 예를 들어 '거북선'은 '거북썬'으로 발음되지만 'Geobukseon'으로 써야지 'Geobuksseon'이라고 쓰면 안 된다.

답 국어 표기가 아닌 발음에 따라 쓰는 로마자 표기법의 원칙 때문이다.

자음은 닿아서 나는 소리라서 '닿소리', 모음은?

'ㅏ'와 '가'를 차례로 소리 내 보자. 'ㅏ'를 발음할 땐 목청에서 나온 공기의 흐름이 어떤 방해도 받지 않고 자연스럽게 소리 나는 것을 느낄 수 있다. 그런데 '가'는 어떨까? '가'를 발음할 땐 목구멍에 가까운 뒤쪽 입천장에 공기가 부딪쳐 소리가 나는 것을 느낄 수 있다.

이런 차이가 생기는 것은 바로 'ㄱ' 때문이다. 'ㄱ'과 같은 자음은 목청을 통과한 공기의 흐름이 발음기관에 의해 방해를 받으면서 난다. 즉 발음기관에 '닿아서 나는 소리'이므로 '닿소리'라고 한다. 반면 'ㅏ'와 같은 모음은 소리가 막힘없이 흘러나오고, 공기가 입안에서 방해를 받지 않고 홀로 나는 소리이므로 '홀소리'라고 한다.

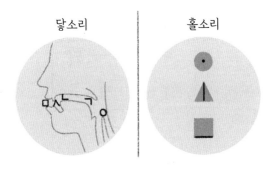

닿소리 　　　　　 홀소리

답 모음은 홀로 나는 소리라서 '홀소리'라고 한다.

　　　　　　　　　　　　　　　　　자음과 모음

'키역'일까, '키읔'일까?

'기역, 니은, 디귿, 리을, 미음……' 한글 자음을 순서대로 읽다 보면 갑자기 'ㅋ'을 '키역'으로 읽어야 하는지, '키읔'으로 읽어야 하는지 헷갈린다. 또 'ㅌ'이 '티읕'인지, '티귿'인지 헷갈리는 경우도 많다.

그러니 원칙을 익히자. 자음을 읽는 기본 법칙은 '자음 +ㅣ'와 'ㅇ + ㅡ + 자음'이다. 기역과 디귿, 시옷을 제외하고는 읽고 쓰는 법이 모두 이와 같다. 그러므로 'ㅋ'도 마찬가지로 'ㅋ+ㅣ, ㅇ+ ㅡ + ㅋ='키읔'으로 읽으면 되고, 'ㅌ'도 'ㅌ+ㅣ, ㅇ+ ㅡ + ㅌ='티읕'으로 읽으면 된다.

ㄱ	기역	ㄴ	니은	ㄷ	디귿	ㄹ	리을	ㅁ	미음
ㅂ	비읍	ㅅ	시옷	ㅇ	이응	ㅈ	지읒	ㅊ	치읓
ㅋ	키읔	ㅌ	티읕	ㅍ	피읖	ㅎ	히읗		

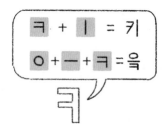

답 'ㅋ'은 '키읔'이라고 읽는다.

'구름을 가리는 달빛'은 몇 음절로
되어 있을까?

'음절'이란 '소리 음(音)'과 '마디 절(節)'이 합쳐진 말로 '소리의 마디'를 뜻한다. '구름을'은 [구르믈]로 발음되는데, 이때 '구', '르', '믈'이 음절이다. 음절은 발음할 때 한 번에 낼 수 있는 소리의 단위로, 쉽게 말하면 쓰여 있는 글자가 아니라 발음되는 낱낱의 글자이다. 단, 음절은 가장 작은 발음 단위일 뿐 뜻을 지니고 있는 것이 아니다.

우리말에서 음절은 4가지 구성이 가능하다. '아'처럼 단독 '모음'만으로 구성되는 것, '안'처럼 '모음+자음'으로 구성되는 것, '가'처럼 '자음+모음'이 되는 것, '각'에서처럼 '자음+모음+자음'으로 구성되는 경우다. '구름을 가리는 달빛'은 [구르믈 가리는 달삩]으로 발음되므로 음절은 [구], [르], [믈], [가], [리], [는], [달], [삩] 8개이다.

음절보다 작은 단위로 '음운'이 있는데, 음운은 쉽게 말하면 우리말의 '자음'과 '모음' 낱글자를 이르는 말이다. 단독으로 쓰일 수는 없지만, 뜻이 달라지게 만드는 가장 작은 소리 단위이다. '구름'을 음운 단위로 쪼개면 'ㄱ', 'ㅜ', 'ㄹ', 'ㅡ', 'ㅁ'이 된다.

그런데 음운이 말의 뜻을 어떻게 구별해주는 것일까? 예를 들어 '구름'에서 'ㅁ'이라는 자음 하나를 'ㅇ'으로 바꾸면 '구릉'이 되어 다른 뜻의 낱말이 된다. 따라서 음운으로 뜻을 구별할 수 있다.

답 8개의 음절이다.

음절과 음운

낱말과 어절은 어떻게 다를까?

일정한 뜻을 가지고 있으며 혼자 쓰일 수 있는 말의 최소 단위가 '낱말'이다. 한자어로 '단어(單語)'라고도 부른다. 낱말에는 '나, 산, 하나'처럼 모양이 바뀌지 않고 그대로 혼자 쓰이는 것도 있고, '가다/간다/가고'처럼 혼자 쓰이지만 모양이 바뀌는 것도 있다. 또한 '-이/가, -을/를, -이다, 것, 마리'처럼 다른 낱말을 보조해주는 것도 있다. 이 모두가 낱말에 해당한다.

'어절'은 보통 띄어쓰기 단위와 같다. 문장을 구성하는 기본 단위이기 때문이다. 어절은 낱말 혼자, 혹은 조사 등과 합해서 주어, 목적어, 서술어 등의 역할을 하며 문장을 이룬다.

어절이 모여서 '문장'이 되는데, 문장은 '생각이나 느낌을 낱말로 연결하여 의사를 전달하는 최소의 단위'이다. 간단하게 말하면 마침표나 물음표, 느낌표로 마무리되는 말의 단위이다.

예를 들어 "나는 오늘 학교에 간다."는 하나의 문장이다. 낱말과 어절로 분석해 보면 이 문장은 '나는', '오늘', '학교에', '간다'라는 4개의 어절과 '나', '는', '오늘', '학교', '에', '간다'라는 6개의 낱말로 이루어져 있다. "나!"라는 문장처럼 낱말 하나, 어절 하나로도 문장은 이루어진다.

답 낱말은 혼자 쓰이는 말의 최소 단위이고, 어절은 문장을 구성하는 기본 단위로 띄어쓰기 단위와 같다.

'부딪쳤다'와 '부딪혔다'는
어떻게 구분할까?

'전봇대에 부딪쳤다'가 맞을까, '전봇대에 부딪혔다'가 맞을까? 정답은 둘 다 맞다. 하지만 의미는 다르다. 둘 다 '부딪다'에서 온 말이지만 '부딪치다'는 능동사이고, '부딪히다'는 피동사이다. 따라서 '부딪치다'는 '내가 전봇대에 일부러 부딪쳤다.'는 의미이고, '부딪히다'는 '다른 사람이 밀어서 내가 전봇대에 부딪혔다.'는 의미이다.

우리말에는 이런 피동형이 흔하지 않다. 우리말 동사 자체에 피동사가 극히 드물며, 이야기할 때는 대부분 행위의 주체를 주어로 삼아 말하므로 문장도 능동형으로 써야 자연스럽다. 그런데 영어의 영향으로 피동형 문장을 쓰는 경우가 점점 늘어나고 있다. 예를 들어 "열심히 노력해야 할 것으로 보여진다."는 문장은 "It seems to work hard."라는 영어 문장을 그대로 번역한 피동형 문장이다. 따라서 "열심히 노력해야 한다."와 같은 능동형 문장으로 고쳐 쓰는 것이 좋다.

뉴스에서도 '예상되어집니다', '우려되어집니다' 등의 표현을 보기 쉬운데, 이는 피동형 동사에 '-어지다'라는 피동 표현을 한 번 더 붙여 쓰는 '이중피동'이므로 '예상된다', '우려된다' 등으로 고쳐 써야 한다. 그 외에도 '쓰여진다', '설레인다', '헤매이다', '목메이다', '개이다' 등의 피동형 역시 '쓰인다', '설레다', '헤매다', '목메다', '개다'라고 써야 한다.

🔲 '부딪쳤다'는 능동형, '부딪혔다'는 피동형이다.

능동과 피동

"할아버지, 아버지께서 오셨어요."가 맞을까,
"할아버지, 아버지가 왔어요."가 맞을까?

"손님, 커피 나오셨습니다.", "사장님의 말씀이 있으시겠습니다."와 같은
말이 높임말을 잘못 사용한 문장이란 것은 익히 알고 있을 것이다. 그
런데 듣는 사람이 행동하는 사람보다 웃어른일 때는 높임말을 어떻게
써야 할까?

문장의 주체가 듣는 사람보다 낮은 지위라면 높임말을 사용해서는
안된다. 따라서 "할아버지, 아버지가 왔어요."가 맞는 표현이다.

다른 나라 사람에게 '저희 나라'라고 하면 안 되고 '우리나라'라고
해야 한다는 것 역시 잘 알려졌지만 실수하기 쉬운 높임말 표현이다. '우
리'는 말하는 이가 나보다 높지 않을 때 사용하고, '저희'는 상대방을 높
이고 나를 낮출 때 사용한다. 그러므로 동등한 입장에서 다른 나라 사
람에게 우리나라를 낮춰서 말할 필요는 없다.

상대방과 내가 포함된 집단을 '저희 회사', '저희 가족' 등으로 표현하
는 것 역시 옳지 않다. 예를 들어 "사장님, 저희 회사 정말 좋아요."는 틀
린 표현이다. 사장님과 내가 속한 집단을 낮추는 것이기 때문이다. 그러
므로 "사장님, 우리 회사 정말 좋아요."라고 표현해야 한다.

답 "할아버지, 아버지가 왔어요."가 맞는 표현이다.

'개나리'는 못난 나리, '진달래'는 좋은 달래?

'개나리'는 '나리'라는 낱말 앞에 '개-'라는 접두사가 붙어 만들어진 낱말이다. '나리'처럼 낱말에서 중심 의미를 지닌 부분을 '어근'이라고 하는데 부차적 의미를 지닌 '접사'가 앞에 오면 '접두사', 뒤에 오면 '접미사'라고 부른다.

'개나리'는 '나리(백합)'와 비슷하게 생겼지만 그보다 작고 좋지 않다고 하여 못나고 질이 떨어질 때 붙이는 접두사 '개-'를 붙인 것이다. '개떡', '개살구' 등도 같은 예이다.

'진달래'는 '달래 꽃'보다 더 좋은 꽃이라고 해서 '달래'에 좋고 진한 것을 뜻하는 접두사 '진-'을 붙인 것이다. '진국', '진간장', '진분홍' 등도 마찬가지 예이다.

낱말의 뒤에 붙는 '접미사'는 뜻을 더하기도 하고 품사를 바꾸기도 한다. '지우개'는 '지우다'에 접미사 '-개'가 붙었고, '덮개'는 '덮다'에 접미사 '-개'가 붙어 동사가 명사가 되었다. '향기롭다'의 '-롭-'도 접미사인데 낱말의 가운데에서 '향기'라는 명사를 형용사로 바꾸는 역할을 한다.

🔳 개나리의 '개-'는 '못난'이라는 뜻이 있고, 진달래의 '진-'은 '좋은'이라는 뜻이 있기 때문이다.

접두사와 접미사

'어렵다'는 형용사일까, 동사일까?

낱말을 분류하는 기준에는 여러 가지가 있지만, 그중에서 문법적인 기능에 따라 분류한 것을 '품사'라고 한다. 우리말에는 '명사, 대명사, 수사, 조사, 동사, 형용사, 관형사, 부사, 감탄사', 이렇게 9가지 품사가 있다.

품사			
형태	**기능**		**의미**
모양이 안 변한다	체언	명사	사물의 이름을 나타내는 낱말 예) 아들, 축구
		대명사	이름을 대신하여 가리키는 낱말 예) 너, 나, 이것, 그것
		수사	수량이나 순서를 가리키는 낱말 예) 하나, 둘째
	수식언	관형사	체언을 꾸미는 낱말 예) 첫 (단추), 헌 (옷), 여러 (사람)
		부사	주로 용언을 꾸미는 낱말 예) 결국, 매우, 아주
	관계언	조사	주로 체언에 붙어 돕는 낱말 예) 는, 만, 을
	독립언	감탄사	놀람, 느낌, 부름, 대답을 나타내는 낱말 예) 앗, 어머, 네
모양이 변한다	용언	동사	움직임을 나타내는 낱말 예) 걷다, 잡다, 먹다
		형용사	상태나 성질을 나타내는 낱말 예) 귀엽다, 예쁘다, 깨끗하다

낱말의 품사를 구분하기 어려울 땐 세 가지 기준을 기억하자.

첫 번째, 모양이 변하는가, 아닌가?

모양이 바뀌는 낱말은 동사와 형용사밖에 없다. 그 외에는 모두 모양이 바뀌지 않는 낱말이다. 예를 들어 '어렵다'처럼 '어려워서/어려우니/어려웠다'로 모양이 바뀌면 동사이거나 형용사이다.

두 번째, 체언, 수식언, 용언을 정확히 구분하자.

체언은 명사, 대명사, 수사처럼 문장의 주체가 되는 낱말로 모양이 바뀌지 않는다. 수식언은 관형사와 부사처럼 체언이나 용언을 꾸미는 말로 역시 모양이 바뀌지 않는다. 용언은 동사와 형용사처럼 모양이 바뀌면서 움직임이나 상태, 성질을 나타내는 낱말이다.

세 번째, 품사의 의미를 정확히 기억하자.

동사는 움직임을 나타내는 낱말이고, 형용사는 상태나 성질을 나타내는 낱말이다.

위의 세 가지 기준의 의미를 적용한다면 '어렵다'는 모양이 바뀌므로 동사이거나 형용사이지만, 움직임을 나타내는 낱말이 아니므로 형용사임을 쉽게 알 수 있다.

이 기준으로 품사를 나눌 때 어려운 것들이 있다. 예를 들어 '-이다'는 모양 때문에 동사나 형용사일 것 같지만 명사 뒤에 붙기 때문에 조사로 분류한다. '그리고, 그러나'와 같은 접속어는 부사, 정확하게는 접속 부사로 분류한다.

답 '어렵다'는 형용사이다.

문장의 주체가 되는 말은 주어, 풀이하는 말은?

하나의 문장은 여러 개의 어절로 구성된다. 반대로 각 어절은 문장에서 특정한 기능을 하며 문장을 이루는 문장성분이 된다.

문장성분은 그 기능에 따라 문장에 꼭 필요한 '주성분', 주성분의 내용을 꾸미는 '부속성분', 그리고 주성분이나 부속성분과 직접적인 관계 없이 따로 떨어져 있는 '독립성분', 이렇게 3가지로 나눌 수 있다.

주성분은 문장에 꼭 필요한 성분으로 '주어, 서술어, 목적어, 보어'가 있다. 주어는 문장에서 주체가 되는 부분으로 '누가/무엇이'에 해당한다. 서술어는 주어의 상태나 동작 등을 설명하는 역할을 한다. 목적어는 보통 '~을/를'이 붙어서 목적이 되는 말, 즉 서술어의 동작 대상이 되는 부분이며, 보어는 서술어 '되다/아니다' 앞에서 그 말을 보충하는 부분으로 '~이 되다/~이 아니다'의 형태이다.

부속성분은 문장에서 꼭 필요한 것은 아니지만 다른 문장성분을 꾸며 뜻을 더 확실하고 풍부하게 만들어준다. 사람이나 사물과 같은 대상을 꾸미는 '관형어'와 서술어를 꾸미는 '부사어'가 있다.

독립성분은 이름 그대로 독립적으로 쓰이는 문장성분으로 다른 문장성분과 직접적인 관계를 맺지 않는다. 독립성분에 속하는 문장성분은 '독립어'라고 하는데 감탄이나 부름, 대답을 나타내는 말이 있다.

답 문장에서 풀이하는 말은 서술어이다.

'먹고 싶다'는 붙여 써야 할까, 띄어 써야 할까?

'용언'은 동사와 형용사처럼 문장에서 서술 기능을 하는 낱말로, 쓰임에 따라서 '본용언'과 '보조용언'으로 나눈다. 예를 들어 "나는 빵을 먹고 싶다."란 문장에서 '먹고'가 본용언, '싶다'가 보조용언이다. 본용언은 보조용언의 도움을 받아서 문장의 주체인 '체언', 즉 이 문장에서는 '나'의 상태를 더 정확하게 표현한다.

띄어쓰기에 있어서 가장 헷갈리는 것이 보조용언을 붙여 쓰느냐, 띄어 쓰느냐이다. 본용언과 보조용언은 띄어 쓰는 것이 원칙이지만 붙여 쓰는 것도 허용된다. 그러므로 '먹고 싶다'도 맞고, '먹고싶다'도 맞다. 다만 본용언과 보조용언을 반드시 띄어 써야 하는 다음의 세 가지 경우를 꼭 기억해 두자.

➕ 보조용언을 반드시 띄어 써야 하는 경우

앞말(본용언)에 조사가 붙는 경우	불이 꺼져만 간다. 내 힘으로 막아는 낸다. 어머니를 도와라도 드려라.
앞말이 합성용언인 경우 (본용언+본용언, 본용언+보조용언)	파고들어 간다. 돌려보내 드렸다.
중간에 조사가 들어가는 경우	할 만은 하다. 될 법도 하다.

🅰 띄어 쓰는 것이 원칙이지만 붙여 써도 된다.

'먹을 만큼'일까 '먹을만큼'일까?

보조용언은 붙여 쓰는 것이 허용되니 띄어쓰기에 있어 한고비는 넘었지만, 조사와 의존명사의 띄어쓰기는 여전히 큰 고비이다. 그러나 관련된 띄어쓰기 원칙 몇 가지만 알아 두면 구분이 쉬워진다.

첫 번째, 의존명사는 띄어 쓴다.

다른 말에 기대어 쓰는 의존명사는 반드시 띄어 써야 한다. 단위성, 부사성, 서술성, 주어성 의존명사가 있는데, 예를 들어 단위를 나타내는 '명', '개', '마리', 부사어로 쓰이는 '만큼', '대로' 등은 의존명사이므로 띄어 쓴다.

두 번째, 조사는 반드시 앞말에 붙여 쓴다.

체언, 즉 명사, 대명사, 수사 다음에 나오는 '은, 는, 이, 가, 을, 를' 등의 조사는 반드시 붙여 쓴다. '만큼', '대로', '만' 등도 마찬가지이다.

세 번째, 두 말을 이어 주거나 열거할 때 쓰는 말은 띄어 쓴다.

두 말을 잇거나 열거할 때 쓰는 '겸', '내지', '대', '등', '및' 등은 반드시 띄어 써야 한다. 예를 들어 '열 내지 스물', '가족 및 친구' 등으로 써야 한다.

'만큼'은 의존명사도, 조사도 될 수 있다. 그럴 땐 앞에 있는 말로 구분하면 쉽다. 앞에 있는 말이 체언이면 붙이고, 앞의 말이 용언이면 띄어 쓰면 된다. 따라서 '먹을'은 용언이므로 '먹을 만큼'이라고 띄어 쓴다.

답 '먹을 만큼'이라고 띄어 쓴다.

'않'과 '안'을 확실히 구분하는 방법은?

헷갈리는 맞춤법 순위 안에 꼭 들어갈 만한 '않'과 '안'의 구분법은 의외로 간단하다. 서술어를 꾸밀 때는 '안'을 쓰고, '-지'와 함께 서술어를 이룰 때는 '않다'를 쓴다. 예를 들어 '안 먹다', '안 좁다'가 맞고, '먹지 않다', '좁지 않다'가 맞다.

또 하나의 구분법은 다른 낱말을 넣어 보는 것이다. '안'은 '아니'의 준말이고, '않(다)'는 '아니하(다)'의 준말이므로, '않' 또는 '안' 자리에 '아니'와 '아니하'를 대신 넣어보고 '아니'가 자연스러우면 '안'을, '아니하'가 자연스러우면 '않'을 쓰면 된다.

예를 들어 "밥을 (안/않) 먹는다."는 "밥을 아니 먹는다."가 자연스러우므로 "밥을 안 먹는다."가 올바른 문장이고, "밥을 먹지 (안/않)는다."는 "밥을 먹지 아니한다."가 자연스러우니 "밥을 먹지 않는다."가 올바른 문장이다.

답 서술어를 꾸밀 때는 '안'을 쓰고, -지'와 함께 서술어를 이룰 때는 '않다'를 쓴다.

맞춤법

'안 돼'가 맞을까, '안 되'가 맞을까?

"그걸 하면 안 돼."가 맞을까? "그걸 하면 안 되."가 맞을까? 우선 알아두어야 할 것은 '되다'라는 말은 있지만 '돼다'라는 말은 없다는 것이다. 그렇다고 "안 되."가 맞는다는 것은 아니다.

'돼'는 '되다'의 어간 '되-'에 '-어서/-어라/-었다' 같은 말이 붙은 말을 줄여서 쓴 표현이다. '되어서'는 '돼서', '되어라'는 '돼라', '되었다'는 '됐다'처럼 말이다. 또 '되-'는 용언의 어간이기 때문에 홀로 쓰일 수 없고, '되니', '된다' 등의 형태로만 쓸 수 있다. 그러므로 '되-'가 마지막에 오는 경우에는 '되-'에 '-어'를 붙여 '안 돼'라고 써야 한다.

비슷한 경우로 '뵈다'가 있는데 '다음에 뵈요.'는 틀린 표기이며, '다음에 뵈어요.' 또는 '다음에 봬요.'라고 쓰는 것이 맞는 표기이다.

🅛 '안 돼'가 맞는 표기이다.

'깨끗이'와 '깨끗히' 중 뭐가 맞을까?

"깨끗이 청소해라."와 "깨끗히 청소해라." 중에 어떤 문장이 맞는 걸까? 접미사 '-이'와 '-히'를 구분하기 가장 편한 방법은 솔직히 국어사전으로 확인하는 것이다. 예외의 경우가 적지 않기 때문이다.

기본적으로는 '-하다'로 끝나는 말에는 대부분 '-히'를 붙여서 부사를 만든다. 즉 '솔직하다-솔직히', '조용하다-조용히', '급하다-급히'가 된다. 그런데 '깨끗이, 반듯이, 빠듯이, 지긋이'처럼 앞말이 'ㅅ'으로 끝날 때는 '-이'를 붙인다. 또 '간간이, 겹겹이, 곳곳이, 곰곰이'처럼 같은 낱말이 겹쳐서 된 말에도 '-이'를 붙인다.

위의 어느 규칙에도 들어가지 않는 경우는 발음을 참고한다. '이'로 소리나는 것은 '-이'로 쓰지만, '히'로만 소리나는 것과 '이'와 '히' 모두로 소리나는 것은 '-히'로 쓴다. 다만 이것만으로 구분할 수 없는 경우도 있으니 헷갈릴 경우에는 국어사전으로 확인하는 수밖에 없다.

➕ 끝음절의 발음이 '-이'로만 나는 낱말

깨끗이, 느긋이, 반듯이, 버젓이, 산뜻이, 의젓이, 가까이, 고이, 날카로이, 대수로이, 번거로이, 많이, 적이, 헛되이, 겹겹이, 번번이, 일일이, 틈틈이 등

📋 '깨끗이'가 맞다.

'어른으로써'와 '어른으로서' 중
뭐가 맞을까?

우리나라 말에는 말 그대로 '한 끗' 차이로 뜻이 달라지는 낱말이 많다. 예를 들어 퍼즐은 '맞추는' 것이지만 과녁은 '맞히는' 것이다. 그러다 보니 한 글자의 차이가 중요하다.

'~로써'와 '로서'는 음운 하나로 의미가 달라지는 경우이다. '~로써'는 '어떤 일의 수단이나 도구, 재료나 원료를 나타내는 뜻'으로 쓰이고, '~로서'는 '어떤 지위나 신분, 자격을 나타내는 뜻'으로 쓰인다. 그러므로 "이것은 작품으로써 의미가 있다.", "어른으로서 널 도와주고 싶다."가 맞는 표현이다.

그렇다면 "먹든지, 말든지!"가 맞을까, "먹던지, 말던지!"가 맞을까? '-던지'는 과거에 했던 행동에 대해서 생각하거나 추측할 때 쓰고, '-든지'는 '어떤 것이 선택될 수 있음을 뜻할 때' 쓰는 말이다. 그러므로 "먹든지, 말든지!"가 맞는 표현이다. '-던지'는 "그 책이 얼마나 재미있었던지.", "네가 얼마나 말을 잘했던지." 등으로 쓰일 수 있다.

또 '~장이'와 '~쟁이'도 둘 다 사람을 나타내지만 완전히 다른 뜻을 가지고 있다. '~장이'는 어떤 기술을 가지고 있는 사람을 가리킬 때 쓰는 말로 '대장장이', '구두장이'와 같이 쓰인다. 하지만 '~쟁이'는 나쁜 버릇이나 독특한 습관 행동을 가진 사람을 가리킬 때 쓰는 말로 '거짓말쟁이', '겁쟁이' 등으로 쓰인다.

➕ 한 끗 차이로 의미가 달라지는 낱말들

맞추다	조각, 주파수 따위를 맞추다. 예) 퍼즐을 맞추다.
맞히다	정답이나 과녁을 맞히다. 예) 퀴즈를 맞히다.
가르치다	지식이나 기능 따위를 알도록 하다. 예) 공부를 가르치다.
가리키다	손가락 따위로 어떤 방향이나 대상을 집어서 알리다. 예) 나를 가리키다.
집다	손가락 등으로 물건을 잡아서 들다. 예) 과자를 집다.
짚다	여럿 중에 하나를 꼭 집어 가리키다. 예) 핵심만 짚어 주다.
늘리다	본디보다 크게 하거나 많게 하다. 예) 재산을 늘리다.
늘이다	본디보다 길이를 더 길게 하다. 예) 고무줄을 늘이다.
벌리다	둘 사이를 넓히거나 열리게 하다. 예) 봉투를 벌리다.
벌이다	일을 계획하여 시작하거나 펼쳐 놓다. 예) 잔치를 벌이다.
바라다	생각이나 바람대로 어떤 일이 이루어졌으면 하고 생각하다. 예) 합격을 바라다.
바래다	볕이나 습기를 받아 색이 변하다. 예) 색이 바래다.
왠지	왜 그런지 모르게 예) 왠지 모르게 가슴이 두근거린다.
웬지	어떻게 된 일인지 예) 웬 일이니?
어떻게	'어떠하다'가 줄어든 '어떻다'에 '-게'가 붙은 말 예) 어떻게 된 거지?
어떡해	'어떻게 해'의 줄임말 예) 나 어떡해.
띄다	(눈에) '뜨이다'의 줄임말 예) 눈에 띄다.
띠다	어떠한 성질을 지니다. 예) 색을 띠다.
너머	산, 고개 같이 높은 곳의 저쪽 예) 산 너머
넘어	수량이나 정도가 한계를 지나다. 예) 만 원이 넘어
-데	화자가 직접 경험한 것 예) 이번에 개봉한 영화 진짜 재밌는데.
-대	남의 말을 전달하는 것 예) 이번에 개봉한 영화 진짜 재밌대.

답 '어른으로서'가 맞다.

맞춤법

우리나라에서 가장 오래된 시가(詩歌)는?

'시가(詩歌)'는 '시(詩)'와 '노래(歌)'가 합쳐진 문학 형태의 하나로 가장 오래된 문학 양식이다. 초기에는 제사나 집단 노동을 할 때 음악과 무용에 곁들여 부르던 노래에서 시작되어 점차 개인의 생각과 느낌을 담은 서정적인 노래로 발전했다. 아주 오래된 시가는 기록에 남아있지 않지만 고조선부터는 몇몇 시가가 기록으로 남아있는데, 특히 고조선부터 삼국 시대까지의 시가를 '고대 시가'라고 부른다.

그렇다면 가장 오래된 시가는 무엇일까? 단군조선부터 고려까지의 역사를 쓴 《해동역사》에는 고조선 시대, 남편이 물에 빠져 죽은 뒤 그 슬픔을 노래한 〈공무도하가〉라는 작품이 기록되어 있다. 여러 가지 견해가 있지만 〈공무도하가〉는 기록으로 남은 가장 오래된 시가로 집단의 노래에서 개인의 노래로 넘어간 과도기에 있는 시, 혹은 최초의 시로 보고 있다.

그 외의 고대 시가로는 고구려의 2대 왕인 유리왕이 지었다는 〈황조가〉, 가야의 초대 왕인 수로왕을 기다리며 불렀다는 〈구지가〉 등이 있다. 〈황조가〉는 최초의 본격적인 개인 서정시로 알려져 있으며, 〈구지가〉는 왕을 맞이하는 의식의 노래이면서 집단 노동요의 성격을 띠는 시가로 중요하게 여겨진다.

🈯 기록으로 남아 있는 가장 오래된 시가는 고조선 시대 〈공무도하가〉이다.

향가 〈서동요〉는 누가 부른 노래일까?

삼국 시대가 되면서 우리 문학에도 형식이 갖춰진 시가가 등장하게 된다. 바로 신라 시대에 유행한 우리말 노래인 '향가'로, 한자의 음과 뜻을 빌려 우리 식대로 쓴 '향찰'로 기록되어 있다.

향가는 몇 줄로 이루어졌느냐에 따라 4구체, 8구체, 10구체로 나누어지는데 현재 《삼국유사》와 《균여전》 등에 26수가 전해진다. 대표적인 작품으로는 〈서동요〉, 〈헌화가〉, 〈처용가〉, 〈제망매가〉, 〈찬기파랑가〉 등이 있다.

향가의 흥미로운 점은 대부분 배경 설화가 함께 전해온다는 점이다. 이 중에서도 드라마 소재가 될 정도로 알려진 작품이 〈서동요〉이다. 〈서동요〉의 배경 설화는 다음과 같다. 서동이 어렸을 때 신라 진평왕의 셋째 딸인 선화공주가 예쁘다는 말을 듣고는 성안의 아이들에게 '선화 공주가 밤마다 서동을 찾아간다'는 내용의 '서동요'를 부르게 했다. 그 결과 서동은 선화 공주와 결혼하게 되었는데, 이 서동이 백제 30대 왕인 무왕이라는 것이다.

사실 이 설화를 진짜 무왕의 이야기라고 보기에는 무리가 있다. 서동은 '서예(마) 등을 캐는 소년'을 부르던 말로, 내용상 실제 백제 왕의 어린 시절이라고 보기는 어렵기 때문이다.

답 〈서동요〉를 지었다는 서동이 누구인지에 대해서는 여러 가지 이견이 있다.

고려가요 〈쌍화점〉의 주제는?

쌍화점에 쌍화 사라 가고신댄

회회아비 내 손모글 주여이다

이 말싸미 이 점(店)밧긔 나명들명

죠고맛감 삿기 광대 네 마리라 호리라

그 자리예 나도 자라 가리라

그 잔 데같이 덤거츠니 없다

…

위 시구는 고려 충렬왕 때 지어진 고려가요 〈쌍화점〉의 1연이다. 쌍화는 '만두'이고 쌍화점은 '만둣집'이다. 즉 만둣집에 만두를 사러 갔는데 '회회아비(몽골인)'가 내 손목을 잡아서 정을 통했다는 내용이다. 당시 충렬왕은 방탕한 연회를 즐겼는데, 충렬왕의 앞에서 여자 기생들이 남자 복장을 하고 이 노래를 대본으로 연극을 벌였다는 기록이 있다.

또 다른 고려가요 〈만전춘〉에는 '임과 나와 얼어 죽을망정'이라는 시구가 나온다. '남녀가 얼다'는 '남녀가 사랑하다'는 뜻으로, 〈만전춘〉 또한 남녀 간의 사랑을 표현한 것이다.

고려가요는 '고려속요(속요)'라고도 부르는데, 고려 시대 주로 평민들 사이에서 노래처럼 부르며 유행했던 시가이다. 조선 전기 학자들은 고려가요를 '남녀상열지사(男女相悅之詞)'라고 비하해서 불렀는데, 고려가요가 남녀 간의 애정을 주제로 하여 노골적인 표현을 한 경우가 적지 않았기 때문이다. 그러한 이유로 많은 고려가요가 조선 시대 학자에 의해 문헌에서 삭제되거나 개작되었다.

남녀 간의 사랑을 주제로 한 고려가요가 유독 많았던 이유는 몇 가지 해석이 가능하다. 우선 고려는 불교국가였으므로 유교적인 질서를 따르던 조선 시대보다는 남녀관계가 훨씬 개방적이었다. 또한 고려가요는 귀족이 아니라 평민의 노래였다. 평민들이 부르다 보니 작가층이 다양했고, 형식이 자유로웠으며, 소박하고 진솔한 감정과 정서가 담겨 있었다. 우리가 지금 부르는 대중가요도 다양한 주제를 노래하듯, 고려가요도 다양한 주제로 고려 사람들의 정서를 대변했기 때문에 남녀 간의 사랑을 주제로 한 것이 많았던 것이다. 고려 사회가 후대로 갈수록 정치, 사회적으로 매우 불안정해졌기 때문에 그것이 성적 타락으로 이어졌을 가능성도 크다.

🔲 남녀 간의 사랑을 노골적으로 표현하였다.

〈하여가〉와 〈단심가〉는 누가 지은 시조일까?

'이 몸이 죽고 죽어 일백 번 고쳐 죽어~' 이 시구는 〈단심가〉의 첫 구절이다. 〈하여가〉는 이 〈단심가〉와 함께 잘 알려진 시조이다. 이 두 시조의 내용을 이해하려면 먼저 조선 건국 직전, 고려 말기 상황을 알아야 한다.

고려 말, 왜구를 무찔러 백성의 영웅으로 떠올랐던 이성계는 중국의 요동을 정벌하라는 왕의 명령을 어기고 위화도에서 군사를 돌려 개경으로 향한다. 이를 '위화도 회군'이라 한다. 이로 인해 정치적 권력을 얻은 이성계는 자신을 추종하던 사대부를 이용하여 개혁 정치를 펼친다.

정몽주 역시 개혁의 필요성을 느꼈다. 그러나 이성계가 개혁을 위해 고려를 뒤엎어야 한다고 생각한 반면, 정몽주는 고려 왕조 안에서 개혁을 이루자고 주장했다. 반란을 일으키기 직전, 정몽주를 만난 이성계의 아들 이방원이 시조 한 수를 들려주었는데, 이것이 바로 〈하여가〉이다.

> 이런들 어떠하며 저런들 어떠하리
> 만수산 칡넝쿨이 얽어진들 어떠하리
> 우리도 이같이 얽혀 평생을 누리리라

칡넝쿨이 얽히듯 새 왕조와 함께 오래오래 부귀영화를 누려보자는 이방원의 〈하여가〉를 듣고 정몽주가 답으로 읊은 것이 〈단심가〉이다.

이 몸이 죽고 죽어 일백 번 고쳐 죽어

백골이 진토되어 넋이라도 있고 없고

님 향한 일편단심이야 가실 줄이 있으랴

　백번을 죽어 넋이 사라지더라도 고려 왕조를 향한 일편단심은 변할 리가 없다는 답이었다. 결국 정몽주가 이성계와 뜻을 함께하지 않을 것이 확실해지자 이방원은 부하를 시켜 정몽주를 살해한다.

　시조는 고려 말부터 시작하여 조선 시대에 본격적으로 유행했던 정형시이다. 이방원과 정몽주의 이야기에서 알 수 있듯, 당시 시조는 즉석에서 서로 주고받을 정도로 사대부 사이에서 유행하고 있었다. 기본 형태인 평시조는 두 시조처럼 3장 6구 45자 내외라는 기본 형식으로 정형화되어 있었으며, 특히 마지막 줄인 종장의 첫 구는 3자를 지켜야 했다.

　고려 시대에는 사대부, 조선 시대에는 양반이 주로 시조를 지었으며, 그 주제도 유교적인 가치나 자연 예찬, 풍류 등을 다룬 내용이 많았다. 이후 시조가 점점 널리 공유되고 여자나 평민들 역시 시조를 즐기게 되면서 사설시조와 같은 형식의 변형이 나타났고, 주제 역시 사랑이나 삶의 모습, 애환, 사회 풍자 등으로 다각화되었다.

　🔲 고려 말 〈하여가〉는 이성계의 아들 이방원이, 〈단심가〉는 정몽주가 지었다.

한글로 쓴 첫 번째 소설은?

조선 시대에는 다양한 문학 장르가 발달했다. 그중 우리가 반드시 기억해야 할 것은 한글 문학이다. 이전까지의 문학 작품은 대부분 한자로 쓰였기 때문에 일반 백성들은 접하기 어려웠다. 한문은 지배층의 언어였고, 하나의 권력이었기에 일반 백성들은 문학을 누릴 기회가 아예 차단되었다.

이때 등장한 최초의 한글 소설이 조선 중기 광해군 때 학자인 허균이 지은 《홍길동전》이다. 그는 《홍길동전》을 통해 부패한 사회를 개혁해 새로운 세상을 이루고자 하는 사상을 드러냈다. 《홍길동전》이 당시 천한 글로 인식되던 한글로 쓰였다는 것은 이 작품이 양반이 아닌 일반 백성을 위해 쓰였다는 것을 의미한다. 또한 《홍길동전》은 그 내용이 당시 조선 사회의 모순을 비판한 최초의 사회 소설이라는 점에서 더 큰 의의가 있다.

➕ 우리나라 최초의 한문 소설은?

최초의 한문 소설은 조선 전기 학자인 김시습이 지은 《금오신화》에 실린 5편의 이야기이다. 탄탄한 구성과 결말, 현실적인 등장인물 등 근대 소설의 특징을 찾아볼 수 있어 제대로 된 최초의 소설로 인정받고 있다.

🔖 최초의 한글 소설은 허균의 《홍길동전》이다.

판소리 다섯 마당은 무엇일까?

판소리는 북장단에 맞추어 소리꾼이 대사와 노래로 이야기를 엮어 나가는 우리 고유의 연극적인 노래다. 그런데 국어에서 왜 판소리를 알아야 할까? 판소리는 노래이고, 극이면서, 또한 문학이기 때문이다.

판소리는 단순한 노래가 아니라 줄거리를 가진 이야기를 노래로 부르는 것으로, 보통 설화나 재미있는 이야기를 바탕으로 구성되기 때문에 일종의 '구비문학'이라고도 할 수 있다. 조선 중기로 오면서 이야기의 짜임새가 갖추어지고, 인물과 사건의 구성이 탄탄해지면서 판소리 중 일부는 소설로 발전하게 되었다.

조선 후기 판소리에는 열두 마당이 있었는데 그중 일부는 판소리로 남아 있고, 일부는 소설로, 일부는 제목만 남아 있다. 현재까지 전해지는 판소리는 다섯 마당이다. 고종 때 신재효가 판소리 열두 마당 중에서 '춘향가, 심청가, 흥보가, 수궁가, 적벽가, 변강쇠타령' 여섯 마당을 기록으로 남겼는데, 이후 '변강쇠타령'은 없어지고 나머지 다섯 마당만 남아 전승되었다. 그 외에 '배비장타령, 장끼타령, 옹고집타령, 강릉매화타령, 왈짜타령(무숙이타령), 가짜신선타령'은 안타깝게도 내용이 전해지지 않았다.

🅰 판소리 다섯 마당은 '춘향가, 심청가, 흥보가, 수궁가, 적벽가'이다.

윤동주는 왜 민족시인이라고 부를까?

'민족시인'이라고 하면 일반적으로 일제에 저항하는 시를 썼다거나 독립운동을 한 시인을 떠올리게 된다. 그런데 대표적인 민족시인 중 한 사람으로 불리는 윤동주의 작품과 생애를 살펴보면 실제로 일제에 직접적으로 항거하거나 독립을 염원하는 시를 쓴 것도 아니고, 독립운동을 한 것도 아니다. 그러면 우리는 왜 그를 민족시인이라고 부를까?

민족시인은 흔히 생각하는 항일시인과 동의어가 아니라 민족 고유의 정서나 감정, 정신세계 따위가 드러나는 시를 짓는 시인을 일컫는 말이다. 아래는 윤동주의 유고 시집인 《하늘과 바람과 별과 시》에 수록된 서시이다.

죽는 날까지 하늘을 우러러
한 점 부끄럼이 없기를,
잎새에 이는 바람에도
나는 괴로워했다.
별을 노래하는 마음으로
모든 죽어 가는 것을 사랑해야지
그리고 나한테 주어진 길을
걸어가야겠다.
오늘 밤에도 별이 바람에 스치운다.

이 작품에서 보면 그는 자신의 삶에서 '부끄럼 없기를', '잎새에 이는 바람'이 부는 것처럼 사소한 순간순간까지 '괴로워했다'. 그는 암울한 현실에서 '모든 죽어 가는 것을 사랑'하고자 했으며 묵묵히 자신의 길을 가고자 했다. 그의 또 다른 대표작인 〈별 헤는 밤〉을 보면 그가 별에 붙여 부르는 말 한마디는 '소학교 때 책상을 같이 했던 아이들의 이름과 가난한 이웃 사람들의 이름, 여러 동물의 이름' 등으로 그가 소중하게 생각했던 주변과 현실의 모습이 나타난다. 윤동주는 이처럼 식민지 시대의 암울한 현실에 대해 슬퍼하고 민족에 대한 사랑을 노래했기에 민족시인이라고 부르는 것이다.

➕ 대표적인 일제강점기 민족시인은?

일제강점기에 우리 민족과 조국에 대한 슬픔과 사랑을 이야기한 대표적인 민족시인으로는 이육사, 한용운, 이상화, 김소월 등이 있다. 이육사는 〈청포도〉, 〈광야〉 등의 작품으로, 독립운동가로도 널리 알려진 한용운은 〈님의 침묵〉으로, 이상화는 〈빼앗긴 들에도 봄은 오는가〉 등으로 강렬한 저항 의지와 독립에의 염원을 노래했다. 김소월은 우리 민족의 전통적인 정서인 '한'을 시에 담아 대표적인 민족시인으로 불린다.

📑 윤동주는 시를 통해 우리 민족에 대한 사랑을 노래한 시인이다.

우리나라 대표 대하소설은?

대하소설의 '대하(大河)'는 '큰 강'이라는 뜻이다. 즉, 작가가 선택한 특정 시대의 역사 속에 수많은 인물이 등장하여 강물이 흐르듯 서사가 이루어진다는 의미가 있다. 강물의 흐름처럼 긴 시간이 소설의 중요한 배경이며, 각각의 이야기들이 그 자체로 독립된 작품을 이루기도 한다.

한국 문학에서 대표적인 대하소설로는 1930~40년대에 발표된 염상섭의 《삼대》, 채만식의 《태평천하》 등이 있다. 이 작품들은 개화기에서 일제강점기에 걸친 기간 동안 가족 내 여러 갈등을 다루고 있는데, 세대 간의 차이와 사회적 변화 과정, 시대의 풍속 등을 보여준다.

이후 홍명희의 《임꺽정》, 유주현의 《대원군》과 《조선총독부》, 박경리의 《토지》를 거치면서 1970년대 장편 역사소설 창작이 가속화되었다. 그리고 이때부터 분량이 방대한 역사소설을 '대하소설'이라고 부르는 것이 보편화되었다.

지금까지 발표된 우리나라 대하소설 중에 대표적인 것으로는 황석영의 《장길산》, 이기영의 《두만강》, 박경리의 《토지》, 이병주의 《지리산》, 김주영의 《객주》, 조정래의 《태백산맥》, 《아리랑》, 《한강》 등이 있다.

답 황석영의 《장길산》, 조정래의 《태백산맥》, 박경리의 《토지》 등이 있다.

《셜록 홈스》는 어떤 시점의 소설일까?

《셜록 홈스》 시리즈는 명탐정 셜록 홈스의 이야기를 친구인 의사 왓슨이 기록하는 형식으로 전개된다. 그래서 이 작품은 주인공인 셜록이 아니라 옆에서 바라보는 왓슨의 시점으로 이야기가 진행된다. 여기서 '시점'이란 '소설에서 서술자가 이야기를 서술해 나가는 방식이나 관점'을 가리키는데, 서술자란 작가를 대신해 소설에서 이야기를 풀어내는 인물이다. 시점은 '서술자의 위치'에 따라, 또 '서술자가 어느 정도까지 정보를 알고 있느냐'에 따라 나눌 수 있다.

우선 서술자의 위치에서 따라서 이야기 속에 '나'가 등장하여 이야기를 풀어가면 '1인칭 시점', '나'가 등장하지 않고 작품 밖에서 이야기를 풀면 '3인칭 시점'이 된다. 또한 1인칭의 경우 '나'가 주인공인지 아닌지에 따라 주인공 시점과 관찰자 시점으로 나눈다. 3인칭의 경우, 서술자가 관찰자 위치에서 인물과 사건을 객관적인 태도로 전달하면 '관찰자 시점'이라고 하고, 서술자가 신처럼 전지전능한 위치에서 작품 속 인물과 사건에 대해 모두 알고 전달하면 '전지적 작가 시점'이라고 한다.

《셜록 홈스》의 경우 왓슨이 작품 속에서 '나'로 등장하므로 1인칭이고, 주인공이 아닌 친구의 입장에서 이야기를 풀어나가니 관찰자 시점이다. 따라서 《셜록 홈스》는 1인칭 관찰자 시점이다.

답 1인칭 관찰자 시점이다.

《아라비안나이트》는 무슨 구성이라고 할까?

영화의 단골 소재인 〈알라딘〉, 〈신드바드의 모험〉, 〈알리바바와 40인의 도적〉 등의 이야기들은 모두 《아라비안나이트》에 나오는 이야기이다. 이렇게 이야기 속에 다른 이야기가 들어가는 것을 '액자식 구성'이라고 부른다. 액자가 그림을 둘러서 그림을 돋보이게 하듯이, 바깥 이야기를 테두리로 사용하여 각각의 단편들을 연결하거나 상황을 이야기하는 기법이다.

이야기 전개에는 여러 방법을 사용하는데 그중 많이 쓰는 것이 현재에서 과거로 가는 전개로, 이를 '역행적 구성'이라고 한다. 이에 반해 시간 순서대로 흘러가는 것은 '순행적 구성'이라 한다.

같은 주제를 가지고 여러 이야기가 모여 하나의 큰 작품이 되는 경우도 있다. 앞에서 다룬 《셜록 홈스》처럼 같은 인물이 같은 배경을 가지고 독립적으로 전개되는 연작 소설은 '피카레스크 구성'이라고 한다. 이와 유사하지만 서로 독립된 이야기가 결국 하나의 주제를 가지고 묶이는 작품은 '옴니버스 구성'이라고 한다. 서로 관계없어 보이는 사람들이 같은 목적지를 향해 가는 것과 같다. 조세희가 쓴 《난장이가 쏘아올린 작은 공》이 대표적인 옴니버스 구성 소설이다.

답 이야기 속에 이야기가 들어가는 액자식 구성이다.

'내 마음은 호수'와 '호수 같은 내 마음'은 어떻게 다를까?

'내 마음은 호수요'는 김동명의 시 〈내 마음은〉의 첫 구절이다. 이 시에서 '내 마음'은 '호수'가 되어 그대가 노 저어 오게 하고, '촛불'이 되어 그대를 위해 타오르며, '나그네'가 되어 피리 소리를 듣고, '낙엽'이 되어 그대의 뜰에 머무르다 떠난다. 즉 '내 마음'이라는 추상적인 원관념을 여러 가지 구체적인 보조관념으로 비유하여 작가의 마음을 더 확실하게 느낄 수 있도록 표현했다. 이렇게 'A는 B'라는 형식으로 원관념과 보조관념을 동일시해서 표현하는 비유법을 '은유법'이라고 부른다.

비유법은 어떤 대상을 직접 설명하지 않고 유사성을 가진 다른 것에 빗대어 설명하는 방법이다. 여러 비유법 중에서 은유법과 함께 가장 많이 사용하는 것은 '직유법'인데, 비슷한 두 사물을 '같이, 처럼, 듯이'와 같은 말로 빗대어 표현하는 방법이다. 위의 '내 마음은 호수요'라는 시구를 직유법으로 표현하면 '호수 같은 내 마음'이 된다.

많이 쓰는 비유법에는 직유법, 은유법 외에도 사람이 아닌 것을 바람에 빗대어 표현하는 '의인법', 무생물을 생물처럼 표현하는 '활유법', 사물의 부분으로 전체를 나타내는 '대유법' 등이 있다.

답 '내 마음은 호수'는 은유법, '호수 같은 내 마음'은 직유법을 썼다.

비유법

틀리기 쉬운 맞춤법

–

맞는 표현	틀린 표현	맞는 표현	틀린 표현	맞는 표현	틀린 표현
가까워	가까와	곰곰/곰곰이	곰곰히	달이다 (간장을 ~)	다리다
가랑이	가랭이	곱빼기	곱배기		
가르마	가리마	괴로워	괴로와	담그다	담구다
가만히	가만이	구렁텅이	구렁텡이	–더라도	–드라도/ –드래도/ –더래도
가벼이	가벼히	구절	귀절		
각별히	각별이	구태여	구태어		
간드러진	간드러지는	굽이굽이	구비구비	더욱이	더우기
갈치	칼치	금세	금새	덤터기	덤탱이
강낭콩	강남콩	급랭(急冷)	급냉	덮이다	덮히다
개구쟁이	개구장이	–기에	–길래	돌	돐
개다(날씨)	개이다	깔때기	깔대기	두루마리	두루말이
개수	갯수	꺼림칙하다	꺼름직하다	드러나다	들어나다
객쩍다	객적다	껍질째	껍질채	딱따구리	딱다구리
거꾸로	꺼꾸로	꼭두각시	꼭둑각시	뚜렷이	뚜렷히
거친	거칠은	끄나풀	끄나불	–(으)ㄹ걸	–(으)ㄹ껄
겁쟁이	겁장이	끔찍이	끔찍히/끔찌기	–(으)ㄹ게	–(으)ㄹ께
–게 마련이다	–기 마련이다	나무라다	나무래다	–(으)ㄴ지	–(으)ㄹ런지
게재	게제	낭떠러지	낭떨어지	맞춤옷	마춤옷
겨레	겨례	내로라	내노라	머리말	머릿말
겸연쩍다	겸연적다/ 계면적다	냄비	남비	멋들어지게	멋드러지게
		넉넉지	넉넉치	메밀	모밀
고깔	꼬깔	널찍하다	넓찍하다	목돈	몫돈
고이	고히	널따란	넓다란	무	무우
–고자 함	–고저 함	넙죽	넓죽	무난하다	문안하다
고집퉁이	고집통이	눈살	눈쌀	미닫이	미다지
곤란	곤난	닦달하다	닥달하다	미루나무	미류나무

맞는 표현	틀린 표현	맞는 표현	틀린 표현	맞는 표현	틀린 표현
미숫가루	미싯가루	수평	수큉	이파리	잎파리
바람	바램	수놈	숫놈	익숙지	익숙치
반짇고리	반짓고리	승낙	승락	일꾼	일군
발자국	발자욱	시골내기	시골나기	일찍이	일찌기
백분율	백분률	신출내기	신출나기	잔디	잔듸
번번이	번번히	아무튼	아뭏든	잠그다	잠구다
법석	법썩	아지랑이	아지랭이	재떨이	재털이
부조금	부주금	안사돈	안사둔	저만큼	저만치
불문율	불문률	애달프다	애닲다	조그마하다	조그만하다
비계(돼지~)	비게	어이없다	어의없다	주책	주착
비비다	부비다	여물다	영글다	즐거이	즐거히
뻐꾸기	뻐꾹이	예부터/예로부터	옛부터	지루하다	지리하다
사글세	삭월세			집게손가락	검지손가락
산너머	산넘어	예삿일	예사일	짜깁기	짜집기
삼가다	삼가하다	오뚝이	오뚜기	찌개	찌게
상추	상치	오라비	오래비/올아비	촉촉이	촉촉히
생각건대	생각컨대			추스르다	추스리다
서슴지	서슴치	오랜만	오랫만	추어올리다	추켜올리다
선율	선률	왠지	웬지	치다꺼리	치닥거리
설거지	설걷이/설겆이	외톨이	외토리	케케묵다	켸켸묵다
		요컨대	요컨데	통째로	통채로
설레다	설레이다	우레	우뢰	통틀어	통털어
섭섭지	섭섭치	욱신거리다	욱씬거리다	풋내기	풋나기
셋째	세째	웃어른	윗어른	하마터면	하마트면
소박이	소배기	웬일이니	왠일이니	해코지	해꼬지
솔직히	솔직이	으레	의례/으례	횟수	회수

각주구검(刻舟求劍) '칼을 강물에 떨어뜨리자 뱃전에 그 자리를 표시했다가 나중에 그 칼을 찾으려 한다'는 뜻으로, 융통성 없이 현실에 맞지 않는 생각을 고집하는 어리석음을 이르는 말

견강부회(牽强附會) 이치에 맞지 않는 말을 억지로 끌어 붙여 자기에게 유리하게 함을 뜻한다.

계륵(鷄肋) '닭의 갈비'라는 뜻으로, 그다지 큰 소용은 없으나 버리기에는 아까운 것을 이르는 말

고식지계(姑息之計) 근본적인 해결책이 아니라 임시로 둘러맞춰 처리하거나 이리저리 주선하여 꾸며내는 계책을 이르는 말

곡학아세(曲學阿世) '학문을 굽혀 세상에 아첨한다.'는 뜻으로, 바른길에서 벗어난 학문으로 세상 사람에게 아첨함을 이르는 말

교각살우(矯角殺牛) '소의 뿔을 바로 잡으려다 소를 죽인다.'는 뜻으로, 잘못된 점을 고치려다가 그 정도가 지나쳐 오히려 일을 그르침을 이르는 말

교언영색(巧言令色) '교묘히 꾸며서 하는 말과 아첨하는 얼굴빛'이라는 뜻으로, 남의 환심을 사기 위해 아첨하는 말과 알랑거리는 태도를 이르는 말

교왕과직(矯枉過直) '구부러진 것을 바로잡으려다가 지나치게 곧게 한다.'는 뜻으로, 잘못을 바로잡으려다가 너무 지나쳐 오히려 일을 그르침을 이르는 말

교토삼굴(狡兎三窟) '교활한 토끼는 숨을 세 개의 굴을 파놓는다.'라는 뜻으로, 지혜롭게 준비하여 어려운 일을 면한다는 말

교학상장(敎學相長) 가르치고 배우는 과정에서 스승과 제자가 함께 성장한다는 말

기호지세(騎虎之勢) '호랑이를 타고 달리는 형세'라는 뜻으로, 호랑이를 타고 달리는 사람이 도중에서 내릴 수 없는 것처럼 이미 시작한 일을 중도에서 그만둘 수 없는 경우를 비유적으로 이르는 말

낭중지추(囊中之錐) '주머니 속의 송곳'이란 뜻으로, 재주가 뛰어난 사람은 저절로 드러난다는 말

마부작침(磨斧作針) '도끼를 갈아 바늘을 만든다.'는 뜻으로, 끊임없이 노력하면 성공을 거둘 수 있다는 말

백중지세(伯仲之勢) '누구를 형이라 아우라 하기 어렵다.'는 뜻으로, 우열을 가리기 힘들 정도로 엇비슷함을 이르는 말

부화뇌동(附和雷同) '우레 소리에 맞춰 함께한다.'는 뜻으로, 줏대 없이 남의 의견에 따라 움직임을 이르는 말

사면초가(四面楚歌) '사방에서 들리는 초나라의 노래'라는 뜻으로, 적에게 둘러싸인 상태나 누구의 도움도 받을 수 없는 상태에 빠짐을 이르는 말

삼인성호(三人成虎) '세 사람이면 없던 호랑이도 만든다.'는 뜻으로, 여럿이 말하면 말하면 남이 믿기 쉽다, 또는 여럿이 모이면 못할 일이 없다는 뜻

새옹지마(塞翁之馬) '변방에 사는 늙은이의 말'이란 뜻으로, 세상일의 좋고 나쁨을 미리 예측할 수 없다는 말

순망치한(脣亡齒寒) '입술을 잃으면 이가 시리다.'는 뜻으로, 가까운 사이의 한쪽이 망하면 다른 한쪽도 그 영향을 받아 온전하기 어려움을 비유하여 이르는 말. 서로 도움으로써 성립되는 관계를 일컫는다.

양두구육(羊頭狗肉) '양의 머리를 걸어 놓고 개고기를 판다.'는 뜻으로, 겉보기만 그럴듯하게 보이고 속은 변변치 못함을 이르는 말. 겉과 속이 다르거나 말과 행동이 일치하지 않음을 가리키기도 한다.

어부지리(漁父之利) '어부의 이득'이라는 뜻으로, 두 사람이 서로 싸우다 엉뚱한 사람이 이익을 얻게 된다는 말

연목구어(緣木求魚) '나무에 올라가서 물고기를 구한다.'는 뜻으로, 도저히 불가능한 일을 굳이 하려 함을 비유적으로 이르는 말

읍참마속(泣斬馬謖) '눈물을 머금고 마속을 참형에 처했다.'는 뜻으로, 큰 목적을 위하여 자기가 아끼는 사람을 버림을 이르는 말

조삼모사(朝三暮四) '아침에 세 개 저녁에 네 개'라는 뜻으로, 눈앞에 보이는 차이만 알고 결과가 같은 것을 모르는 어리석은 상황을 비유하는 말

지록위마(指鹿爲馬) '사슴을 가리켜 말이라고 한다.'는 뜻으로, 사실이 아닌 것을 끝까지 우겨 남을 속이려는 짓, 또는 윗사람을 속여 권세를 마음대로 함을 이르는 말

촌철살인(寸鐵殺人) '한 치 밖에 안 되는 칼로 사람을 죽인다.'는 뜻으로, 간단한 말로도 남을 감동하게 하거나 남의 약점을 찌를 수 있음을 이르는 말

침소봉대(針小棒大) '바늘만 한 것을 몽둥이만 하다고 말한다.'는 뜻으로, 작은 일을 크게 불리어 떠벌리는 것을 일컫는다.

토사구팽(兎死狗烹) '토끼를 사냥하고 나면 쓸모없어진 사냥개는 삶아 먹는다.'는 뜻으로, 필요할 때는 쓰고 필요 없어지면 버리는 경우를 이르는 말

형설지공(螢雪之功) '반딧불과 눈빛으로 공부하여 이룬 공'이란 뜻으로, 어려움을 이겨 내고 공부하여 얻는 보람을 이르는 말

환골탈태(換骨奪胎) '뼈를 바꾸고 태를 벗다.'라는 뜻으로, 몸과 얼굴이 몰라볼 정도로 아름답게 변하거나 시나 문장이 완전히 새로워졌음을 이르는 말

후안무치(厚顔無恥) '얼굴이 두껍고 부끄러움이 없다.'는 뜻으로 뻔뻔스러워 부끄러움이 없음을 이르는 말

수학

학교에 다닐 때 가장 많은 시간과 노력을 들였던 과목이 수학이지만 대부분의 어른에게 있어 졸업 후 머릿속에서 가장 빨리 사라지는 과목도 수학이다. 사실 수학은 단순히 공식을 외우고 문제를 푸는 학문이 아니다. 고대 그리스의 수학자들은 대부분 철학자이자 과학자였다. 수학은 논리적인 사고를 하기 위한 기본이며, 여러 문제를 해결하는 틀을 제공하는 학문이기 때문이다.

《어른 교과서 ─ 수학》에서는 여러 가지 수의 개념부터, 방정식과 인수분해, 단위와 도형, 확률과 통계 등 학창 시절 학교에서 배웠던 기본적인 문제 해결의 원리를 알려준다. 평생 벗어나지 못할 줄 알았던 '수포자'의 낙인을 씻어내는 길이 바로 여기 있다.

아라비아 숫자는
아라비아 사람이 만들었을까?

우리가 쓰는 숫자 '0, 1, 2, 3, 4, 5, 6, 7, 8, 9'는 흔히 '아라비아 숫자'라고 부른다. 그래서 흔히들 '아라비아에서 만들어진 숫자겠지?'라고 생각하기 쉽다. 그런데 이 10개의 숫자는 약 1,300년 전, 인도에서 만들어진 수 체계에서 시작한 것이다.

수의 역사를 따져보면 3 이상을 세는 데 몇백만 년이나 걸렸고, 2만 년 전에서야 뼛조각이나 나무 조각 위에 빗금을 새겨 수를 셌다. 그러나 제대로 된 수의 체계를 사용한 것은 기원전 3,400년 전, 메소포타미아에서 쓰인 육십진법이 처음이었고, 우리가 주로 사용하고 있는 십진법이 최초로 쓰인 것은 기원전 3,100년 전 고대 이집트였다.

메소포타미아의 수메르인들은 점토판에 1부터 60까지의 쐐기 모양 기호를 새겨 수를 셌고, 고대 이집트에서는 1은 막대기, 10은 뒤꿈치, 100은 밧줄 한 다발처럼 막대기와 사물의 모양을 본뜬 그림으로 수를 표시했다. 이 외에도 잉카에서는 끈에 매듭을 묶어 크기와 위치에 따라 숫자를 나타내었고, 고대 로마에서는 I(1), V(5), X(10), L(50), C(100), D(500), M(1000)의 7개 숫자를 기본으로 이용하는 등 다양한 수의 체계가 있었다. 그러나 어떤 수 체계에서도 큰 숫자를 쓰는 건 매우 복잡한 일이었다. 쐐기 문자로 큰 수를 쓰려면 쐐기가 늘어나야 했고, 고대 이집트의 수 기호로 123을 쓰려면 밧줄과 발뒤꿈치 두 개, 막대기 세 개를 그려야 했다.

그러던 차에 인도에서 나타난 숫자 체계는 실로 혁명적이었다. 인도에서는 이미 '1, 2, 3, 4, 5, 6, 7, 8, 9'라는 숫자와 함께 빈자리를 나타내는 작은 동그라미(●이나 ○)를 쓰고 있었는데, 기원후 700년 숫자를 '0, 1, 2, 3, 4, 5, 6, 7, 8, 9'로 정의하며 이때부터 '0'을 십의 자리, 백의 자리 등의 자릿값을 나타내는 기호로 사용하였기 때문이다.

10 단위로 한 자리씩 올리는 십진법 체계는 큰 단위의 수를 세고 계산하기에 편리했다. 당시 유럽에서 주로 사용하던 로마 수 체계에서는 큰 수가 나오면 새로운 숫자를 만들어야 했지만, 인도의 수는 그냥 계속 자릿수를 올려 주기만 하면 되었기 때문이다. 또한 십진법은 자릿값이 있어서 덧셈, 뺄셈, 곱셈, 나눗셈을 하기에도 편리했다.

인도의 수가 유럽에 전해진 것은 12세기경 아라비아 상인들에 의해서이다. 그래서 이 숫자는 아라비아 숫자가 아니라 '인도-아라비아 숫자'라고 부르는 것이 더 정확하다. 인도의 수는 당시 유럽에서 주로 사용하고 있던 로마 수 체계에 비해 사용이 편리했기에 점차 아라비아 숫자를 사용하는 것이 대중화되었다.

아라비아 숫자가 여타 다른 고대 숫자들을 제치고 세상을 정복한 것은 결국 편리성 덕분이다. 사람이 많아지고 문명이 발전하면서 점점 더 복잡하고 큰 수를 세야 했고, 결국 세기 쉽고 계산하기 쉬운 인도-아라비아 숫자가 선택받은 것이다.

답 원래 인도 사람이 만들었으며 아라비아 상인들을 통해 전파되었다.

수의 역사

정수 중에서 가장 늦게 발명된 숫자는?

앞에서 설명했다시피 0은 현재 사용하는 '0, 1, 2, 3, 4, 5, 6, 7, 8, 9'까지 의 아라비아 숫자 중에서 가장 늦게 사용하기 시작한 숫자이다. 고대에 사용한 숫자를 보면 0에 해당하는 기호가 발견되고 있으나, 당시에는 숫 자라기보다는 단순히 빈자리를 표시하는 기호로 사용되었고, 0의 개념 은 기호가 아닌 글자로 표현하였다.

아라비아 숫자가 처음 발명된 인도에서도 0이 숫자로 사용되기 시작 한 것은 기원후 700년이었다. 이후 인도 숫자를 접한 페르시아의 학자 알 콰리즈미가 이를 이용하여 사칙연산을 만들었고, 피보나치수열로 유 명한 레오나르도 피보나치가 유럽에 아라비아 숫자를 퍼뜨리려고 노력 하면서 점차 확산하기 시작하였다.

그러나 0이 처음부터 환영받았던 것은 아니다. 당시 1,000년 이상 로 마 숫자를 사용했던 사람들은 아무것도 없음을 나타내는 '0'을 악마의 아들로 여기면서 배척하고 꺼렸다. 그런데도 아라비아 숫자가 널리 사 용되기 시작한 것은 상인과 은행 덕분이었다. 가진 재산보다 빚이 커질 때를 표시할 수 있는 음수의 개념과 함께, 재산도 부채도 없는 '아무것 도 없는 상태'를 나타내는 수의 개념으로 0이 매우 유용했기 때문이다.

지금 수학에서 숫자로서의 0은 '없음'을 나타내는 수이며, 0보다 큰 수인 양수와 0보다 작은 수인 음수를 나누는 기준점인 수이다. '없음' 을 나타내는 0은 수학적으로나 철학적으로도 중요한 개념이었으며, 0으 로 인해 무한대로 큰 수를 세는 것이 가능해졌다. 0 덕분에 크고 복잡한 계산이 가능해졌고, 이는 수학과 과학을 획기적으로 발전시켰다. 그래서 숫자 0의 발명은 인류 역사상 가장 위대한 발명의 하나로 손꼽힌다.

➕ 0의 여러 가지 의미

가장 대표적으로 생각하는 0의 의미는 '아무것도 없다(無)'이며, 수에서는 자릿수를 표시하는 데 쓰인다. 소수에서 0은 소수 첫째 자리를 표시할 때 기준점으로 사용하며, 길이를 재는 시작점을 표현할 때도 쓴다.

🔲 숫자 0이 다른 수보다 늦게 발명되었다.

십이진법과 십진법, 어느 것이 먼저 쓰였을까?

수가 일정 간격으로 커질 때마다 자릿수를 올려 표기하는 방법이 진법이다. 자릿값이 올라감에 따라 몇 배씩 커지는지에 따라 이진법, 오진법, 십진법, 십이진법, 이십진법, 육십진법 등으로 구분할 수 있다.

우리가 주로 사용하는 십진법에서는 0에서 9까지 10개의 수를 세고 나면 1에 0을 붙여서 십의 자릿수로 올린다. 그런데 십이진법은 0부터 11까지 12개의 수를 한 묶음으로 하여 한 자리를 올린다.

현재는 수 세기와 계산에 편리한 십진법을 주로 사용하지만, 유럽에서 널리 사용되던 십이진법은 지금도 많이 쓰인다. 가장 대표적인 것은 시간이다. 1년은 12개의 달로 이루어졌고, 하루는 오전·오후 12시간을 기본 단위로 한다. 연필 등의 필기도구를 셀 때 쓰는 단위에서 1다스는 12자루이고, 길이의 단위인 1피트는 12인치이다. 우리가 쓰는 컴퓨터 키보드에서도 십이진법의 흔적을 찾아볼 수 있다. 맨 윗줄의 F 키가 F1에서 F12까지 12개인 것도 십이진법의 영향이다.

그 외의 진법들도 여전히 사용하고 있다. 예를 들어 컴퓨터에서는 0과 1만을 사용하는 이진법을 쓰는데 이진법의 경우 수의 길이는 길지만 수를 나타내는 방법이 간단하기 때문이다. 1시간이 60분인 것과 60갑자의 주기는 육십진법을 이용한 것이다.

답 십이진법이 먼저 쓰였다.

10은 '10 이상인 수'일까, '10 초과인 수'일까?

'이상'과 '초과'는 기준이 되는 수보다 큰 수를, '이하'와 '미만'은 기준이 되는 수보다 작은 수를 나타내는 말이다. 이들을 구분할 때는 하나만 기억하면 된다. 이상과 이하는 기준이 되는 수를 포함하지만, 초과와 미만은 기준이 되는 수를 포함하지 않는다는 것. 따라서 10은 '10 이상인 수'와 '10 이하인 수'에 포함된다. 또한 숫자가 너무 크거나 정확한 숫자를 쓸 수 없을 때 우리는 '어림수(근삿값)'를 쓴다. 어림수는 올림, 버림, 반올림의 방법을 사용한다.

◇ 올림 | 구하려는 자리 미만의 수를 올려서 나타내는 방법
구하려는 자리의 아래에 0이 아닌 수가 있으면 구하려는 자리의 수를 1 크게 하고 그 아래 자리의 수를 모두 0으로 나타내는 방법. 예를 들어 1234에서 십의 자리를 올려 백의 자릿수로 나타내면 1300이 된다.

◇ 버림 | 구하려는 자리 미만의 수를 모두 버려서 나타내는 방법
1234에서 십의 자리를 버려 백의 자릿수로 나타내면 1200이 된다.

◇ 반올림 | 반은 버리고 반은 올리는 방법
구하려는 자리 바로 아래 숫자가 5 미만인 0, 1, 2, 3, 4면 버리고, 5 이상인 5, 6, 7, 8, 9면 올린다. 따라서 1234에서 일의 자리를 반올림하면 1230이, 1235에서 일의 자리를 반올림하면 1240이 된다.

답 10은 10 이상인 수이다.

다음 토끼의 수를 구하시오

벽으로 둘러싸인 곳에 암수 한 쌍의 토끼가 있다. 이 토끼들은 한 달 뒤에 어른 토끼가 되고 두 달 후부터 매달 암수 한 쌍의 토끼를 낳으며, 이렇게 태어난 토끼들도 두 달 후부터 매달 암수 한 쌍의 토끼를 낳는다. 토끼들은 절대 죽지 않고, 암컷은 암수 한 쌍의 새끼를 둘째 달부터 계속해서 낳는다고 하면, 1년 후에는 몇 쌍의 토끼가 있을까?

...

위의 문제는 중세 이탈리아의 수학자인 레오나르도 피보나치가 쓴 수학책 《산반서》에 나오는 문제이다. 앞의 두 수를 더한 값이 다음 수가 되는 것으로 처음에 '1과 1'이었으면 그다음은 '1+1=2', 그다음은 '1+2=3', '2+3=5', '3+5=8' 이런 식으로 계속 더해 나가면 된다. 이렇게 쭉 더하면 '1, 1, 2, 3, 5, 8, 13, 21, 34, 55, 89, 144'이 되어 1년 후 토끼는 144쌍이 된다. 이와 같은 수의 나열을 '피보나치수열'이라고 한다.

놀랍게도 피보나치수열은 자연에서 많이 찾을 수 있다. 가장 흔하게 볼 수 있는 것이 꽃잎의 수이다. 주변에 피어 있는 꽃잎의 수를 세어 보면 거의 모든 꽃잎이 '1, 2, 3, 5, 8, 13…'으로 되어 있다. 암술과 수술을 보호하고, 최대한 많은 햇빛을 보기 위해서는 이 숫자의 꽃잎들이 겹쳐 있는 것이 효율적이기 때문이다. 촘촘한 해바라기의 씨나 앵무조개, 달팽이의 껍질 모양에서도 피보나치수열을 볼 수 있다. 이러니 피보나치수열을 '자연의 수학적 열쇠'라고 부르는 데 부족함이 없다.

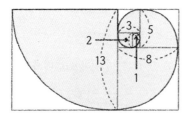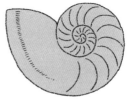

➕ 피보나치수열과 황금비

황금비란 가장 균형이 잘 맞고 이상적으로 보이는 비율이다. 어떤 직선을 둘로 나눴을 때 '전체 직선의 길이 : 큰 조각의 길이 = 큰 조각의 길이 : 작은 조각의 길이'가 되도록 나누고 이를 비율로 나타내면 '1 : 1.618033989…'이라는 무리수가 나오는데, 보통 소수 셋째 자리까지를 나타낸 '1 : 1.618'이 황금비로 통용된다. 조화와 균형을 사랑한 고대 그리스인들의 예술품과 건축물 등에서 황금비와 유사한 비율이 발견되곤 하며, 현재에도 건축, 미술, 음악 등 다양한 방면에서 사용되고 있다.

그런데 피보나치수열의 '5와 8', '8과 13', '13과 21' 등의 비율을 계산하면 황금비와 유사한 값이 나온다. 즉 피보나치수열에서 나란히 있는 두 숫자의 비율이 바로 이 황금비인 것이다.

🔲 토끼는 1년 후 144쌍이 된다.

-3은 정수일까, 유리수일까?

흔히 생각하는 수는 '1, 2, 3, 4…'로 이어지는 수이다. 그런데 수학 시간을 되돌아보면 우리가 풀었던 많은 수학 문제에 저렇게 간단한 숫자만 등장하지는 않았다. 그렇다면 얼마나 다양한 수의 종류가 있는 걸까?

$$
\text{실수}
\begin{cases}
\text{유리수}
\begin{cases}
\text{정수}
\begin{cases}
\text{양의 정수(자연수) : } 1, 2, 3, \cdots \\
0 \\
\text{음의 정수 : } -1, -2, -3, \cdots
\end{cases} \\
\text{정수가 아닌 유리수 : } \dfrac{1}{2}, -\dfrac{1}{2}, 1.5, 0.5555\cdots
\end{cases} \\
\text{무리수(유리수가 아닌 실수) : } \sqrt{2}, \pi(\text{파이})
\end{cases}
$$

'1, 2, 3, 4…'와 같은 수들은 '양의 정수(양수)'로, 우리가 평소 수 세기에 사용하는 가장 기본적인 수이다. '자연수'라고도 일컬으며, 양수 앞에 붙은 부호 (+)는 생략할 수 있다. 자연수에 '−(마이너스) 기호'가 붙은 '−1, −2, −3, −4…'는 '음의 정수(음수)'로, 0보다 작은 정수를 말한다. 그래서 '양의 정수, 음의 정수, 0'을 통틀어서 '정수'라고 한다.

분수나 소수와 같은 수는 더 큰 범위인 '유리수' 안에 포함되는 수이다. 유리수는 분자와 분모 모두를 정수로 나타낼 수 있는 수를 말한다. 분수로 나타낸 유리수를 '분자÷분모'로 계산하여 나타내면 정수, 유한소수, 순환소수 중 하나가 된다. 단, 이때 분모는 0이 될 수 없다.

유리수가 아닌 수, 즉 $\sqrt{2}$나 π처럼 분수로 나타낼 수 없는 순환하지 않는 무한소수는 '무리수'라고 부른다.

이러한 유리수와 무리수를 합친 '실수'가 바로 우리가 흔히 생각하는 수이다. 문제에서 제시한 −3은 음의 정수이니 우선 정수에 포함된다. 정수는 유리수에 포함되니 −3은 정수이자, 유리수, 실수이다.

➕ 소수의 종류

흔히 '소수(小數)'를 0에서 1 사이에 있는 수라고 생각한다. '0.2', '0.001'처럼 0과 1 사이에 있는 수가 소수인 것은 맞지만 '2.1', '3.14'처럼 1보다 큰 수도 모두 소수이다. 정확하게 말하면 소수는 일의 자리보다 작은 자릿값을 가진 수를 이르는 말이다. 이때 자릿값이 1보다 큰 자연수와 1보다 작은 소수 부분을 구별해 주는 점이 '소수점'이다.

분모와 분자가 정수로 이루어진 분수는 모두 소수로 나타낼 수 있다. 이때 ' $\frac{1}{10} = 0.1$, $\frac{1}{2} = 0.5$ '처럼 딱 떨어지는 경우를 '유한소수'라고 하며, ' $\frac{1}{3} = 0.333\cdots$ '처럼 소수점 아래가 계속 이어지는 경우를 '무한소수'라고 한다. 분수를 소수로 바꾸어 나오는 무한소수는 소수점 아래가 길어지더라도 결국은 같은 수가 반복되는 순환소수이다. 그러나 순환하지 않는 무한소수는 무리수여서 분수로 나타낼 수 없다.

🄳 −3은 정수이면서 유리수, 실수이다.

루트(√)란?

루트(√)가 무엇인지 설명할 수 있는지? √는 거듭제곱근을 나타내는 기호로 '근호'라고도 부른다. 거듭제곱근은 어떤 한 수(a)를 거듭 곱하여 x가 되었을 때 a를 이르는 말이다. 예를 들어 $\sqrt{4}$(루트 4)는 거듭 곱하여 4가 되는 수, 즉 2가 a에 해당한다.

그런데 $\sqrt{2}$(루트 2)에서 a의 값은 어떻게 될까? 거듭 곱해서 2가 되는 숫자를 계산해 보면 '1.4142135…'로 끝이 나지 않는다. 이러한 수를 앞에서 얘기한 대로 무한소수, 즉 '무리수'라고 한다.

이렇게 정수나 분수, 소수로 나타낼 수 없는 무리수를 표현하기 위해 등장하는 것이 √(루트)이다. 거듭제곱근은 √로, 세제곱근은 $\sqrt[3]{}$, 네제곱근은 $\sqrt[4]{}$로 표시한다.

그 외에 대표적인 무리수에는 원주율인 π(파이)가 있다. π는 '원의 둘레(원주)'를 '원의 지름'으로 나눈 수로, '3.141592…'로 계산되는데, 이 역시 순환하지 않는 무한소수이다.

🔟 루트는 거듭제곱근을 나타내는 기호이다.

$\frac{2}{2}$는 진분수일까, 가분수일까?

분수는 크게 진분수, 가분수, 대분수로 나눌 수 있다.

◇ **진분수** | '진짜 분수'라는 뜻으로, 위에 있는 분자가 아래 있는 분모보다 작다. 따라서 항상 0보다 크고 1보다 작다.

◇ **가분수** | 위에 있는 분자가 아래 있는 분모와 같거나 큰 분수를 이른다. 그래서 가분수는 1이거나 1보다 크다.

◇ **대분수** | 자연수와 진분수의 합으로 나타내는 분수. 대분수의 대는 '큰 대(大)'가 아니라 '띠 대(帶)'로 몸에 띠를 두르듯 자연수와 진분수가 연결된 분수라는 뜻이다.

따라서 분자가 분모보다 작은 $\frac{1}{2}$은 진분수, 분자가 분모보다 큰 $\frac{3}{2}$이나 분자와 분모가 같은 $\frac{2}{2}$는 가분수, $1\frac{1}{2}$은 대분수이다.

➕ 단위분수

$\frac{1}{2}, \frac{1}{3}, \frac{1}{4}$처럼 분자가 1인 분수를 말한다. 똑같이 나눈 2개 중 하나, 3개 중 하나, 4개 중 하나처럼 '몇 개 중 하나'를 뜻하는 단위분수가 분수의 시작이 되었다.

📋 $\frac{2}{2}$는 가분수이다.

18과 24의 최대공약수와 최소공배수는?

18과 24의 최대공약수, 최소공배수를 구할 때는 두 가지 방법이 있다. 문제를 풀기 전에 약수와 배수, 공약수와 공배수 등의 의미를 짚어보자.

◇ **약수**　　어떤 수를 나누어 떨어지게 하는 수

◇ **배수**　　어떤 수를 몇 배 한 수

◇ **공약수**　둘 이상의 수를 동시에 나누어 떨어지게 하는 수

◇ **공배수**　둘 이상의 수의 배수 중에서 공통인 수

◇ **최대공약수**　공약수 중에서 가장 큰 수

◇ **최소공배수**　공배수 중에서 가장 작은 수

1. 두 수를 각각 작은 수의 곱으로 나타낸 후 공통된 수로 구하기

$18 = 2 \times 3 \times 3,\ 24 = 2 \times 2 \times 2 \times 3$

최대공약수는 두 수의 곱셈식에서 '공통된 수의 곱($2 \times 3 = 6$)'이다. 최소공배수는 두 수의 곱셈식에서 '공통된 수와 그 외의 수를 모두 곱한 값($2 \times 3 \times 3 \times 2 \times 2 = 72$)'이다.

2. 두 수가 동시에 나누어지지 않을 때까지 나누어 구하기

$$
\begin{array}{r|cc}
2 & 18 & 24 \\
3 & 9 & 12 \\
\hline
& 3 & 4
\end{array}
$$

최대공약수는 두 수를 공통으로 나눈 수의 곱, 최소공배수는 두 수를 나눈 수와 남은 수를 모두 곱한 값이다.

답 최대공약수는 6, 최소공배수는 72이다.

$\frac{4}{12}$와 $\frac{7}{20}$의 약분과 통분

약분은 '분수의 분모와 분자를 공약수로 나누어 간단하게 하는 것'이고, 통분은 '분모가 다른 둘 이상의 분수의 분모를 같게 만드는 것'이다. 약분은 최대한 간단하게 만들어야 하므로 최대공약수로 나누는 게 좋고, 통분은 각 분모의 최소공배수를 공통분모로 삼으면 된다.

1. 약분하기

$\frac{4}{12}$의 분모 12와 분자 4의 공약수는 1, 2, 4이며, 최대공약수는 4이다. 따라서 $\frac{4}{12}$의 분모와 분자를 최대공약수 4로 나누면 $\frac{1}{3}$이 된다. 이때 $\frac{1}{3}$처럼 더 이상 약분할 수 없는 분수를 '기약분수'라고 한다. 반면 $\frac{7}{20}$은 공약수가 없으므로 약분을 할 수 없다.

2. 통분하기

$\frac{4}{12}$와 $\frac{7}{20}$ 두 분수를 통분하려면 먼저 분모 12와 20의 최소공배수를 구해야 한다. 앞서 설명한 최소공배수 구하는 공식에 따르면 12와 20의 최소공배수는 2×2×3×5이므로 60이다. 따라서 분모를 60으로 같게 하려면 $\frac{4}{12}$와 $\frac{7}{20}$에 각각 5와 3을 곱해야 하므로 두 수를 통분하면 $\frac{20}{60}$과 $\frac{21}{60}$이 된다.

🔲 $\frac{4}{12}$를 약분하면 $\frac{1}{3}$이고, $\frac{7}{20}$은 약분할 수 없다. 두 수를 통분하면 $\frac{20}{60}, \frac{21}{60}$이다.

받아 올림과 받아 내림이 있는 덧셈과 뺄셈 ①
- 세로식

받아 올림과 받아 내림은 덧셈, 뺄셈을 할 때 기본이 되는 원칙이지만 아이들이 초등학교 수학 과목에서 가장 먼저 난관에 부딪히는 지점이기도 하다. 그러니 이참에 받아 올림과 받아 내림으로 덧셈과 뺄셈을 하는 방법에 대해 정확히 알아두자.

◇ **받아 올림** ┃ 같은 자리 수끼리 더한 값이 10 이상이면 바로 윗자리로 10을 받아 올린다.

◇ **받아 내림** ┃ 뺄셈을 할 때 같은 자리의 수끼리 뺄 수 없으면 바로 윗자리에서 10을 받아 내린다.

덧셈과 뺄셈을 세로식으로 풀려면 자릿수에 맞춰 나란히 쓰고 일의 자리부터 차근차근 앞으로 계산해야 한다.

1. 받아 올림이 있는 덧셈

$$
① \quad \begin{array}{r} \overset{1}{758} \\ + \ 349 \\ \hline 7 \end{array} \qquad
② \quad \begin{array}{r} \overset{1}{758} \\ + \ 349 \\ \hline 07 \end{array} \qquad
③ \quad \begin{array}{r} \overset{1}{758} \\ + \ 349 \\ \hline 1107 \end{array}
$$

① 일의 자리인 8과 9를 더하면 17이니 십의 자리 위에 1을 올려 쓰고 일의

자리 수 7은 자릿수에 맞춰 쓴다.

② 십의 자리에 받아 올림 한 1과 5, 4를 더하면 10이 되니 백의 자리 위에 1을 올려 쓰고 십의 자리 수 0은 자릿수에 맞춰 쓴다.

③ 백의 자리에 받아 올림 한 1과 7, 3을 더하면 11이 된다. 천의 자리에 더할 수가 없으니 그대로 11을 내려쓰면 1107이 된다.

2. 받아 내림이 있는 뺄셈

$$
\begin{array}{r}
\overset{4\ \ 10}{6\ 5\ 7} \\
-\ 2\ 9\ 8 \\
\hline
9
\end{array}
\qquad
\begin{array}{r}
\overset{5\ 14\ 10}{6\ 5\ 7} \\
-\ 2\ 9\ 8 \\
\hline
5\ 9
\end{array}
\qquad
\begin{array}{r}
\overset{5\ 14\ 10}{6\ 5\ 7} \\
-\ 2\ 9\ 8 \\
\hline
3\ 5\ 9
\end{array}
$$

① 일의 자리 수 7에서 8을 뺄 수 없으니 십의 자리에서 10을 받아 내림한다. 십의 자리 수 5를 4로 고쳐 쓰고, 17에서 8을 빼고 남은 일의 자리 수 9를 자릿수에 맞춰 쓴다.

② 십의 자리 수 4에서 9를 뺄 수 없으니 백의 자리에서 10을 받아 내림한다. 백의 자리 수를 5로 고쳐 쓰고, 14에서 9를 빼고 남은 십의 자리 수 5를 자릿수에 맞춰 쓴다.

③ 마지막으로 백의 자리 수 5에서 2를 빼면 전체 답인 359를 구할 수 있다.

답 같은 자리 수끼리 더하여 10 이상이면 받아 올리고, 같은 자리 수끼리 뺄 수 없으면 바로 윗자리에서 10을 받아 내린다.

받아 올림과 받아 내림이 있는 덧셈과 뺄셈 ②
- 가르기와 모으기

덧셈과 뺄셈의 경우 앞에서 계산한 것처럼 자릿수를 맞춰 하나하나 계산하는 것이 기본 방법이다. 하지만 가르기와 모으기를 이용하여 수를 10이나 100 단위로 만들어서 계산하면 복잡한 수의 덧셈 뺄셈도 쉽게 답을 구할 수 있다.

1. 받아 올림이 있는 덧셈

8이 10이 될 수 있도록 5를 2와 3으로 가른 다음 8에 2를 더해서 10을 만들고 남은 3을 더하면 13이 된다.

$$8 + 5$$
$$\underset{2 \quad 3}{}$$
$$= (8 + 2) + 3$$
$$= 10 + 3$$
$$= 13$$

2. 받아 내림이 있는 뺄셈

15가 10이 될 수 있도록 7을 5와 2로 가른 다음 15에서 5를 빼서 10을 만들고 남은 2를 빼면 8이 된다.

$$15 - 7$$
$$\underset{5 \quad 2}{}$$
$$= (15 - 5) - 2$$
$$= 10 - 2$$
$$= 8$$

답 가르기와 모으기로 수를 10이나 100 단위로 만들어 계산한다.

'237×625'를 계산하면?

곱셈의 자릿수가 아무리 많더라도 곱셈의 원칙은 같다. 곱해지는 수에 곱하는 수를 일의 자리부터 자릿수를 올리며 차례로 곱한 다음 모두 더하는 것이다. 따라서 다음과 같이 세로식을 써서 순서대로 계산하면 아무리 복잡한 곱셈도 할 수 있다.

① 237	② 237	③ 237	④ 237
× 625	× 625	× 625	× 625
1185	1185	1185	1185
	474	474	474
		1422	1422
			148125

① 곱해지는 수 237과 곱하는 수의 일의 자리 수인 5를 곱하여 끝자리를 일의 자리부터 맞춰 쓴다.

② 곱해지는 수 237과 곱하는 수의 십의 자리 수인 2를 곱하여 끝자리를 십의 자리부터 맞춰 쓴다.

③ 곱해지는 수 237과 곱하는 수의 백의 자리 수인 6을 곱하여 끝자리를 백의 자리부터 맞춰 쓴다.

④ 마지막으로 각각 곱한 수를 일의 자리부터 자릿수에 맞춰 더한다.

답 148125

'37+{16÷(9-5)×7-12}÷8'은 어디부터 계산해야 할까?

사칙연산과 여러 가지 괄호가 섞여 있을 땐 당황하지 말고 다음 규칙을 떠올리자.

> ① 소괄호 ( ) → 중괄호 { } → 대괄호 [ ] 순서대로 푼다.
>
> ② 덧셈과 뺄셈이 섞여 있거나, 곱셈과 나눗셈이 섞여 있으면 무조건 앞에서부터 푼다.
>
> ③ 덧셈, 뺄셈, 곱셈, 나눗셈이 모두 섞여 있다면 먼저 곱셈과 나눗셈을 풀고, 그 다음 덧셈과 뺄셈을 푼다.

따라서 소괄호, 중괄호, 대괄호 순서로 계산하되, 괄호 안에 사칙연산이 섞여 있다면 괄호 앞에서부터 곱셈이나 나눗셈을 찾아 푼 다음, 순서대로 덧셈과 뺄셈을 계산하면 된다. 이에 따라 문제를 풀면 다음과 같다.

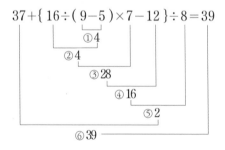

답 소괄호 안에 있는 (9-5)를 제일 먼저 계산한다.

(-a)×(-b)는 양수일까, 음수일까?

음수끼리 더하면 여전히 음수인데 음수끼리 곱하면 왜 양수가 될까? 음수와 음수를 곱하면 양수가 된다는 것은 하나의 수학적 약속이다. 그러나 '−3이 2보다 작은데 어떻게 −3의 제곱이 2의 제곱보다 크냐?'라는 반론은 18세기까지도 상식으로 통용되었다. 유명한 프랑스의 작가 스탕달도, 천재로 손꼽히는 파스칼도 음수에 음수를 곱한 것이 양수라는 사실에 대해 반대를 제기했다.

음수에 음수를 곱한 것이 양수임을 증명하는 데는 몇 가지 방법이 있다. 가장 쉬운 것은 수에 방향성을 주고 수직선에 표시해보는 방법이다. 즉 양수를 계산하면 수직선의 + 방향으로, 음수를 계산하면 수직선의 − 방향으로 움직인다.

예를 들어 (2)×(3)은 2를 3번 더하는 것이므로, 수직선의 0에서 양의 방향으로 2칸씩 3번 이동한 결과로 생각할 수 있다. 또한 (−2)×(3)은 − 방향으로 2칸씩 3번, 즉 −2만큼 움직이는 과정을 3번 반복한 것으로 생각할 수 있다.

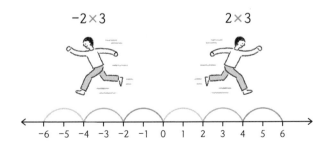

양수와 음수의 계산

(−2)×(−3)의 경우를 생각해 보면 −2의 반대 방향으로 3번 움직이는 것에 해당하고, 이것은 2를 3번 더한 것과 같아지므로, (−2)×(−3)=6이 된다. 따라서 문제에 있는 (−a)×(−b)는 음수끼리 곱한 수이므로 양수가 된다.

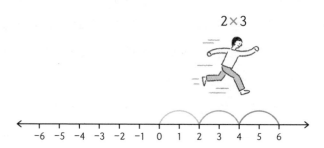

2×3

곱하는 수가 여럿일 때는 이렇게 기억하면 쉽다. 곱하는 −의 개수가 짝수이면 답은 양수(+), 곱하는 −의 개수가 홀수이면 답은 음수(−)이다.

$$(-a) \times (-b) = ab$$
$$(-a) \times (-b) \times (-c) = -abc$$
$$(-a) \times (-b) \times (-c) \times (-d) = abcd$$

답 양수인 ab이다.

일차방정식 '$7x+9=51$'에서 x의 값은?

덧셈, 뺄셈, 곱셈, 나눗셈까지는 자신이 있던 사람도 방정식 앞에서는 머뭇거리기 쉽다. 방정식에는 미지의 수 x가 등장하기 때문이다.

방정식은 '미지수의 값에 따라 참이 되기도 하고 거짓이 되기도 하는 등식'이다. 예를 들어 '$2x+5=9$'라는 식에서 x의 값이 1이면 '$(2\times1)+5=9$'이므로 거짓이 되지만, x의 값이 2라면 '$(2\times2)+5=9$'이므로 참이 된다. 그러니 '$2x+5=9$'는 방정식이다. 하지만 '$2x+5$', '$2x+5 \rangle 9$'와 같은 식은 등호(=)가 없으니 방정식이 아니다. 또한 '$2x+x=3x$'는 x에 어떤 수를 넣어도 참이 되는 '항등식'이므로 방정식이 아니다.

방정식을 푼다는 것은 방정식이 참이 되는 미지수의 값을 구하는 것이다. 부등호 양편에 있는 식을 '변'이라고 하는데, 왼쪽을 '좌변', 오른쪽을 '우변'이라고 부른다. 방정식의 값을 구하려면 등호의 양변에 같은 수를 더하거나, 빼거나, 곱하거나, 0이 아닌 같은 수로 나누어도 성립한다는 방정식의 성질을 이용하면 된다. 그러면 '$7x+9=51$'을 풀어 보자.

1 $7x+9-9=51-9$ ⋯• 양변에 -9를 더하여 좌변을 단순화한다.

2 $7x=42$

3 $7x\div7=42\div7$ ⋯• 양변을 7로 나눈다.

4 $x=6$

🔢 $7x+9=51$에서 x의 값은 6이다.

연립방정식 '$3x+y=33$, $x-y=3$'에서 x, y의 값은?

'$3x+y=33$, $x-y=3$'과 같이 2개 이상의 미지수를 포함하는 방정식 묶음을 '연립방정식'이라고 부른다. 보통 미지수가 2개이면 식도 2개, 미지수가 3개이면 식도 3개이다. 연립방정식을 푸는 방법에는 가감법과 대입법 두 가지가 있는데 둘 중 고치기 쉬운 방식을 선택하면 된다.

1. 가감법 - 두 일차방정식을 변끼리 더하거나 빼서 답을 구하는 방법

두 식을 더해서 미지수 y를 없애고 x의 값을 구한 후 y의 값을 구한다. '$4x=36$'의 양변을 4로 나누면 '$x=9$'가 된다. 따라서 '$x-y=3$'에 x의 값을 대입하면 '$9-y=3$'이므로 '$y=6$'이 된다.

$$\begin{array}{rrcr} 3x & + \; y & = & 33 \\ +) \quad x & - \; y & = & 3 \\ \hline 4x & & = & 36 \end{array}$$

2. 대입법 - 한 방정식을 다른 방정식에 대입하여 답을 구하는 방법

두 번째 식 '$x-y=3$'을 '$x=y+3$'으로 고쳐 첫 번째 식에 대입한다. 그러면 '$3(y+3)+y=33$' → '$3y+9+y=33$' → '$4y+9=33$' → '$4y=24$' → '$y=6$'이 나온다. 이 값을 '$x=y+3$'에 넣으면 '$x=9$'가 된다.

답 x의 값은 9, y의 값은 6이다.

곱셈식 '$(x+3)(x+5)$'를 전개하면?

곱셈 괄호로 묶여 있는 식을 덧셈과 뺄셈의 형태로 풀어 주는 것을 '전개'라고 한다. 하나하나 풀어서 곱한 다음 공통의 수를 더하거나 빼서 정리하는 것이다. 문제의 곱셈식의 경우, 앞 괄호의 x와 3을 뒤 괄호의 x와 5에 각각 곱해서 차례로 계산하면 된다.

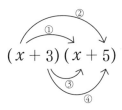

'$(x+3)(x+5)$'='$x^2+5x+3x+15$'. 그런 다음 공통의 x항끼리 더하면 '$x^2+8x+15$'가 된다.

➕ 외워두면 좋은 곱셈 공식

$(a+b)^2=a^2+2ab+b^2$

$(a-b)^2=a^2-2ab+b^2$

$(a+b)(a-b)=a^2-b^2$

$(x+a)(x+b)=x^2+(a+b)x+ab$

답 $x^2+8x+15$

'$x^2+8x+15$'를 인수분해하면?

인수분해는 앞에서 다루었던 전개와 반대 개념이다. 여기에서 '인수'란 분해를 했을 때 분해된 각각의 수나 식을 말한다. 전개와 분해는 방정식을 쉽게 풀 수 있게 도와주므로 곱셈 공식과 인수분해 공식을 완전히 익혀야 한다. 그래야 문제를 접했을 때 어떤 공식을 적용할지 빠르게 판단할 수 있기 때문이다. 인수분해할 때의 요령은 다음과 같다.

1. 공통 인수가 있으면 괄호로 묶어 낸다.
2. 인수분해 공식을 적용할 수 있는지 점검한다.
3. 공식을 적용할 수 없으면 식을 변형하여 정리한다.

문제의 '$x^2+8x+15$'에서 공통 인수는 x이고, 마지막 15는 '3×5'로 분해할 수 있다. 따라서 '$x^2+(a+b)x+ab=(x+a)(x+b)$'의 공식을 적용하면 '$(x+3)(x+5)$'가 된다.

➕ 곱셈 공식을 반대로 한 인수분해 공식

$a^2+2ab+b^2=(a+b)^2$

$a^2-2ab+b^2=(a-b)^2$

$a^2-b^2=(a+b)(a-b)$

$x^2+(a+b)x+ab=(x+a)(x+b)$

🔲 $(x+3)(x+5)$

이차방정식 '$x^2+3x-28=0$'에서 x의 값은?

x에 대한 이차방정식은 방정식의 모든 항을 왼쪽으로 옮겨 정리했을 때 'x에 관한 이차식$=0$'의 꼴로 나타내어지는 방정식이다. 이차방정식을 푼다는 것은 결국 미지수가 무엇인지 알아내는 것이므로, 인수분해한 후 각각의 식을 0으로 만드는 값을 찾으면 된다.

먼저 '$x^2+3x-28$'을 인수분해해보자. 이 이차방정식에 적용할 수 있는 인수분해 공식은 '$x^2+(a+b)x+ab=(x+a)(x+b)$'이다. 더했을 때 3이 되고 곱했을 때 -28이 되는 수는 '-4'와 '7'이므로 '$(x-4)(x+7)=0$'으로 인수분해할 수 있다. 따라서 x의 값은 4 또는 -7이다.

이처럼 이차방정식을 인수분해하면 2개 식의 곱으로 정리되기 때문에 이차방정식의 답은 2개인 경우가 대부분이다. 다만 분해된 식이 '$(x-4)^2$'처럼 거듭제곱의 꼴로 정리될 경우는 답이 1개가 된다.

답 x의 값은 4 또는 -7이다.

이차방정식

부등식 $x \geq 5$에서 x는 어떤 수일까?

'부등식(不等式)'은 한자의 뜻 그대로 '등식(等式)'이 아닌 식, 즉 '양변이 같지 않은 식'을 말한다. 수학에서 부등식은 부등호를 사용하여 두 수, 또는 두 식의 대소 관계를 나타낸다. 부등호에는 $>$, $<$, $\geq$, $\leq$가 있다.

$$x > 5 \qquad x \text{는 5보다 크다.}$$
$$x < 5 \qquad x \text{는 5보다 작다.}$$
$$x \geq 5 \qquad x \text{는 5보다 크거나 같다.}$$
$$x \leq 5 \qquad x \text{는 5보다 작거나 같다.}$$

부등식은 방정식과 같이 양변에 같은 수를 더하거나 빼도 방향이 바뀌지 않는다. 곱하거나 나눌 때도 마찬가지이다. 다만 양변에 음수를 곱하거나 나누면 부등호의 방향이 반대로 바뀐다. 그래서 부등식의 풀이는 음수를 곱하거나 나눌 때를 제외하면 방정식 풀이법과 같다.

부등식 역시 방정식처럼 최고차 항의 항수에 따라 일차부등식, 이차부등식, 삼차부등식 등으로 분류되며, 부등식을 푼다는 것은 그 부등식을 참으로 만드는 답의 범위를 구하는 것이다.

답 x는 5보다 크거나 같은 수이다.

1부터 100까지 자연수를 모두 더하면 얼마일까?

'1+2+3+4+…+99+100'의 답을 구하는 가장 기초적인 방법은 1부터 100까지 하나씩 다 더하는 것이다. 그런데 이것보다 좀 더 간단한 방법이 있다. 먼저 1부터 100까지의 수를 죽 늘어놓은 다음 그 아래에 100부터 1까지 수를 늘어놓고 더해보자.

$$
\begin{array}{r}
1 + 2 + 3 + 4 + \cdots + 99 + 100 \\
+)\ \overline{100 + 99 + 98 + 97 + \cdots + 2 + 1} \\
\hline
101 + 101 + 101 + 101 + \cdots + 101 + 101
\end{array}
$$

각 덧셈의 값은 모두 101이다. 101이 100개이니 총 10100인데 1부터 100까지의 수를 두 번 더한 것이므로 10100을 2로 나누면 5050이 된다. 이것을 n이라는 미지수를 활용하여 공식으로 정리하고 풀면 다음과 같다.

$$
\frac{n(1+n)}{2} = \frac{100(1+100)}{2} = \frac{100 \times 101}{2} = \frac{10100}{2} = 5050
$$

이것은 훗날 '수학의 왕자'라 불리는 독일의 수학자 가우스가 겨우 10살 때 생각해낸 방법이다. 이 식을 이용하면 연속된 자연수의 합 외에도 연속된 홀수나 짝수의 합 등도 쉽게 구할 수 있다.

📖 1부터 100까지 모두 더하면 5050이다.

가우스의 덧셈

1인치는 몇 센티미터일까?

우리가 길이를 잴 때 가장 많이 쓰는 단위는 m(미터)와 cm(센티미터)이다. 이렇게 m(미터)를 기준으로 하는 길이 단위를 '미터법'이라고 하며, inch(인치)를 기준으로 하는 길이 단위를 '야드 파운드법'이라고 한다.

'미터법'은 1790년 프랑스에서 지구 자오선 길이의 4000만 분의 1을 1m로 하여 길이와 무게, 부피와 들이를 정리한 길이 단위이다. 미터법은 현재 길이 단위의 국제적 표준이 되어, 세계 70여 개국 이상이 공식적으로 채택해서 사용하고 있다.

그런데 아직 이전의 길이 단위를 사용하는 나라도 많다. 그중 대표적인 것이 inch(인치), ft(피트), yd(야드), mile(마일)로 길이를 재는 '야드 파운드법'으로 영국과 미국 등지에서 사용하고 있다. 야드 파운드법에서는 1야드를 0.9144m로 공식 정의하고 있는데, 야드 파운드법에 따른 수치를 미터법으로 환산하면 다음과 같다.

1inch	2.54cm
1ft	30.48cm
1yd	91.44cm
1mile	1.609km

$$1yd = 3ft = 36inch$$
$$1mile = 1760yd$$

🅐 1inch는 2.54cm이다.

24평 집은 몇 제곱미터일까?

'평'은 넓이를 나타내는 우리나라의 전통 단위이다. 1평은 가로세로 각각 6자(1간)인 정사각형의 넓이로, 한 변이 대략 1.81m인 정사각형의 넓이와 같아서 약 3.3m²이다. 요즘은 '리, 정, 간'과 같이 길이를 나타내는 전통 단위를 거의 사용하고 있지 않지만 '평'은 아직도 집이나 땅의 넓이를 표시할 때 많이 쓰인다. 하지만 2007년부터 평 대신 제곱미터를 쓰도록 규정하면서 현재는 m²로 환산해서 사용한다.

미터법에서 넓이를 나타내는 단위는 길이를 나타내는 단위의 제곱이다. 따라서 가로세로가 1cm인 정사각형의 넓이는 1cm²(제곱센티미터)이고, 가로세로가 1m인 정사각형의 넓이는 1m²(제곱미터)이다. cm²나 m²보다 큰 경우에는 a(아르), ha(헥타르), km²(제곱킬로미터) 등의 단위를 사용하는데, a와 ha는 1m²와 1km² 사이의 차가 커서 생겨난 단위이다.

야드 파운드법 역시 ft²(제곱피트), yd²(제곱야드) 등 제곱 단위와 ac(에이커)를 사용하는데, 야드 파운드법에 따른 넓이를 미터법으로 환산하면 1ft²=9.3cm², 1yd²=0.836m², 1ac=40.468a 정도이다.

$$1km = 1000m = 100000cm$$
$$1km^2 = 100ha = 10000a = 1000000m^2$$

■ 답 1평은 약 3.3m²이므로 24평은 약 79.2m²이다.

넓이의 단위

스타벅스 톨 사이즈 음료는 몇 밀리리터일까?

대표적인 커피전문점인 스타벅스에서는 음료를 여러 사이즈 중에서 고를 수 있다. 가장 작은 숏 사이즈는 237mL이고 톨은 355mL, 그란데는 473mL, 벤티는 591mL이다. 편의점에서 파는 우유나 병 음료는 200mL, 500mL 등으로 딱 떨어지는 수가 많은데, 스타벅스에서는 왜 이렇게 복잡한 용량으로 음료를 제공할까?

그 이유는 스타벅스가 미국 기업이기 때문이다. 미국에서는 미터법이 아닌 야드 파운드법 단위를 사용하는데 1oz(온스)를 미터법의 mL(밀리리터) 단위로 환산하면 약 29.57mL가 된다. 즉 8oz, 12oz, 16oz, 20oz 들이의 컵을 미터법으로 환산하면 각각 대략 237mL, 355mL, 473mL, 591mL가 되는 것이다.

미터법에서 기본이 되는 들이의 단위는 L(리터)이다. 가로, 세로, 높이가 각각 10cm인 그릇의 부피는 10을 세제곱한 $1000cm^3$(세제곱센티미터)인데 $1cm^3$에 들어가는 물의 양은 1mL이므로 1000mL=1L가 된다.

야드 파운드법에서 사용하는 들이 단위인 oz(온스), gal(갤런), bbl(배럴)을 미터법으로 환산하면 1oz=29.57mL, 1gal=3.79L, 1bbl=158.9L이다.

답 12oz(온스)를 기본으로 하므로 약 355mL이다.

2리터 페트병에 담긴 생수의 무게는 얼마일까?

미터법에서는 내부가 1cm³ 부피인 그릇에 들어가는 물 1mL의 무게를 1g으로 잡는다. 그러니 2L 페트병에 담긴 생수의 무게는 2kg이다.

부피와 들이는 비슷하긴 하지만 엄연히 다른 단위이다. 부피는 어떤 입체가 차지하는 공간의 크기이고, 들이는 그 그릇에 들어가는 내용물의 양을 말한다. 한 모서리가 10cm인 정육면체 그릇이 있다면, 그 그릇의 부피는 10cm×10cm×10cm인 1000cm³이고, 이 그릇에 물을 넣었을 때 이 그릇에 들어가는 물의 양을 들이로 나타내면 1L가 된다.

그런데 이것은 그릇의 두께가 없다고 가정했을 때의 환산이다. 실제로 정확한 들이를 재려면 그릇의 내부 규격을 재야 한다. 하지만 수학에서는 이런 경우 보통 그릇 두께가 없다고 간주하고 문제를 푼다.

➕ 물의 부피와 들이, 무게

같은 부피여도 물체마다 무게가 다르다. 같은 그릇에 물과 휴지를 넣고 무게를 재보면 이해가 빠를 것이다. 물은 온도에 따라 부피가 달라지므로 물의 부피가 가장 작은 4℃일 때를 기준으로 1cm³＝1mL＝1g가 된다. 이 조건으로 보면 물 1L의 무게는 1000cm³＝1000g＝1kg이고 1m³＝1000L＝1kL＝1000kg＝1t이다.

답 2L 생수병에 담긴 물의 무게는 약 2kg이다.

정삼각형은 예각삼각형일까,
둔각삼각형일까?

삼각형은 3개의 선분으로 둘러싸인 도형이다. '삼각(三角)'이라는 이름처럼 '각(角)'이 3개이며, 꼭짓점도 3개이다. 선분이 3개보다 적으면 면을 만들 수 없기 때문에 삼각형은 선분으로 이루어진 다각형 중에서 가장 간단하고 기본이 되는 도형이다.

삼각형은 다각형을 이루는 선분의 명칭인 변의 길이나 내각의 크기에 따라 다음과 같이 분류하여 부른다.

1. 변의 길이에 따른 삼각형의 분류

- 이등변삼각형 : 두 변의 길이가 같은 삼각형

- 정삼각형 : 세 변의 길이가 모두 같은 삼각형

- 부등변삼각형 : 세 변의 길이가 모두 다른 삼각형

2. 각의 크기에 따른 삼각형의 분류

- 직각삼각형 : 세 각 중 한 각이 직각(90°)인 삼각형

- 둔각삼각형 : 한 각이 90°보다 크고 180°보다 작은 둔각인 삼각형

- 예각삼각형 : 세 각이 모두 90°보다 작은 예각인 삼각형

모든 삼각형은 세 각의 합이 180°이다. 그중 정삼각형은 세 변의 길이가 모두 같고, 세 각의 크기도 모두 60°이다. 그러므로 정삼각형은 예각삼각형에 해당한다.

➕ 삼각형의 넓이 = 밑변 × 높이 ÷ 2

삼각형의 넓이를 구하는 공식은 '밑변×높이÷2'이다. 삼각형의 모든 변이 밑변이 될 수 있는데, 밑변에 따라 높이가 달라진다. 그러나 모양이 다른 삼각형이라도 밑변의 길이와 높이가 같으면 넓이는 같다.

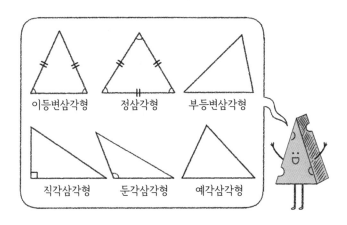

이등변삼각형   정삼각형   부등변삼각형

직각삼각형   둔각삼각형   예각삼각형

🔲 정삼각형은 예각삼각형이다.

직사각형, 정사각형 외에 또 어떤
사각형이 있을까?

삼각형이 3개의 선분으로 둘러싸인 도형이라면, 사각형은 4개의 선분으로 둘러싸인 도형으로 각과 꼭짓점도 모두 4개이다. 이를 역으로 얘기하자면 우리가 흔히 아는 사각형의 모양이 아니더라도 선분과 꼭짓점, 각이 모두 4개라면 사각형이다.

◇ **사각형**   네 개의 선분으로 둘러싸인 도형
◇ **마름모**   네 변의 길이가 모두 같은 사각형
◇ **직사각형**   네 각의 크기가 모두 같은 사각형
◇ **정사각형**   네 각의 크기와 네 변의 길이가 모두 같은 사각형
◇ **사다리꼴**   마주 보는 변 중 한 쌍이 평행인 사각형
◇ **평행사변형**   마주 보는 두 쌍의 변이 모두 평행한 사각형

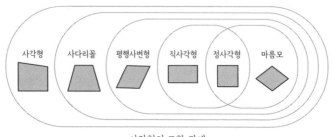

사각형의 포함 관계

답 사다리꼴, 평행사변형, 마름모 등이 있다.

사다리꼴의 넓이는 어떻게 구할까?

흔히 사각형의 넓이를 구하는 방법을 물어보면 '(가로)×(세로)'라고 답한다. 그런데 이것은 엄밀히 말하면 직사각형의 넓이를 구하는 방법으로 이 방법으로는 모든 사각형의 넓이를 구하기 어렵다. 사다리꼴이나 평행사변형, 마름모는 가로변과 세로변을 가지고 있지 않기 때문이다. 다음은 사각형의 종류별로 넓이를 구하는 공식이다.

◇ **직사각형의 넓이**　　　= 가로×세로
◇ **정사각형의 넓이**　　　= 한 변의 길이×한 변의 길이
◇ **평행사변형의 넓이**　　= 밑변×높이
◇ **사다리꼴의 넓이**　　　= (윗변＋아랫변)×높이÷2
◇ **마름모의 넓이**　　　　= 한 대각선의 길이×다른 대각선의 길이÷2

　사각형의 넓이는 사각형의 포함 관계에서 더 큰 범주의 넓이 구하는 방식으로도 구할 수 있다. 예를 들어 정사각형의 경우, 마름모를 구하는 방식으로 넓이를 구해도 된다.

　삼각형의 넓이 구하는 공식과 여러 가지 사각형의 넓이 구하는 공식을 알고 있으면 모든 다각형의 넓이를 구할 수 있다. 다각형을 삼각형이나 사각형으로 쪼개서 각각의 넓이를 구해서 더하면 되기 때문이다.

🅐 사다리꼴의 넓이는 (윗변＋아랫변)×높이÷2로 구할 수 있다.

sin, cos, tan란 무엇일까?

'sin(사인), cos(코사인), tan(탄젠트)'. 낯선 외계어처럼 보이는 이 용어들은 삼각형의 변의 길이의 비, 즉 '삼각비'를 나타내는 말이다.

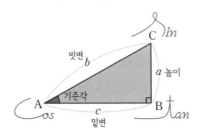

그림과 같은 직각삼각형 ABC에서 각 A의 크기가 일정하면 삼각형의 크기가 변하더라도 변의 길이의 비는 항상 일정하다. 이 일정한 값을 기호로 나타낸 것이 'sin, cos, tan'이다. 이때 어느 각을 기준각으로 하는 지에 따라 결과가 달라지는데, 다음은 직각삼각형 ABC에서 각 A를 기준각으로 했을 때 삼각비를 구하는 방법이다.

◇ 사인 sinA $\quad = \dfrac{\text{높이}}{\text{빗변의 길이}} = \dfrac{a}{b}$

◇ 코사인 cosA $\quad = \dfrac{\text{밑변의 길이}}{\text{빗변의 길이}} = \dfrac{c}{b}$

◇ 탄젠트 tanA $\quad = \dfrac{\text{높이}}{\text{밑변의 길이}} = \dfrac{a}{c}$

삼각비를 알고 있으면 삼각형의 변이나 각의 일부만 알고 있어도 다른 변의 길이를 구할 수 있고, 여러 도형의 넓이를 구할 수 있어서 활용도가 높다. 헷갈려서 계산이 어렵긴 하지만 말이다.

예를 들어 직각삼각형 ABC에서 각 A가 30°이면, 각 B는 60°이므로 a의 길이를 1로 했을 때 b는 2가 되고, c는 피타고라스의 정리와 루트를 이용하여 구하면 $\sqrt{3}$ 이다. 그러면 기준각 30°의 삼각비 값을 구할 수 있는데, sin30°는 $\dfrac{a}{b} = \dfrac{1}{2}$ 이고, cos30°는 $\dfrac{c}{b} = \dfrac{\sqrt{3}}{2}$, tan30°는 $\dfrac{a}{c} = \dfrac{1}{\sqrt{3}}$ $= \dfrac{\sqrt{3}}{3}$ 이다.

복잡해 보이지만, 교과서에서 다루고 있는 개념인지라 피해 갈 순 없다. 그런데 다행히도 삼각비를 구하는 문제는 중학교 3학년은 되어야 나온다. 그러니 이 책에서는 sin, cos, tan가 무엇인지만 알고 넘어가도록 하자.

➕ sin, cos, tan 기억하기

여러 가지 삼각비가 각각 어느 변을 쓰는지 헷갈리기 때문에 착안해낸 방법이 각각의 첫 글자를 모서리에 두는 것이다. sin은 s, cos은 c, tan는 t의 필기체 모양을 직각삼각형 각 모서리에 써 두면 어떤 변을 어떤 변으로 나누는지 기억하기 쉽다.

📖 sin(사인), cos(코사인), tan(탄젠트)는 삼각비를 나타내는 말이다.

삼각비

피타고라스의 정리를 식으로 정리하면?

피타고라스는 기원전 6세기 무렵 고대 그리스의 철학자이자 수학자이다. '직각삼각형의 빗변의 길이를 제곱한 것은 다른 두 변의 길이를 각각 제곱하여 더한 것과 같다'는 것이 바로 유명한 피타고라스의 정리이다.

앞서 사각형의 넓이 구하는 공식에 따르면 정사각형의 넓이는 '한 변의 길이의 제곱'과 같으므로, '직각삼각형의 빗변을 한 변으로 하는 정사각형의 면적은 다른 두 변을 각각 변으로 하는 두 정사각형의 면적의 합'과 같다. 이를 식으로 나타내면 '$a^2+b^2=c^2$'이다.

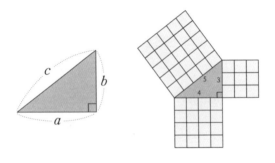

그런데 어찌 보면 단순한 피타고라스의 정리가 모든 수학 공식 중에서 가장 유명한 이유는 무엇일까? 피타고라스의 정리를 이용하면 직접 측량하지 못하는 거리나 높이 등을 구할 수 있고, 거대한 구조물들을 수직으로 똑바로 세우는 일도 가능하기 때문이다.

🅐 피타고라스의 정리를 식으로 나타내면 $a^2+b^2=c^2$이다.

아래의 도형 중에서 어떤 것이 원일까?

위의 도형들은 모두 동그란 모양이지만 이 중에서 원은 첫 번째 도형 하나뿐이다. 원의 정의는 '한 점에서 일정한 거리에 있는 모든 점들로 이루어진 도형'이기 때문이다. 두 번째와 세 번째는 모든 점이 일정한 거리에 있지 않고, 마지막 것은 끊어져 있으니 원이 아니다.

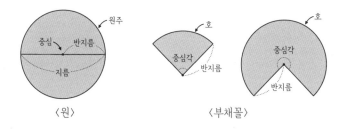

〈원〉　　　　　　　　　　〈부채꼴〉

원에서 모든 점의 중심이 되는 점이 원의 중심이다. 원의 중심에서 원 위의 한 점을 이은 선분은 '원의 반지름', 원의 중심을 지나면서 원 위의 두 점을 이은 선분은 '원의 지름'이다. 지름은 반지름의 2배이고, 한 원 안에서 지름과 반지름은 항상 같다. 또한 원의 둘레는 '원주'라고 한다.

원의 일부를 잘라서 부채꼴을 만들 수도 있다. 부채꼴은 두 개의 반지름과 호로 이루어진 도형으로, 중심각의 크기에 따라 모양이 달라진다.

답 첫 번째 도형만 원이다.

원주율(π)은 소수 몇째 자리까지의 수일까?

'원주율(π)'은 '원주(원의 둘레)를 원의 지름으로 나눈 값'이다. 실제로 계산해 보면 원의 크기가 달라도 항상 '3.14159…'란 수가 나온다. 그런데 원주율은 왜 숫자로 쓰지 않고 π(파이)라는 기호로 표시할까? 그 이유는 원주율이 소수점 이후의 숫자가 끝없이 이어지는 무한소수이기 때문이다. 그래서 딱 떨어지는 수로 규정할 수 없기 때문에 기호인 π로 표시하는 것이다.

π는 원의 둘레나 넓이를 구할 때 매우 유용하다. 둥근 원의 둘레는 줄자로 정확하게 측정하기 어렵고, 원이 크면 클수록 측정이 더 어려워진다. 그럴 때 π를 소환하자. 'π=(원주)÷(원의 지름)'이므로 등식의 원리를 이용하여 치항하면 '원주=(원의 지름)×π'가 된다. 만약 지름이 3m인 원이라면 원주는 '3×3.14'로 계산하여 어림잡아 9.42m로 가늠할 수 있다.

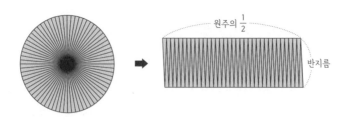

원의 넓이 역시 원주율을 이용하면 가늠이 가능하다. 원을 같은 크기의 부채꼴로 아주 잘게 잘라서 이어 붙이면 그 모양이 점점 직사각형

에 가까워져서 결국 가로가 원주의 $\frac{1}{2}$ 이고 세로는 반지름과 같은 직사각형이 된다. 따라서 직사각형의 넓이 구하는 공식 '가로×세로'를 사용하여 원의 넓이(S)를 구하면 된다. 수학에서는 원의 반지름을 'r'이라는 기호로 사용하므로 이를 공식으로 나타내면 'S＝원주× $\frac{1}{2}$ ×r＝2r× $\frac{1}{2}$ ×π×r', 즉 'S=πr²'이다.

➕ 원주율을 구하기 위한 노력

사람들은 고대 이집트부터 지금까지 원주율의 값을 구하기 위한 노력을 계속하고 있다. 처음 수학적인 계산으로 원주율의 근삿값을 구한 사람은 기원전 3세기경 그리스의 아르키메데스이다. 그는 원주율을 소수점 이하 두 자리, 즉 3.14까지 계산해냈다.

당시 수학자들이 정확한 원주율 값을 알아내기 위해 사용한 방법은 무수히 많은 삼각형이나 다각형들을 원에 내접, 외접시켜가면서 원의 넓이를 구하는 방식이었다. 그런데 원주율은 무한소수이기 때문에 수십만 각형을 계산하더라도 정확한 값을 구할 수 없다.

최근에는 컴퓨터로 원주율을 구하고 있는데, 워낙 엄청난 수이다 보니 원주율 값을 구한 기록은 기네스북에 실리고 있다. 최신 기록에 의하면 2019년 3월 14일 '파이 데이(Pi Day)'를 맞아 구글이 원주율을 31.4조 자리까지 계산하여 기존의 기네스 기록을 경신했다.

📑 원주율은 3.14159265358979…로 끝없이 계속되는 무한소수이다.

다음 전개도대로 접으면 어떤 도형이 될까?

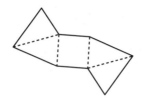

전개도는 입체도형을 평면에 펼쳐 놓은 모양을 나타낸 그림이다. 위의 전개도를 찬찬히 살펴보면 가운데에 사각형이 있고, 거기에 맞닿은 삼각형이 4개 있다. 이 점선대로 접어 바닥에 놓으면 사각뿔이 된다.

같은 입체도형이라도 펼치는 방법에 따라 전개도 모양은 달라질 수 있다. 다만 전개도 모양이 다르더라도 입체도형의 겉넓이가 변하지는 않는다. 따라서 입체도형의 겉넓이를 빨리 구하려면 입체도형의 기본 전개도가 어떻게 생겼는지 알아두는 것이 좋다.

⊕ 정다면체의 기본 전개도

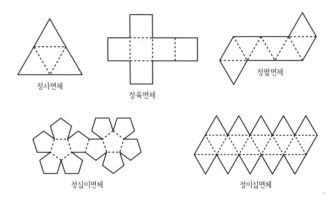

➕ 입체도형의 기본 전개도

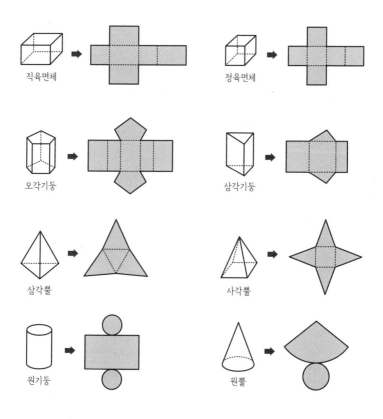

직육면체

정육면체

오각기둥

삼각기둥

삼각뿔

사각뿔

원기둥

원뿔

답 사각뿔이 된다.

293 전개도

다음 상자의 부피는 얼마일까?

흔히 말하는 상자, 그러니까 직육면체의 부피를 구할 때 기본이 되는 것은 한 모서리의 길이가 1cm인 정육면체이다. 부피를 구하기 원하는 상자 안에 한 모서리가 1cm인 정육면체가 몇 개가 들어가는지를 구하면 상자의 부피를 계산할 수 있다.

그렇다면 문제의 그림 안에 모서리가 1cm인 정육면체가 몇 개나 들어갈까? 아래부터 차곡차곡 쌓는다고 생각해보면 3×4개씩 2단이니까 총 24개가 된다. 이것을 공식으로 나타내면 다음과 같다.

'직육면체의 부피=밑넓이(밑면의 가로×밑면의 세로)×높이'

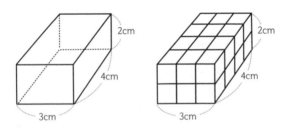

➕ 입체도형의 겉넓이

입체도형의 겉넓이를 구하려면 앞에서 다룬 도형의 넓이 구하는 방법과 전개도만 알면 된다. 각 입체도형의 전개도 모양을 생각해보고, 전개도에 포함되는 각 도형의 넓이를 모두 더하면 겉넓이를 구할 수 있다.

⊕ 입체도형의 부피 공식

직육면체는 사각기둥에 포함되는 입체도형으로, 각기둥의 하나이다. 따라서 다른 각기둥들도 이와 같은 방법으로 부피를 구할 수 있다.

◇ **직육면체의 부피** = (밑넓이)×(높이)

◇ **원기둥의 부피** = (밑넓이)×(높이)

◇ **각뿔의 부피** = 각기둥 넓이의 $\frac{1}{3}$ = (밑넓이)×(높이)×$\frac{1}{3}$

◇ **원뿔의 부피** = (밑넓이)×(높이)×$\frac{1}{3}$

⊕ 아르키메데스

아르키메데스는 지렛대의 원리, 원주율 계산 등 수학과 기하학에서 놀라운 업적을 많이 남긴 수학자이다. 아르키메데스는 '구에 외접하는 원기둥의 부피는 그 구의 부피의 1.5배'라는 사실을 발견했는데, 그의 묘비에는 생전의 소원대로 구에 외접하는 원기둥의 도형이 새겨져 있다.

📘 상자의 부피는 24cm³이다.

공의 겉넓이와 부피는 어떻게 구할까?

공의 겉넓이와 부피를 구할 수 있을까? 당연히 구할 수 있다. 다만 공은 앞에서 다룬 각기둥이나 각뿔 같은 입체도형의 겉넓이나 부피 구하는 방법과 다를 뿐이다. 수학에서는 공을 '구'라고 부르는데, 구는 평면도형을 조합한 다른 다면체와는 다르니 구에 맞는 방법으로 겉넓이와 부피를 구해야 한다.

원의 넓이를 구할 때 아주 잘게 자른 부채꼴을 이용했던 것처럼, 구는 아주 작은 각뿔을 이용한다. 아래 그림처럼 구의 중심을 각뿔의 꼭짓점으로 하고 구의 반지름을 각뿔의 높이로 하는 각뿔로 잘라낸다고 가정하자. 각뿔의 밑면을 아주 잘게 자르면, 각뿔의 밑면의 합은 결국 구의 겉넓이와 같아지고, 각뿔의 부피의 합은 구의 부피와 같아진다. 겉넓이와 부피를 구하는 방법을 증명하는 것까지는 너무 어려우니 여기에서는 다음의 공식만 기억하도록 하자.

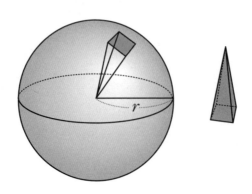

반지름을 'r'이라 할 때 구의 겉넓이와 부피를 구하는 공식은 다음과 같다.

◇ **구의 겉넓이**　　$= 4 \times \pi \times r \times r$

　　　　　　　　　$= 4\pi r^2$

◇ **구의 부피**　　$= \dfrac{1}{3} \times$ 각뿔의 밑넓이의 합(구의 겉넓이)$\times$ 각뿔의 높이

　　　　　　　　$= \dfrac{1}{3} \times 4\pi r^2 \times r$

　　　　　　　　$= \dfrac{4}{3} \pi r^3$

➕ 실생활에서 구의 겉넓이와 부피 만나기

실생활에서 구의 겉넓이나 부피를 구할 일은 거의 없지만 겉넓이나 부피를 근사치로 추정할 수 있는 방법은 있다. 구와 비슷한 비치볼을 생각해보자. 비치볼의 바람을 빼서 최대한 평평히 펼치면 그 넓이로 구의 겉넓이를 추정할 수 있다. 부피는 좀 더 간단하다. 빵빵한 비치볼을 물속에 잠기게 하면 그때 늘어난 물의 부피가 비치볼의 부피가 된다.

🔳 겉넓이는 $4\pi r^2$, 부피는 $\dfrac{4}{3}\pi r^3$으로 구한다.

　　　　　　　　　　　　　　　　　　　　　　구의 겉넓이와 부피

정다면체는 몇 가지가 있을까?

먼저 정다면체가 무엇인지부터 알아보자. 정다면체는 모든 면의 모양이 같고, 각 꼭짓점에 모인 면의 개수가 같은 다면체를 말한다.

실제로 정다면체는 단 5가지밖에 없다. 정삼각형으로 이루어진 정사면체, 정팔면체, 정이십면체, 정사각형으로 이루어진 정육면체, 정오각형으로 이루어진 정십이면체, 이렇게 5가지이다.

정사면체　　　정육면체　　　정팔면체　　　정십이면체　　　정이십면체

그렇다면 정다각형은 몇 개나 될까? 정다각형은 변의 길이가 모두 같고, 각의 크기가 모두 같은 다각형이다. 정다각형은 변의 개수에 따라 정삼각형, 정사각형, 정오각형, 정육각형 등이 있는데 각의 크기에 따라 수없이 많은 수의 정다각형을 만들 수 있다.

정삼각형　　　정사각형　　　정오각형　　　정육각형　　　정십이각형

📎 정다면체는 단 5가지만 있다.

뫼비우스의 띠는 무엇일까?

뫼비우스의 띠는 1858년, 독일의 수학자 뫼비우스가 발견한 2차원 도형이다. 뫼비우스의 띠가 무엇인지 정확히 알려면 직접 만들어 보는 것이 좋다. 우선 좁고 긴 직사각형 종이를 준비하자.

긴 종이를 위의 그림처럼 붙이면 일반적인 종이 고리가 된다. 하지만 아래에 있는 그림처럼 종이의 중간을 한 번 꼬아서 끝을 붙이면 뫼비우스의 띠가 된다. 띠의 바깥쪽을 따라 길게 선을 그으면 위의 띠는 바깥쪽만 한 바퀴를 돌아 다시 원점에서 만나지만, 뫼비우스의 띠를 따라가다 보면 어느새 안쪽이라고 생각한 부분까지 계속 선이 그어지다가 종이의 양면을 모두 지나고 나서 결국 시작한 점과 다시 만나게 된다.

이처럼 뫼비우스의 띠는 안쪽과 바깥쪽을 구별할 수 없는 띠이며, 아무리 무한 반복해서 선을 그어도 안과 밖의 구분 없이 계속 돌기 때문에 '끝나지 않는 띠'라고 한다.

🔳 안과 밖의 구별이 없는 2차원 도형이다.

로또 1등에 당첨될 확률은?

비가 올 확률이 몇 %라든지, 경품에 당첨될 확률이라든지, 주사위를 던졌을 때 특정 숫자가 연달아 나올 확률 등, 우리는 일상생활에서 '확률'이라는 말을 자주 쓴다.

확률은 '어떤 일이 일어날 수 있는 가능성의 정도'로, 일어날 수 있는 모든 경우의 수에 대해 특정 사건이 일어나는 경우의 수의 비율을 말한다. 여기에서 '경우의 수'란 어떤 사건이 일어날 수 있는 모든 가짓수를 가리킨다. 확률은 흔히 다음과 같은 분수의 형태로 구한다.

$$확률 = \frac{어떤\ 사건이\ 일어나는\ 경우의\ 수}{일어날\ 수\ 있는\ 모든\ 경우의\ 수}$$

여러 가지 사건이 일어날 확률을 구할 경우에는 먼저 각 사건의 확률을 구한다. 그런 다음 그 사건들이 동시에 일어나지 않을 경우에는 각 확률을 더하고, 동시에 일어날 경우에는 각 확률을 곱하면 된다.

로또는 45개의 숫자 중에서 6개의 숫자를 골라 무작위로 추첨한 숫자 6개와 맞추는 복권이다. 숫자 6개가 모두 일치하면 1등으로 당첨된다.

로또에서 1등으로 당첨될 확률은 다음과 같은 식으로 구할 수 있다. 우선 1부터 45까지의 숫자 중 첫 번째로 고른 숫자가 6개 당첨 숫자 중 하나일 경우의 수는 6이고, 확률은 $\frac{6}{45}$이다. 두 번째로 고른 숫자가 나머지 5개의 당첨 숫자 중 하나일 경우의 수는 5이고 확률은 $\frac{5}{44}$, 세 번째는 $\frac{4}{43}$, 네 번째는 $\frac{3}{42}$, 다섯 번째는 $\frac{2}{41}$, 여섯 번째는 $\frac{1}{40}$이다.

확률

이 사건은 모든 경우가 동시에 일어나야 하므로 각 확률을 곱하면 로또 1등에 당첨될 확률은 $\dfrac{1}{8145060}$이다. 다시 말하면 내가 확률적으로 로또에 8145060번 응모하면 그중에 한 번은 로또 1등에 당첨된다는 것이다.

하지만 확률은 순서가 아니라 가능성이다. 따라서 실제로는 첫 번째 응모에서 당첨될 수도 있지만 8145060번을 응모해도 당첨이 안 될 수도 있다는 사실을 명심하자.

답 로또 1등은 확률적으로 8145060번 중 한 번 당첨될 수 있다.

5분 동안 과자 3개를 먹었다면
2시간 동안 과자 몇 개를 먹을까?

이런 문제는 비례식을 세워서 풀면 간단히 풀 수 있다. 비례식은 '비율이 같은 두 비를 등식으로 나타낸 식'으로 '1:2＝2:4'와 같은 식을 말한다. 조금 더 풀어서 설명하자면, 1:2의 비의 값은 '$\frac{1}{2}$'이고, 2:4의 비의 값은 '$\frac{2}{4}=\frac{1}{2}$'이다. 즉 두 비의 값이 같으니, '1:2＝2:4'란 등식이 성립한다.

비례식에서 안쪽 두 항을 '내항', 바깥쪽 두 항을 '외항'이라고 하는데, 내항의 곱과 외항의 곱은 값이 같다. 위에 있는 '1:2＝2:4' 역시 내항의 곱 '2×2'는 외항의 곱 '1×4'와 같다. 보통 비례식에서 원하는 수를 구할 때는 이 성질을 이용한다.

또한 비례식은 좌변과 우변의 항에 같은 수를 곱하거나 나누어도 등식이 성립한다. 하지만 방정식과는 다르게 더하거나 뺄 경우에는 비율이 달라지기 때문에 성립하지 않는다.

이제 2시간 동안 먹은 과자의 수를 구해 보자. 먼저 각각의 비례식을 세워 보면 5분 동안 과자 3개를 먹은 것은 '5:3'이고, 2시간, 즉 120분 동안 먹은 과자의 수는 '120:x'이므로 비례식으로 나타내면 '5:3＝120:x'이다. 이제 외항과 내항을 각각 곱하면 '5×x＝3×120'이니 'x＝72'이다. 즉 2시간 동안 72개의 과자를 먹을 수 있다.

📖 72개의 과자를 먹을 수 있다.

1년간 453타수에 총 164안타를 쳤다면
타율이 얼마일까?

'타율'이란 야구 선수의 타격 성적을 '백분율'로 나타낸 것이다. 백분율은 실생활에서 흔하게 쓰이는 개념으로 소금물 등의 용액에서 소금과 물의 비율을 나타내기도 하고, 시청률이나 선거 투표율 등을 나타낼 때도 쓰인다. 백분율은 기준량을 100으로 볼 때의 비율이므로, 타율은 어떤 선수의 타수와 안타의 비율을 계산해서 '100타수일 때 몇 개의 안타를 친 것과 같은지'를 나타낸다.

타율은 보통 소수의 형태로 기록하는데, '(안타수)÷(타수)'로 계산한 후 반올림해서 소수점 아래 셋째 자리까지 표시한다. 타율을 말할 때는 '할푼리'를 붙여 읽는다. '할'은 소수 첫째 자리, '푼'은 소수 둘째 자리, '리'는 소수 셋째 자리에 붙여서 비율을 말하는 방식이다.

그러면 문제를 계산해 보자. 저 수치는 2018년 타율 1위였던 김현수 선수의 기록이다. 김현수 선수는 2018년 453타수에 총 164안타를 쳤다. '164÷453'을 계산해 보면 '0.36203…'이 나오므로 타율은 '0.362'로 기록하고, '3할 6푼 2리'라고 말한다.

🔲 453타수에 총 164안타를 쳤다면 타율은 3할 6푼 2리이다.

유명한 수학자들

—

여기에 소개하는 수학자들은 수학 수업 시간이 아니더라도 어디선가 이름을 들어본 적이 있는 유명한 수학자들이다. 그들의 수학 이론을 제대로 이해하기는 어렵더라도 학자와 이론의 이름 정도만이라도 연결하여 기억해 두자.

탈레스(BC624? ~ BC546?)

그리스의 철학자로 당시 학자들이 대부분 그렇듯 천문학, 수학, 과학에서도 뛰어난 업적을 남겼다. 일식을 예측할 정도로 천문학에도 뛰어났으며, 도형에서 꼭 알아야 할 '탈레스의 정리'를 발견하고 증명하여 최초로 기하학의 기초를 확립하였다. 또한 태양에 비친 그림자를 이용하여 이집트 피라미드의 높이를 알아낸 것으로도 유명하다.

피타고라스(BC582? ~ BC497?)

그리스의 수학자이자 종교가, 철학자이다. 그가 수학에 남긴 업적은 근대에까지 영향을 미쳤다. 자신의 생각을 기록하지 못하게 하여 저서가 남아 있지는 않으나 직각삼각형의 변의 관계에 대한 '피타고라스의 정리'를 비롯하여 무리수의 발견, 정다면체 작도 등 다양한 업적을 남겼다. 피타고라스는 만물의 근원을 '수(특히 자연수)'로 보았으며, 그에 의해 우주는 '코스모스(Cosmos)'라고 불리기 시작하였다.

에라토스테네스(BC273? ~ BC192?)

그리스의 수학자·천문학자·지리학자. '에라토스테네스의 체'라고 하는 '소수(素數)'를 찾는 방법을 제시했으며, 해시계로 지구 둘레의 길이를 처음 계산했다. 또한 처음으로 위도와 경도를 이용해서 지리상의 위치를 표시했다고 알려져 있다.

아르키메데스(BC287? ~ BC212)

그리스의 수학자이자 물리학자로 목욕 중에 왕의 금관에 은이 얼마나 섞였는지를 알아내고 "유레카!"를 외친 일화로 유명하다. 이것이 바로 부력의 원리, 즉 '아르키메데스의 원리'를 발견한 일화이다. 그는 지렛대와 도르래를 사용해 군함을 물에 띄우고, 투석기, 기중기 등의 무기도 고안했다. 또한 원주율 계산, 원의 면적, 구의 겉넓이와 부피 등 원과 구에 관한 많은 업적을 남겼다.

유클리드(BC330? ~ BC275?)

그리스에서 활동한 수학자로, 기하학에 관한 이론을 체계화시켜 기하학의 아버지라고 불린다. 그의 저서 《기하학원론》은 기하학에서 경전으로 불리는데 수학에 있어 기본이 되는 23개의 정의와 5개의 공리, 5개의 공준이 실려 있다. 현재 우리가 배우는 수학의 대부분이 이 책에 바탕을 두고 있다.

피보나치(1170? ~ 1250?)

이탈리아의 수학자로 여러 나라를 여행하며 배운 아라비아의 수학을 정리해 유럽에 소개하였다. 그는 아라비아의 숫자를 유럽에 보급하는데 결정적 역할을 했으며 이로 인해 유럽 수학 발달에 지대한 영향을 끼쳤다. 피보나치수열을 정의했으며, 유럽에서 수학 원전의 구실을 한《주판서》를 저술하였다.

데카르트(1596~1650)

프랑스의 철학자, 수학자, 물리학자이다. 데카르트는 보통 '나는 생각한다, 고로 나는 존재한다'로 유명한 철학자인데, 수학과 과학에서도 뛰어난 업적을 남겼다. 현재 우리가 사용하는 x축과 y축으로 이루어진 좌표평면과 좌표의 개념을 처음으로 생각해냈으며,《굴절광학》,《기상학》,《기하학》등의 과학 및 수학 저서를 출간했다.

페르마(1601~ 1665)

프랑스의 수학자로 17세기 최고의 수학자로 불린다. 사실 그의 본업은 변호사이자 정치가이지만 취미로 연구한 수학에서도 획기적인 업적을 남겼다. 근대의 정수 이론과 확률론을 창시했으며 미적분에도 업적을 남겼다. 그가 피타고라스의 정리를 확장해 만든 방정식 '페르마의 정리'는 350여 년이 지난 1994년이 되어서야 겨우 증명이 완료되었다.

파스칼(1623~1662)

프랑스의 수학자, 물리학자, 철학자이다. 자연수를 삼각형 모양으로 배열하여 정리한 '파스칼의 삼각형'을 통해 다양한 수의 규칙을 발견하였고, 수학적 귀납법을 구성하였으며, 컴퓨터의 원형이 되는 계산기를 발명하였다. 물리학에서는 초등학교 교과서에 나올 정도로 기본적인 '파스칼의 원리'로 유명하며, '인간은 생각하는 갈대'란 문구로 유명한 저서《팡세》를 남겼다.

오일러(1707~1783)

스위스의 수학자이자 물리학자. 평면도형과 입체도형에 관한 '오일러의 정리', '한붓그리기' 등을 발견하고, 삼각함수의 기호인 sin, cos, tan를 창안했으며, 미적분학을 발전시키는 등 대수학·정수론·기하학에 걸쳐 큰 업적을 남겼다. 이 외에도 의학이나 식물학, 화학 등 다양한 분야에 걸쳐 뛰어난 연구 업적을 남겼다.

가우스(1777~1855)

독일의 수학자로 대수학, 해석학, 기하학 등에서 뛰어난 업적을 남겨 19세기 최고의 수학자로 불린다. 불과 10살 때 연속한 자연수의 합을 쉽게 구할 수 있는 '가우스의 덧셈'을 발견할 정도로 수학적 재능이 뛰어났으며, 소행성 케레스의 행적을 예측해 행성의 궤도를 계산하였고, 17각형 작도법을 발견하기도 했다. 그는 수학을 독립된 학문으로 개척, 발전시켜 근대 수학을 확립했다고 여겨진다.

내시(1928~2015)

미국의 수학자. 영화 '뷰티플 마인드'의 실제 모델로 유명하다. 30세의 젊은 나이에 수학계의 노벨상이라 불리는 필즈상 후보에 오를 정도의 재능을 보였으나 조현병으로 고생하였다. 게임 이론의 한 형태인 '내시 균형 이론'을 정립하여 수학뿐 아니라 경제학과 사회학에 많은 영향을 끼쳤으며, 1994년 노벨 경제학상을 수상했다.